烟台大学哲学社会科学学术著作出版基金资助

A LIBRARY OF
DOCTORAL
DISSERTATIONS
IN SOCIAL SCIENCES IN CHINA

中国社会科学博士论文文库

体面劳动理论及其当代中国实践研究

Research on Decent Work Theory and
Its Practice In Contemporary China

杜德省 著
导师 蒋锦洪

中国社会科学出版社

图书在版编目（CIP）数据

体面劳动理论及其当代中国实践研究／杜德省著.—北京：中国社会科学出版社，2023.12
（中国社会科学博士论文文库）
ISBN 978-7-5227-2466-9

Ⅰ.①体… Ⅱ.①杜… Ⅲ.①劳动关系-研究-中国 Ⅳ.①F249.26

中国国家版本馆 CIP 数据核字（2023）第 155125 号

出 版 人	赵剑英
责任编辑	许　琳
责任校对	李　硕
责任印制	张雪娇

出　　版	中国社会科学出版社
社　　址	北京鼓楼西大街甲 158 号
邮　　编	100720
网　　址	http://www.csspw.cn
发 行 部	010-84083685
门 市 部	010-84029450
经　　销	新华书店及其他书店
印　　刷	北京明恒达印务有限公司
装　　订	廊坊市广阳区广增装订厂
版　　次	2023 年 12 月第 1 版
印　　次	2023 年 12 月第 1 次印刷
开　　本	710×1000　1/16
印　　张	12.5
字　　数	211 千字
定　　价	78.00 元

凡购买中国社会科学出版社图书，如有质量问题请与本社营销中心联系调换
电话：010-84083683
版权所有　侵权必究

《中国社会科学博士论文文库》
编辑委员会

主　　任： 李铁映

副 主 任： 汝　信　江蓝生　陈佳贵

委　　员：（按姓氏笔画为序）

　　　　　　王洛林　王家福　王缉思
　　　　　　冯广裕　任继愈　江蓝生
　　　　　　汝　信　刘庆柱　刘树成
　　　　　　李茂生　李铁映　杨　义
　　　　　　何秉孟　余永定　邹东涛
　　　　　　沈家煊　张树相　陈佳贵
　　　　　　陈祖武　武　寅　郝时远
　　　　　　信春鹰　黄宝生　黄浩涛

总 编 辑： 赵剑英
学术秘书： 冯广裕

总　序

在胡绳同志倡导和主持下，中国社会科学院组成编委会，从全国每年毕业并通过答辩的社会科学博士论文中遴选优秀者纳入《中国社会科学博士论文文库》，由中国社会科学出版社正式出版，这项工作已持续了12年。这12年所出版的论文，代表了这一时期中国社会科学各学科博士学位论文水平，较好地实现了本文库编辑出版的初衷。

编辑出版博士文库，既是培养社会科学各学科学术带头人的有效举措，又是一种重要的文化积累，很有意义。在到中国社会科学院之前，我就曾饶有兴趣地看过文库中的部分论文，到社科院以后，也一直关注和支持文库的出版。新旧世纪之交，原编委会主任胡绳同志仙逝，社科院希望我主持文库编委会的工作，我同意了。社会科学博士都是青年社会科学研究人员，青年是国家的未来，青年社科学者是我们社会科学的未来，我们有责任支持他们更快地成长。

每一个时代总有属于它们自己的问题，"问题就是时代的声音"（马克思语）。坚持理论联系实际，注意研究带全局性的战略问题，是我们党的优良传统。我希望包括博士在内的青年社会科学工作者继承和发扬这一优良传统，密切关注、深入研究21世纪初中国面临的重大时代问题。离开了时代性，脱离了社会潮流，社会科学研究的价值就要受到影响。我是鼓励青年人成名成家的，这是党的需要，国家的需要，人民的需要。但问题在于，什么是名呢？名，就是他的价值得到了社会的承认。如果没有得到社会、人民的承认，他的价值又表现在哪里呢？所以说，价值就在于对社会重大问题的回答和解决。一旦回答了时代性的重大问题，就必然会对社会产生巨大而深刻的影响，你也因此而实现了你的价值。在这方面年轻的博士有很大的优势：精力旺盛，思想敏捷，勤于学习，勇于创新。但青年学者要多向老一辈学者学习，博士尤其要很好地向导师学习，在导师的指导下，发挥自己的优势，研究重大问题，就有可能出好的成果，实现自己的价值。过去12年入选文库的论文，也说明了这一点。

什么是当前时代的重大问题呢？纵观当今世界，无外乎两种社会制度，一种是资本主义制度，一种是社会主义制度。所有的世界观问题、政治问题、理论问题都离不开对这两大制度的基本看法。对于社会主义，马克思主义者和资本主义世界的学者都有很多的研究和论述；对于资本主义，马克思主义者和资本主义世界的学者也有过很多研究和论述。面对这些众说纷纭的思潮和学说，我们应该如何认识？从基本倾向看，资本主义国家的学者、政治家论证的是资本主义的合理性和长期存在的"必然性"；中国的马克思主义者，中国的社会科学工作者，当然要向世界、向社会讲清楚，中国坚持走自己的路一定能实现现代化，中华民族一定能通过社会主义来实现全面的振兴。中国的问题只能由中国人用自己的理论来解决，让外国人来解决中国的问题，是行不通的。也许有的同志会说，马克思主义也是外来的。但是，要知道，马克思主义只是在中国化了以后才解决中国的问题的。如果没有马克思主义的普遍原理与中国革命和建设的实际相结合而形成的毛泽东思想、邓小平理论，马克思主义同样不能解决中国的问题。教条主义是不行的，东教条不行，西教条也不行，什么教条都不行。把学问、理论当教条，本身就是反科学的。

在21世纪，人类所面对的最重大的问题仍然是两大制度问题：这两大制度的前途、命运如何？资本主义会如何变化？社会主义怎么发展？中国特色的社会主义怎么发展？中国学者无论是研究资本主义，还是研究社会主义，最终总是要落脚到解决中国的现实与未来问题。我看中国的未来就是如何保持长期的稳定和发展。只要能长期稳定，就能长期发展；只要能长期发展，中国的社会主义现代化就能实现。

什么是21世纪的重大理论问题？我看还是马克思主义的发展问

题。我们的理论是为中国的发展服务的，绝不是相反。解决中国问题的关键，取决于我们能否更好地坚持和发展马克思主义，特别是发展马克思主义。不能发展马克思主义也就不能坚持马克思主义。一切不发展的、僵化的东西都是坚持不住的，也不可能坚持住。坚持马克思主义，就是要随着实践，随着社会、经济各方面的发展，不断地发展马克思主义。马克思主义没有穷尽真理，也没有包揽一切答案。它所提供给我们的，更多的是认识世界、改造世界的世界观、方法论、价值观，是立场，是方法。我们必须学会运用科学的世界观来认识社会的发展，在实践中不断地丰富和发展马克思主义，只有发展马克思主义才能真正坚持马克思主义。我们年轻的社会科学博士们要以坚持和发展马克思主义为己任，在这方面多出精品力作。我们将优先出版这种成果。

2001 年 8 月 8 日于北戴河

前　言

　　劳动是人类永恒的话题，历久弥新，意义深远。体面劳动作为全球性目标，已成为国际社会和中国政府的共识。习近平总书记多次指出："努力让劳动者实现体面劳动、全面发展。"如何让劳动者实现体面劳动、全面发展，不仅是一个实践问题更是一个理论问题。在当代中国的现实语境中，"激活"马克思的思想资源，发掘体面劳动的内涵要义、方法特征、价值取向，不仅能帮助我们准确理解当代中国体面劳动的现实境遇与原因特征，也能为我们探寻未来中国的体面劳动实践之路提供有效的理论指引和实践指导。

　　本书研究的重点是，如何站在马克思主义胸怀天下、情系劳动人民的崇高立场上，运用历史唯物主义的基本观点和基本方法，辩证地审视当代中国体面劳动的进程，进而提出既符合中国现实又蕴涵理论深度与实践厚度的未来路向。研究依循两大内在理路：一是在体面劳动的当代中国语境中阐发马克思思想，二是在马克思思想视域中研究当代中国体面劳动。本书运用理论与实践相结合、逻辑与历史相统一、多学科交叉融合的研究方法，主要从三个层面展开论述。

　　第一，厘清了体面劳动的概念内涵与思想来源，为研究奠定背景基础和理论基础，构成了本书研究的前提部分。首先从国际劳工组织的基本定义谈起，阐明了体面劳动的内涵意蕴。体面劳动意味着给予劳动者尊严感、获得感、价值感。体面劳动就是有人格尊严的劳动、有权益保障的劳动、能自我实现的劳动。其次从人类劳动发展的历程中，探析了体面劳动的现实悖论，即劳动成果的高尚与劳动者地位的卑微。呼唤体面劳动，就是复归劳动应有的尊严和本性。最后从不同学科角度，梳理了体面劳动的思想来源。经济学的所指，劳动是一切财富的源泉，劳动是财富创造的要素。社会学的含义，劳动是上帝的旨意，劳动是人的美德和义务。哲学的内蕴，劳动提供生活必需品，劳动是人自我确证的本质，劳动是人类自由之源。

第二，探析了体面劳动的马克思思想意涵及其在当代西方的回应，为研究构建"隐性"理论框架，形成了本书研究的主体部分。首先透过对经典文本的解读，阐述了马克思体面劳动思想的生成发展。它萌发于中学时对"体面的行动"的沉思，形成于对"异化劳动"不体面本质的揭示，发展于对"过度劳动"不体面状态的批判。其次阐明了马克思体面劳动思想的理论内涵及其特质。在马克思的理论视域中，尊重劳动是体面劳动的本质所在，保障权益是体面劳动的基本要求，消解异化是体面劳动的根本途径。马克思体面劳动思想是在批判中诠释并丰富发展的，坚持了科学性与价值性的统一，思想的生成中融合着人的情怀。最后阐述了西方马克思主义对体面劳动的回应。卢卡奇对物化现象的揭露，列斐伏尔对日常生活的批判，马尔库塞对单向度人的呐喊，哈贝马斯对技术统治的祛魅，反映了当代社会人的劳动不体面。在他们看来，异化特别是消费异化是造成这种不体面的根源。

第三，论述了体面劳动的现实境遇和未来路向，回应了当代中国体面劳动实践中的难题与困惑，是本书研究的结论部分。本书认为当代中国体面劳动取得了巨大成就。劳动者从"翻身做主人"，到"丰衣足食"，再到"共享发展"，不断从体面走向更加体面。但同时也面临着三大挑战：一是"观念"影响劳动，劳动者主体地位不彰，劳动"失尊"；二是"资本"宰制劳动，劳动者基本权益受损，劳动"失权"；三是"消费"支配劳动，劳动者认同取向偏离，劳动"失本"。接着分析了挑战背后的主要牵绊因素。一是观念更新引发了价值观的多元碰撞，二是全球化扩张增强了资本的霸权地位，三是消费主义造成了人的自我认同迷失。进而本书从观念、制度、价值三个层面，提出了未来中国体面劳动的实践路向。本书认为，弘扬劳动精神是体面劳动的思想基础。热爱劳动是中华民族的传统美德，尊重劳动是社会主义的基本要求，辛勤劳动是当代中国的鲜亮底色。本书指出，建立劳动产权是体面劳动的制度保障。劳动产权是劳动者的"天然权利"，劳动产权的核心是"剩余索取权"，劳动产权的实现具有现实可能性。本书指明，重构劳动认同是体面劳动的价值指领。劳动认同是对"自我存在"的确证，劳动认同是纾解"消费主义"的途径，劳动认同需要捍卫劳动者的主体地位。

本书由笔者的博士学位论文修改而成，除了必要修订外，基本保持了书稿原貌。书中借鉴了学界前辈同仁的诸多研究成果，在此一并表示感谢。由于笔者水平有限，书中缺陷和不足在所难免，敬请读者批评指正。

摘　　要

体面劳动作为全球性目标，已成为国际社会和中国政府的共识。如何让劳动者实现体面劳动、全面发展，不仅是一个实践问题更是一个理论问题。本书运用历史唯物主义的基本观点和基本方法，辩证地审视当代中国体面劳动的进程，构建起既符合中国现实又蕴涵理论深度与厚度的未来实践路向。

首先，厘清了体面劳动的概念内涵与思想来源。从国际劳工组织的基本定义谈起，阐明了体面劳动的内涵意蕴。从人类劳动发展的历程中，探析了体面劳动的现实悖论。从不同学科角度，梳理了体面劳动的思想来源。

其次，探析了体面劳动的马克思思想意涵及当代回应。透过经典文本的解读，阐述了马克思体面劳动思想的生成发展、理论内涵及其特质。透过西方马克思主义者对当代人体面劳动的质疑与回应，辨析了现代社会劳动不体面的集结点。

最后，论述了体面劳动的现实境遇和未来路向。着眼当代中国体面劳动的历史进程，分析了取得的巨大成就、面临的挑战及其主要牵绊因素。从观念、制度、价值三个层面，提出了未来中国体面劳动的实践路向。弘扬劳动精神是体面劳动的思想基础，建立劳动产权是体面劳动的制度保障，重构劳动认同是体面劳动的价值指领。

关键词：体面劳动；当代中国；劳动精神；劳动产权；劳动认同

Abstract

As a global goal, decent work has become the consensus of the international community and the Chinese government. It is not only a practical problem, but also a theoretical problem that how to makeworkers to achieve decent work and all – round development. This book uses the basic viewpoints and basic methods of historical materialism to dialectically examine the process of decent work in contemporary China, and constructs a future practice path that not only conforms to China 's reality but also contains theoretical depth and thickness.

First of all, it clarifies the concept connotation and ideological source of decent work. Starting from the basic definition of the International Labor Organization, the connotation of decent work is clarified. From the course of the development of human labor, the realistic paradox of decent work is analyzed. From the perspective of different disciplines, the ideological sources of decent work are sorted out.

Secondly, it analyzes the meaning of Marx 's thought of decent work and its contemporary response. Through the interpretation of classical texts, this book expounds the generation and development, theoretical connotation and characteristics of Marx 's decent work thought. Through the questioning and response of Western Marxists to the decent work of contemporary people, this book analyzes the indecent assembly point of work in modern society.

Finally, it discusses the realistic situation and future direction of decent work. Focusing on the historical process of decent work in contemporary China, this book analyzes the great achievements, challenges and main factors.

From the three levels of concept, system and value, this book puts forward the practical direction of chinese decent work in the future. Carrying forward labor spirit is the ideological basis of decent work, establishing labor property rights is the institutional guarantee of decent work, and reconstructing labor identity is the value guidance of decent work.

KEY WORDS: Decent Work; Contemporary China; Labor Spirit; Labor Property Rights; Labor Identity

目　　录

导　论 ……………………………………………………………（1）

第一章　概念辨析与问题所在 …………………………………（32）
第一节　何为体面劳动 ……………………………………（32）
第二节　体面劳动的现实悖论 ……………………………（37）

第二章　体面劳动的理论溯源 …………………………………（45）
第一节　经济学的体面劳动所指 …………………………（46）
第二节　社会学的体面劳动含义 …………………………（53）
第三节　哲学的体面劳动内蕴 ……………………………（57）

第三章　体面劳动的马克思思想意涵 …………………………（63）
第一节　马克思体面劳动思想的文本源出 ………………（63）
第二节　马克思体面劳动思想的理论内涵 ………………（74）
第三节　马克思体面劳动思想的理论特质 ………………（84）

第四章　体面劳动在当代西方的回应 …………………………（90）
第一节　"魔幻世界"造成人劳动的不体面 ……………（90）
第二节　"虚假意识"助长人劳动的不体面 ……………（95）
第三节　现代社会劳动不体面的"病理诊断" …………（99）

第五章　当代中国体面劳动的现实透视 ………………………（106）
第一节　当代中国体面劳动取得的成就 …………………（106）

第二节　当代中国体面劳动面临的挑战 …………………… (113)
　　第三节　当代中国体面劳动的牵绊因素 …………………… (124)

第六章　当代中国体面劳动的未来路向 ……………………… (132)
　　第一节　弘扬劳动精神是体面劳动的思想基础 …………… (132)
　　第二节　建立劳动产权是体面劳动的制度保障 …………… (140)
　　第三节　重构劳动认同是体面劳动的价值指领 …………… (151)

结　语 ………………………………………………………………… (161)

参考文献 ……………………………………………………………… (164)

索引 …………………………………………………………………… (176)

后记 …………………………………………………………………… (179)

Contents

Introduction ……………………………………………………… (1)

Chapter One　Concept Discrimination and Problem Analysis ……………………………………………… (32)
　Section 1　What is Decent Work ……………………………… (32)
　Section 2　TheRealistic Paradox of Decent Work …………… (37)

Chapter 2　Theoretical Origin of Decent Work …………… (45)
　Section 1　Decent Work from the Perspective of Economics ……… (46)
　Section 2　The Meaning of Decent Work in Sociology ………… (53)
　Section 3　The Decent Work Connotation of Philosophy ………… (57)

Chapter 3　TheMeaning of Marx's Thought of Decent Work … (63)
　Section 1　The Text Source of Marx's Decent Work Thought ……… (63)
　Section 2　The Theoretical Connotation of Marx's Decent Work Thought ………………………………………… (74)
　Section 3　The Theoretical Characteristics of Marx's Decent Work Thought ………………………………………… (84)

Chapter 4　Questions and Responses of Decent Work in the Contemporary West ……………………………… (90)
　Section 1　'Magic World'Caused the Indecent of Human Work … (90)

Section 2	'False Consciousness' Contributes to the Indecentness of Human Work	(95)
Section 3	The Indecent 'Pathological Diagnosis' of Work in Modern Society'	(99)

Chapter 5　The Realistic Perspective of Decent Work in Contemporary China ……………………………… (106)

Section 1	Achievements of Decent Work in Contemporary China	(106)
Section 2	The Challenges of Decent Work in Contemporary China	(113)
Section 3	The Stumbling Factors of Decent Work in Contemporary China	(124)

Chapter 6　The Future Direction of Decent Work in Contemporary China ……………………………… (132)

Section 1	Carrying Forward Labor Spirit is the Ideological Basis of Decent Work	(132)
Section 2	Establishing Labor Property Rights is the Institutional Guarantee of Decent Work	(140)
Section 3	Reconstructing Labor Identity is the Value Guidance of Decent Work	(151)

Conclusion …………………………………………………… (161)

References …………………………………………………… (164)

Indexes ……………………………………………………… (176)

Postscript …………………………………………………… (179)

导　　论

劳动，是人类最基本的实践活动，它不仅"创造了人本身"[1]，而且创造了一个"属人"的世界。在某种意义上，人类社会发展的历史就是一部劳动发展史。正是在这部劳动发展史中，我们找到了"理解全部社会史的锁钥"[2]。最近几年，"体面劳动"（Decent Work）[3] 概念开始受到政府及学界的广泛关注。在当代中国语境下，如何正确理解体面劳动及其所蕴含的深远意义，不仅成为一个重要的理论和学术问题，也成为一个时代性的现实和实践问题。

一　论题的缘起

我们所处的时代，是一个伟大的时代。但是，这个时代仍有属于它自己的问题。马克思指出："问题就是时代的口号。"[4] 我们要做的，便是解决这些问题。

---

[1]《马克思恩格斯选集》第3卷，人民出版社2012年版，第988页。
[2]《马克思恩格斯选集》第4卷，人民出版社2012年版，第265页。
[3] "体面劳动"（Decent Work）这一概念，是由国际劳工局长胡安·索马维亚（Juan Somavia）于1999年6月在第87届国际劳工大会上首次提出的。他在向大会提交的报告《体面的劳动》中指出："国际劳工组织当今的首要目标是促进男女在自由、公正、安全和具有人格尊严的条件下获得体面的、生产性的工作机会。"（ILO, Decent work and the informal economy, International Labor Conference, 90th Session, Geneva, 2002.）
[4]《马克思恩格斯全集》第40卷，人民出版社1982年版，第289页。

（一）现实的思考：快速发展的中国与体面劳动赤字[①]

毫无疑问，中国是目前世界上经济发展最快的国家之一。经过60多年特别是改革开放30多年的发展，无论是经济总量，还是人均水平，都大幅度提高，综合国力和影响力显著增强。

第一，经济总量跃居世界第二。中华人民共和国成立初期，我国的经济总量十分低下，综合国力十分弱小。1952年，我国国内生产总值只有679亿元，当时的经济总量占世界的比重很小。到1978年，增加到了3645亿元，此时的经济总量占全世界的1.7%，居世界第10位。改革开放以后，我国经济总量迅猛扩张，到2008年达到300670亿元，超过德国，居世界第3位。2010年达到397983亿元，意味着已超过日本，成为世界第二大经济体。2013年已接近60万亿元，为568845亿元，相当于美国的55.0%，占全世界的12.3%。扣除价格因素，2013年我国每3天所创造的财富量，就相当于1952年全年创造的财富量。

第二，国内生产总值高速增长。据统计，1953—2013年，我国国内生产总值按不变价计算增加了122倍，年均增长8.2%，平均每9年翻一番，其中1979—2013年，年均增长9.8%，而同期世界经济增速只有2.7%。我国高速增长的时间和速度，堪称人类经济发展史上的奇迹。近几年，随着我国进入转型发展新阶段，经济增长由高速向中高速换挡，经济增速维持在7%—8%的区间平稳运行，增长的稳定性进一步增强。

第三，迈进中等收入国家行列。中华人民共和国成立以后，我国人均国内生产总值从1952年的119元，增加到了1978年的381元。改革开放后不断跃上新台阶，2013年突破4万元大关，达到41908元（约合6767美元），扣除价格因素，比1952年增长50.5倍，年均增长6.7%，其中1979—2013年，年均增长8.7%。与此同时，人均国民总收入也从1962年的70美元，增加到了2013年的6560美元。[②]

[①] 体面劳动赤字（decent work deficit），指体面劳动的理想水平与现实情况的差距。赤字由多种缺口构成，表现为失业和就业不足，被称为就业缺口（employment gap）；工作质量和生产力低下，工作不安全（或工作无保障），收入无保障，正当权利被剥夺以及性别不平等，被称为权利缺口（rights gap）；以及社会保护缺口（social protection gap）和社会对话缺口（social dialogue gap）。（Reducing the Decent Work Deficit: A global challenge, International Labor Conference, 89th Session, 2001, ISBN 92–2–111949–1, pp. 8–9.）

[②] 参见国家统计局《六十五载峥嵘路　砥砺奋进谱华章——新中国成立65周年我国经济社会发展成就辉煌》，http://www.stats.gov.cn/tjzs/tjbk/201502/t20150213_683631.html。

然而，伴随着一个大国崛起的"身影"，资产者的地位在不断上升，劳动者的地位却在不断下降，两极分化迅速形成并不断加剧。我国劳动者追求"体面"的呼声也不断高涨。从新闻媒体特别是网络上，我们会经常听到各种抱怨"收入不公平""工作太累太辛苦""活着没啥意义"的声音。究其原因，在诸多劳动者抱怨的背后，其实是一种"不体面"的工作生活状态。

一是劳动收入差距大。数据显示，我国城镇居民人均可支配收入在1995—2014年的20年间，从4283.0元增加到29381.0元，增长了约5.9倍，农村居民人均纯收入也由1577.7元增加到9892.0元，增长了约5.3倍。① 但是，在居民劳动收入不断大幅攀升的同时，我国居民内部收入差距也日趋拉大。从国际通用的"基尼系数"（Gini coefficient）② 来看，我国从1998年的0.386一直攀升至2008年的最高点0.491，之后呈回落态势，2009年0.490，2010年0.481，2011年0.477，2012年0.474，2013年0.473，2014年0.469，2015年降至0.462，创下12年来最低值，但自2003年以来一直处在全球平均水平0.44之上。③ 可见，我国已进入收入差距较大的国家行列。与此同时，一部分人依靠自身的权力、资本等非生产要素获得大量的灰色、黑色收入，并以此聚敛了相当数量的财富，形成了一批"暴富群体"，使得中下等收入群体产生了心理的不公平和剥离感，极易导致社会利益关系矛盾不断加剧。

二是劳动保障水平低。改革开放以来，我国劳动力市场不断转型，农民工、下岗职工等逐渐成为了"弱势群体"④，遭到不同程度的"劳动力

---

① 参见国家统计局《中国统计年鉴2015》，中国统计出版社2015年版。

② "基尼系数"（Gini coefficient），是1943年美国经济学家阿尔伯特·赫希曼根据劳伦茨曲线所定义的判断收入分配公平程度的统计指标，其值在0和1之间，越接近0就表明收入分配越趋向平等。国际上通常把0.4作为收入分配差距的"警戒线"，基尼系数0.4以上的表示收入差距较大，当基尼系数达到0.6时，则表示收入悬殊。

③ 参见中国经济网《2015年中国基尼系数为0.462创12年来最低》，http://www.ce.cn/xwzx/gnsz/gdxw/201601/19/t20160119_8372526.shtml。

④ 本书提到的"弱势群体"概念，在某种意义上，对应于西方人所说的"处境最差者"（虽然有些差别），他们需要以特殊照顾的方式来对待，所以有"差别对待"的意思在其中。不过，应先解决平等对待，然后才能给予差别对待。（参见陈少峰《正义的公平》，人民出版社2009年版，第269页。）

市场排斥"①。拿农民工来说，他们虽工作甚至生活在城市，但户口是在农村，仍然还是"农民"，没有城市身份，陷入"不城不乡"的尴尬境地。他们中绝大多数人享受不到社会保障带来的"安全感"。有数据显示，用工单位为农民工缴纳养老保险、工伤保险、医疗保险的比例，只有7.6%、21.8%、12.2%，而缴纳失业保险和生育保险的比例则更低，仅为3.9%和2.3%。② 另一方面，他们的政治权利保障也相对微弱，从全国人大代表中的工人农民代表比例来看，第四、五、六、七、八、九届中工人农民代表比例，分别为51.1%、47.3%、28.6%、23.0%、20.6%、10.8%，也呈下降趋势。城市的隔离、空间的阻隔、身份的无奈，使农民工群体感受到较强的相对剥夺感。③

三是劳动保护不完善。伴随着市场经济的发展，我国在企业改制、重组、并购等过程中，由于劳动保护制度的不健全不完善，产生了诸多劳动争议案件。表0-1数据显示，我国劳动争议数量逐步上升。近年来，虽然我们采取了一些措施来纾解劳动争议问题，但是从实际效果来看，问题仍然比较严重。导致劳动争议的，主要体现在劳动者的劳动合同、工资报酬、劳动安全、社会保障、权益实现等方面的问题。其根本原因在于，劳动保护制度及其保护机制的不完善不健全。这就需要我们对这一问题高度重视，真正做到公平正义，从而能够从根源上解决劳动矛盾，使劳动关系得到切实有效的调节。

表0-1　　　　　1994—2014年我国劳动争议案件统计

年份	劳动争议总件数	劳动争议总人数	集体争议总件数	集体争议总人数	集体争议件数占劳动争议总件数的比例（%）	集体争议人数占劳动争议总人数的比例（%）
1994	19098	77794	1482	52637	7.75	67.66

---

① 劳动力市场排斥，是指因为劳动者的合法权益（即劳动权）被剥夺而无法参与劳动力市场或者在劳动力市场上被边缘化的过程，其具体表征包括受到歧视、压迫、剥削和剥夺等。
② 参见国家统计局农村司《2009年农民工监测调查报告》，http://www.stats.gov.cn/tjfx/fxbg/t20100319_402628281.htm。
③ 有学者认为，农民工面临着三大社会排斥：利益排斥、空间排斥和情感排斥。（参见周奎君《从农民工生存现状看社会排斥及后果》，《社会科学家》2006年第5期。）

续表

年份	劳动争议总件数	劳动争议总人数	集体争议总件数	集体争议总人数	集体争议件数占劳动争议总件数的比例（%）	集体争议人数占劳动争议总人数的比例（%）
1995	33030	122512	2588	77340	7.83	63.16
1996	41697	189120	3150	92203	7.56	48.75
1997	68773	221115	4109	132647	5.97	59.99
1998	84829	358531	6767	251268	7.98	70.08
1999	114152	473957	9043	319445	7.92	67.40
2000	120043	422617	8247	259445	6.87	61.39
2001	146781	467150	9847	286680	6.71	61.37
2002	176781	608396	11024	374956	6.24	61.63
2003	215512	801042	10823	514573	5.02	64.24
2004	249335	764981	19241	477992	7.72	62.48
2005	293710	744195	16217	409819	5.52	55.07
2006	301233	679312	13977	348714	4.64	51.33
2007	325590	653472	12784	271777	3.93	41.59
2008	650077	1214328	21880	502713	3.37	41.40
2009	627530	1016922	13779	299601	2.20	29.46
2010	558853	815121	9314	211755	1.67	25.98
2011	568768	779490	6592	174785	1.16	22.42
2012	620849	882487	7252	231894	1.17	26.28
2013	641932	888430	6783	218521	1.06	24.60
2014	690418	997807	8041	267165	1.16	26.78

数据来源：《中国劳动统计年鉴（1996）》，中国统计出版社1996年版；《中国劳动统计年鉴（1997）》，中国统计出版社1997年版；《中国劳动统计年鉴（2016）》，中国统计出版社2016年版。

总体来说，与经济迅速发展相比，我国的社会发展还相对滞后，各种形式损害劳动者利益的事情还很多，比如分配制度不合理、收入差距拉大，劳动力供大于求、就业岗位不充足，忽视劳动者权益、群体性矛盾突出，资本与政治权力结合、影响社会公平，等等。由于劳动保护、社会保障等还不完善不健全，劳动者主体地位得不到充分彰显，整个社会的体面劳动程度存在着"赤字"。正如胡鞍钢等所言，在经济繁荣的背后还隐藏着诸多社会危机，这些都对社会稳定形成了严重威胁。① 体面劳动赤字，劳动关系不和谐，势必会影响到我国经济甚至社会生活的正常运转。因此，"努力让劳动者实现体面劳动、全面发展"②，已经日益成为我们党和国家的一项重要任务，必须引起我们的高度重视和极大关注。

（二）理论的触动：体面劳动的理念与未来中国发展

发展是人类永恒的主题，其首要解决的是出发点问题。出发点是什么？关键取决于国家的性质和执政党的宗旨。马克思恩格斯指出："无产阶级的运动是绝大多数人的，为绝大多数人谋利益的独立的运动。"③ 我们是社会主义国家，党的宗旨是全心全意为人民服务，所以我们发展的出发点是人民。出发点是人民，就要让人民受益。没有人民看得见、摸得着的获得感和幸福感，发展就没有意义，也不可持续。

"一种发展理念反映着一种时代精神、实践理性和价值取向。"④ 体面劳动概念提出以后，得到了国际社会和中国政府的积极响应。2005年，联合国大会将其确定为"千年发展目标"的重要内容。2008年，胡锦涛在"全球化与工会"国际论坛上，首次提出"让各国广大劳动者实现体面劳动"⑤；在2010年全国劳模和先进工作者表彰大会上，他又指出"让广大劳动人民实现体面劳动"⑥。2013年，习近平在同全国劳动模范代表座谈时，强调"努力让劳动者实现体面劳动、全面发展"⑦；在2015年庆祝"五一"国际劳动节暨表彰大会上的讲话中，他再次强调"努力让劳

---

① 胡鞍钢等曾对中国经济繁荣背后隐藏的社会危机提出严重警告，引起国内外普遍关注。他们指出，过去20多年中国经历了持续的高速增长，出现了空前的经济繁荣。但是经济繁荣并不必然或自动导致社会稳定。从中国历史来看，严重的社会危机往往发生在经济繁荣期；从许多发展中国家的经验看，不公平、不公正的增长突然因社会危机而停滞、衰退甚至崩溃。（参见胡鞍钢、王绍光、丁元竹《经济繁荣背后的社会不稳定》，《战略与管理》2002年第3期。）

② 《习近平谈治国理政》，外文出版社2014年版，第46页。

③ 《马克思恩格斯文集》第2卷，人民出版社2009年版，第42页。

④ 丰子义：《发展的呼唤与回应——哲学视野中的社会发展》，北京师范大学出版社2009年版，第3页。

⑤ 新华网：《胡锦涛：让劳动者实现体面劳动》，http：//news.xinhuanet.com/mrdx/2008-01/08/content_ 7384504.htm。

⑥ 新华网：《胡锦涛：在2010年全国劳动模范和先进工作者表彰大会上的讲话》，http：//news.xinhuanet.com/politics/2010-04/27/c_ 1259809_ 3.htm。

⑦ 《习近平谈治国理政》，外文出版社2014年版，第46页。

动者实现体面劳动、全面发展"①。

近几年来，体面劳动理念也已成为国内学界研究的热点和焦点，学者们无论是从基础理论出发，还是从社会现实出发，都在积极挖掘体面劳动的精神实质及其现实意义。但是，大都拘泥于国际社会对体面劳动的一般性原则要求，其研究深度和广度还需更多延展。而我国又有自己的具体国情，我们不能照抄照搬。我们是社会主义国家，对体面劳动的要求应该更自觉，标准也应该更高；我们又是坚持以马克思主义为指导，对体面劳动的认识应该更深刻，内涵也应该更丰富。

按照唯物史观，人是全部人类活动和全部人类关系的本质基础，人的自由全面发展是人类活动和人类关系的最高范畴。社会主义中国推进体面劳动，让劳动者实现自由全面发展，能更好地体现出社会主义的本质和优越性。无视体面劳动，就是无视劳动者的根本利益，也就违背了社会主义现代化的要求。因此，我们要结合现实国情来推进体面劳动，切实保障劳动者的劳动及其劳动价值的实现，保证劳动者主体地位的彰显和各项权益的获得。

改革开放促进了社会生产力的发展。但是，我们也看到：人们过多地关注劳动创造的物质财富，而对劳动者的劳动条件、劳动报酬、劳动感受关注的不够。党的十八大以来，以习近平同志为核心的党中央，坚持以民为本、以人为本的执政理念，高度重视并大力推进民生工作，为老百姓带来了越来越多"获得感"。"坚持人民主体地位""切实保障人民权益""维护社会公平正义"已成为中国社会的基本价值取向。党的十八届五中全会，把"共享"作为发展的出发点和落脚点，为维护社会公平正义，保障人人共享发展成果，促进劳动者体面劳动、全面发展，提供了政策依据和方向指引。

那么，在当代中国的现实语境下，体面劳动的内涵到底是什么？在马克思的思想资源中是否蕴涵着体面劳动本义？其体面劳动的理论内容及特质有哪些？体面劳动在当代中国的现实状况如何？如何在社会主义初级阶段实现体面劳动？体面劳动与异化劳动、自由劳动的关系如何？如何通过体面劳动来促进人的自由全面发展？……这一系列的问题都需要我们进一

---

① 人民网：《习近平在庆祝"五一"国际劳动节暨表彰全国劳动模范和先进工作者大会上的讲话》，http://cpc.people.com.cn/n/2015/0429/c64094-26921006.html。

步审视和澄明。简言之，这需要构建体现中国特色、中国风格、中国气派的体面劳动理论。由是，这一论题就显得格外紧要和必须。

（三）意义的追问：幸福生活的向往与人的劳动体面

生活总是有一定指向的。人的生活总是"为我"，为了人自身。在对现实不完满存在状态的批判与扬弃中，人形成了自己的理想。人对幸福的追求，正是这样一种至上无待的最终目的与理想。在亚里士多德看来，幸福就是"终极的自足的，它就是一切行为的目的"[①]。人生的目的多样，有些目的是为了其他目的而选择的，就像房子、车子、票子，它们都是一种工具，都不是我们最后的目的。

幸福是人生存在的理想及其实现的内心体验。人的幸福，不能仅仅建立在感官快乐上，还应体现自由和体面。幸福的实质，不在于物欲之享受，一定意义上，它是一种可以由主体自我把握的东西。如果我们对于马克思主义哲学，不是采取一种庸俗的态度，那么，马克思主义关于人的本质、异化劳动、自由劳动、共产主义等的阐释，在深层次上都以这样或那样的方式，与人们对于幸福的追求相联系，都内在地体现着对幸福的追求的深层意蕴。

"对幸福的追求是人的宿命，人的天性。"[②] 人的幸福，总要通过个人的劳动得以实现和呈现。人在劳动中，扬弃着"旧我"，塑造着"新我"，实现着自我价值，创造着自己的幸福。正如马克思所说，"人应当通过全面的实践活动获得全面的发展"[③]。而人的劳动，总是受一定的社会历史条件和社会关系所制约。在资本主义制度下，工人"在劳动中不是肯定自己，而是否定自己，不是感到幸福，而是感到不幸"[④]，他们肉体受折磨，精神遭摧残。这就是异化的劳动。马克思无情地揭示和批判了资本主义条件下人的本质的异化，并勾勒了一个给人真正幸福的理想社会。在那里，"创造着具有人的本质的这种全部丰富性的人"[⑤]。劳动给每一个人提供全面发展和表现自己全部能力的机会，劳动"从一种负担变成一种快

---

① ［古希腊］亚里士多德：《尼各马科伦理学》，苗力田译，中国社会科学出版社1992年版，第11页。
② 罗敏：《幸福三论》，《哲学研究》2001年第2期。
③ 《马克思恩格斯选集》第3卷，人民出版社2012年版，第680页。
④ 《马克思恩格斯全集》第42卷，人民出版社1979年版，第91页。
⑤ 《马克思恩格斯全集》第42卷，人民出版社1979年版，第126—127页。

乐"①，作为个体的人真正成为幸福体面的人。

然而，在现时代，劳动还依然是人们谋生的手段，生活世界的物化与异化仍然还不能避免。现代人的异化，已成为一种事实性的存在：一方面，整个社会的经济、政治与文化系统日益使人物化；另一方面，物化的生活不断使人驯服为整个社会系统的工具。个体受整体性的约束，人的本质被归结为外在追求。为了生存，现时代的人似乎不大可能去关心所谓个人的全面发展，不是成为"单向度的人"，就是被改造成"没有自由、缺乏镇定、没有独立的人"②。那些几乎完全臣服于日益智能化的科技产品，手指翻飞玩手机而根本停不下来的"低头族"，为买新款"iphone"而不惜拍裸照、卖淫、卖肾、卖孩子换钱的铁杆"果粉"③，不就是很好的证明吗?!

某种意义上，现代人成了物化生活的"奴隶"，其不体面态势也在加深。对物质资料的极端追求，使人失去了合理的"幸福"追求。"现代人愈是从物质的困境解脱，他愈不明白自己该做什么。"④那么，现代人该如何在现实生活中消解物化？如何复归属于人的真实幸福呢？其实，在几百年前，马克思就已经给出了答案。在他看来，人的异化是会被历史本身所扬弃的。人正是在自身的生成中，不断克服物化、消解异化，恢复人本真的样子。用他的话说就是，"任何解放都是使人的世界即人的关系回归于人自身"⑤。

所以，幸福的生活，并不意味着拥有更多的财富。物质丰裕是幸福生活的前提，但幸福生活首要的是"摆脱任何物的依赖性"，实现"自由自觉的类本性"。因此，透过对当代人的现实生活关照，深入解读马克思劳动思想，洞悉体面劳动之本义，不仅能为当代中国人诠释幸福的真谛、人生的意义，同时也为我们实现体面劳动、自由解放提供一条真实可靠的进路。

---

① 《马克思恩格斯选集》第3卷，人民出版社2012年版，第681页。
② ［美］艾瑞克·弗洛姆：《健全的社会》，孙恺祥译，贵州人民出版社1994年版，第187页。
③ 参见中国新闻网《为买"苹果"雷人雷事层出不穷：裸照换钱卖肾搬砖》，http://www.chinanews.com/it/2014/10-10/6660595.shtml。
④ ［德］孙志文：《现代人的焦虑与希望》，陈永禹译，生活·读书·新知三联书店1994年版，第7页。
⑤ 《马克思恩格斯文集》第1卷，人民出版社2009年版，第46页。

二 研究的意义

体面劳动的主体是劳动者,核心在于如何保障劳动者的权益问题。正确认识和把握当前我国劳动者的体面劳动状况及其提升策略,对于解决我国转型期的劳动关系问题,对于我们的改革、发展和稳定,乃至人的生活意义问题,都将起到积极的作用。因此,对当代中国体面劳动进行研究,无论从学理的角度,还是从历史的视域以及现实的存在来看,都具有重要的意义。

(一) 理论意义

其一,对体面劳动的研究,将进一步延展对劳动问题研究的视域。劳动是人类最基本的实践活动。劳动造福人类,恩泽世间。古往今来,人们从来没有停止过对劳动的探讨和思索。无论是革命的叙事,还是市场的往来,无论是往日的"大生产",还是今天的"大工业",劳动都具有最生动的意义。劳动创造了人及属人的世界。劳动凝系着人的情感和需要,闪耀着道德和人性的光辉。关注劳动就是关注人本身。我们研究劳动问题,就是对作为劳动主体的劳动者的关注。人们以往多关注劳动的效用和价值,着重从劳动与社会进步之间的关系考察劳动的意义,是对劳动的目的性关注。体面劳动使人们转为对劳动的对象性关注,它强调从劳动与个体发展之间的关系视角揭示劳动的神圣与崇高。

其二,对体面劳动的研究,将进一步丰富和发展马克思主义劳动理论。马克思的诸多理论,例如唯物辩证法、剩余价值理论、社会变革理论、科学社会主义理论等,都是围绕着劳动这一范畴而展开的。正是在劳动发展史中,马克思"找到了理解全部社会史的锁钥"[1]。可以说,马克思的劳动学说是贯穿整个马克思主义理论体系的一根主线。体面劳动是马克思劳动思想中的本意,尽管在其经典文本中没有提出或使用这个概念,但从他的历史唯物主义理论建构来看,"实际上是马克思劳动观的核心内容与实践形态"[2]。进一步深入挖掘马克思劳动思想中的体面劳动意蕴,能够使我们更加深入了解马克思的劳动思想及其当代价值,更加深入掌握

---

[1] 《马克思恩格斯选集》第4卷,人民出版社2012年版,第265页。
[2] 杜德省、蒋锦洪:《体面劳动:走向当代的马克思劳动观》,《云南社会科学》2014年第2期。

马克思思想理论的本真性、丰富性与整体性。在当代中国的现实语境下，观照马克思的劳动思想，探寻体面劳动的马克思思想意涵、理论特质及其实现机制，有助于构建体现中国特色的体面劳动理论，丰富和发展马克思主义劳动理论，进一步推进马克思主义中国化进程。

（二）现实意义

其一，对体面劳动的研究，有助于维护广大人民的根本利益。党的十八届五中全会指出，发展的根本目的是实现好、维护好、发展好最广大人民的根本利益。在当代中国，"最广大人民"就是为社会主义现代化建设作为贡献的劳动者，他们是以工人、农民、知识分子等为主体的。所谓"根本利益"，既有经济的也有政治的，而经济利益包含劳动者的工作权、报酬权、保障权等基本权益。推进体面劳动，最大程度地保障劳动者的自由、安全、公正和尊严，不仅体现了社会主义社会的本质，还能极大激发劳动者的积极性、主动性，进而促进社会主义现代化的实现。无视体面劳动，就是无视最广大人民的根本利益。

其二，对体面劳动的研究，有助于促进社会主义和谐社会建设。中华人民共和国成立以来，特别是改革开放以后，我国劳动者的权益获得了越来越多的保护，但是也存在一些问题，诸如令人痛心的"开胸验肺"案、富士康跳楼案、黑砖窑事件等。这些事件的发生，严重消减了社会的和谐与稳定。社会稳定是实现社会主义现代化的必要前提。体面劳动作为"一种社会稳定性机制"[1]。推进体面劳动，努力改善劳动者的工作、生活状况，为劳动者提供良好的环境和更好的保障，不仅有助于构建和谐的劳资关系和干群关系，有助于提高劳动者素质能力，还有助于实现社会的公平正义、民主法治，从而更好地推动社会主义和谐社会建设。

其三，对体面劳动的研究，有助于巩固党的长期执政地位。中国共产党之所以得到人民群众的信任、选择和支持，就是因为她代表人民的利益、满足人民的需要。加强体面劳动的研究，在全面建成小康社会的背景下，"激活"马克思的思想资源，发掘其体面劳动思想的内涵要义、方法特征、价值取向，探析当前我国劳动者劳动"不体面"的一面，并分析内在原因和外在障碍，提出符合实际并具有针对性的对策建议，从而为促

---

[1] 央视国际：《国际劳工组织总干事：体面劳动变冲突为对话》，http://www.cctv.com/news/china/20040428/101508.shtml。

进劳动者的全面发展提供实践借鉴。这将有助于党和政府更好地制定正确的路线、方针、政策，更好地推动我国社会主义现代化建设，更好地满足人民日益增长的美好生活需要，从而使党在新的历史条件下，始终代表最广大人民的根本利益，以不断赢得人民选择而长期执政。

三　国内外研究现状述评

自1999年国际劳工组织首次提出"体面劳动"这一概念之后，国内外学者便开始关注和研究，形成了较为丰富的研究成果。本书从国内和国外两个层面对相关文献进行梳理和评析，并以此作为本论题研究的基础和起点。

（一）国内研究现状

相比国外学者而言，我国学者对体面劳动的关注与研究起步较晚。一开始的研究历程，大致经历了"从概念理解到概念运用"两个阶段[①]。近几年来，我国学者对体面劳动的研究逐渐开始有所突破，不仅在成果数量上远远超过国外学者，其研究深度也明显提升，呈现出"视角多元化、群体广覆盖、实证研究的突破"三大特征[②]，为我们进一步研究体面劳动提供了较为坚实的理论基础。总体来看，我国学者主要是从经济学、社会学、政治学、伦理学、哲学等不同学科和不同角度进行研究的。

视域一：从经济学上研究体面劳动。

其一，对体面劳动概念及目标的阐释。佘云霞（2001）较早地对国际劳工组织提出的"体面劳动"内涵、背景及战略目标进行了全面介绍。[③] 后来，她又从推进体面劳动的全球趋势的视角，提出中国在今后相当长时期内的一项重要任务，就是为千百万劳动者创造生产性、体面的就业机会。[④] 严新明（2010）认为，体面劳动是生产性的劳动，劳动者要有足够的收入、充分的社会保护、足够的工作岗位以及各项权利得到保护，实质就是在社会层面解决公平问题，在自然层面解决安全问题。[⑤] 曹兆文

---

① 参见代利凤《国内体面劳动研究进展和述评》，《辽宁行政学院学报》2010年第6期。
② 参见周格《我国体面劳动研究的最新发展》，《人口与经济》2013年第3期。
③ 参见佘云霞《经济全球化与"体面的劳动"》，《工会论坛》2001年第6期。
④ 参见佘云霞、刘晴《推行体面劳动的全球趋势》，《江汉论坛》2008年第10期。
⑤ 参见严新明《公平与安全——从劳动的社会和自然层面看"体面劳动"的实质》，《中共天津市委党校学报》2010年第6期。

(2011)认为,体面劳动的"生产性"应理解为"高产出高回报性";劳动者技能的提高、企业技术的进步、产业转移和升级、最低工资、集体谈判以及相关的社会制度变革等,均是实现体面劳动生产性的重要途径。[①]郭正模(2015)提出,体面劳动反映的是劳动者及其组织对雇主、用人单位以及政府在劳动力市场交易与劳动关系方面的行为所提出的群体性要求和伦理道德标准,体现的是劳动力市场平等交易地位和依法规制的契约精神;其本质特征是合约性和谐劳动关系的全面构建。[②]陈静(2015)认为,体面劳动的内涵包含充足的就业机会、生产性工作、安全的工作、平等的工作、尊重的工作、自由的工作等六个方面,其本质是以人为本的劳动,是关注弱势群体的劳动,是有尊严、有回报、有保障、有对话的劳动;劳动权益保护是体面劳动实现的基础,提出了构建以政府、劳动就业组织、工会组织和城镇非正规就业群体自身多方合作互补的劳动权益保障新模式。[③]

其二,对体面劳动实现路径的探究。周建群(2010)提出,体面劳动是马克思劳动价值论题中应有之意,是构建和谐劳动关系的基础,也是促进包容性增长的必然要求;尊重劳动是实现体面劳动的基础,人力资本是实现体面劳动的条件,以人为本是实现体面劳动的前提,劳动法律是实现体面劳动的保证,企业社会责任是实现体面劳动的要求。[④] 邱依等(2010)认为,应把体面劳动作为全社会的理论认知和文化自觉,要坚持和发展马克思劳动价值论,并运用该理论大力彰显劳动价值,科学贯彻劳动分配原则,完善要素参与分配,强化政府调节作用。[⑤] 郑兴明(2011)提出,实现体面劳动的关键在于增加劳动者的劳动报酬;正确理顺政府与市场之间的关系,发挥政府配置资源公平之责,是提高劳动者收入的重要环节。[⑥]

[①] 参见曹兆文《体面劳动的生产性:概念与实现途径》,《广州大学学报》(社会科学版)2011年第9期。

[②] 参见郭正模《"体面劳动"理念的本质是合约性和谐劳动关系的全面构建》,《决策咨询》2015年第3期。

[③] 参见陈静《体面劳动视角下城镇非正规就业群体的劳动权益保障研究》,西南财经大学出版社2015年版,第43—47页。

[④] 参见周建群《实现体面劳动的路径选择——基于马克思劳动价值论的视角》,《福建师范大学学报》(哲学社会科学版)2010年第6期。

[⑤] 参见邱依、邱炜煌《"体面劳动"呼唤发展运用劳动价值论》,《求实》2010年第11期。

[⑥] 参见郑兴明《增加劳动报酬:实现体面劳动与尊严生活的关键——基于马克思劳动力价值理论的阐释》,《南京航空航天大学学报》(社会科学版)2011年第1期。

唐鑛（2013）认为，劳资双赢是实现体面劳动四大战略目标的根本保障，构建和谐劳动关系协调机制的薪酬基础是让广大劳动群众实现体面劳动的关键所在。①

其三，对体面劳动感知及测量指标的探讨。毛冠凤等（2014）对体面劳动感知的概念进行了界定和测量，认为是一个五因素构念，包括工作回报、工作岗位、职业发展、职业认可及工作氛围。②丁越兰等（2013）认为，衡量我国体面劳动水平的关键和前提是构建合理的体面劳动测量指标体系，提出应从政府、企业、劳动者三个层面及就业、权利、社会保护和社会对话四个维度来进行。③罗燕等（2014）通过对广州等城市中130家企业和2600位劳动者的调查发现，教育程度、工作总年限、拥有的法律知识、在岗职务、为企业服务年限、在岗培训情况以及企业工会成员率，都影响体面劳动的实现水平。④

视域二：从社会学上研究体面劳动。

其一，对体面劳动内涵及实现路径的探讨。王兰芳等（2008）提出，体面劳动的内核是生产性工作、合理的工资、安全的工作条件、享有社会保障与尊重，是社会进步的体现；我国政府应致力于研究与制定以促进体面劳动为导向的经济发展战略和社会政策法规，解决缺少充分的生产性工作岗位、缺乏必要的劳动保护与休息的恶劣工作条件、低收入与无社会保障、低地位与歧视等各方面的体面劳动缺失问题。⑤吕红等（2010）认为，体面劳动突出了劳动神圣与崇高，实现体面劳动需要破除制度性障碍，要对户籍制度、社会保障制度和就业制度等相关制度进行创新，使其实现机制逐步合理化、优化。⑥卫兴华等（2011）提出，体面劳动的前提

---

① 参见唐鑛《体面劳动的薪酬基础：效率、公平与劳资双赢》，《中国劳动关系学院学报》2013年第1期。

② 参见毛冠凤、刘伟、宋鸿《体面劳动感知研究：量表编制与检验》，《统计与决策》2014年第14期。

③ 参见丁越兰、周莉《中国情境下多层面体面劳动测量指标体系研究》，《经济与管理》2013年第10期。

④ 参见罗燕、李溢航《劳动者素质对体面劳动实现水平的影响——基于广州、深圳、中山三地企业的数据调查》，《华南师范大学学报》（社会科学版）2014年第3期。

⑤ 参见王兰芳、徐光华《体面劳动离我们有多远？》，《安徽大学学报》（哲学社会科学版）2008年第4期。

⑥ 参见吕红、金喜在《实现"体面劳动"的意义及制度性障碍》，《东北师大学报》（哲学社会科学版）2010年第3期。

是广泛充分的就业，还需要公平合理的收入分配机制、广覆盖多层次的社会保障机制以及完善的劳动权益保护机制。① 李朝阳等（2011）认为，实现体面劳动是所有国家劳动者共享的权利，中国要特别重视妇女的就业问题、农民工的工作生活状况问题，要对劳动者提供更好的社会保障，提高劳动者收入水平。② 肖巍等（2015）提出，实现体面劳动是尊重和保障人权、促进劳动认同的重要内容，我国实现体面劳动首先要提高劳动者素质，要依赖有组织的维权，应认真对待罢工权在体面劳动认同中的作用。③

其二，对体面劳动水平的测量比较与模型构建。李小波（2010）采用主成分分析法将影响体面劳动的 13 个指标分成 4 个维度，得出了体面劳动的测量公式："体面劳动 = $0.291 * X1 + 0.282 * X2 + 0.234 * X3 + 0.192 * X4$"。④ 丁越兰等（2014）围绕实现体面劳动的四大战略目标，选取了 24 个体面劳动测量指标，通过因子分析法提取了就业环境、就业机会、收入、权利、劳动关系等五个综合因子，并运用因子分析的相关结论对 2010 年 31 个省的体面劳动水平进行了测算；结果表明，全国各地的体面劳动水平整体不高且存在明显地区差异，体面劳动水平并不完全与当地的经济发展水平相匹配，制约各地区体面劳动水平提升的因素各不相同，而影响水平提升的关键因素是劳动收入、就业机会、就业环境；提升体面劳动水平须注重体面劳动各要素的均衡发展与协同提升，并关注共性因素与个性因素的差异。⑤ 吕红等（2014）基于国际劳工组织 2008 年重新修订的体面劳动衡量指标，利用相关性分析法及 SPSS 软件计算出各项指标的影响权重，对 2000—2011 年中国体面劳动水平进行分析发现，中国体面劳动水平随着经济社会的持续发展而不断提升并趋于稳定，这主要归因于宏观经济的长期快速发展及劳动社会保障制度的完善。⑥ 孟浩等

---

① 参见卫兴华、武靖州《实现劳动者"体面劳动"的三重机制》，《华南理工大学学报》（社会科学版）2011 年第 1 期。

② 参见李朝阳、罗家兴《中国现代化进程中的体面劳动研究》，《吉首大学学报》（社会科学版）2011 年第 2 期。

③ 参见肖巍、钱箭星、杨寄荣《关于实现体面劳动的几个问题》，《思想理论教育》2015 年第 5 期。

④ 参见李小波《我国体面劳动指标探析》，《前沿》2010 年第 3 期。

⑤ 参见丁越兰、周莉《我国省域体面劳动水平测量及比较研究》，《安徽大学学报》（哲学社会科学版）2014 年第 1 期。

⑥ 参见吕红、金喜在《中国体面劳动水平测量及变动趋势分析》，《当代经济研究》2014 年第 6 期。

(2015)利用改进的熵值法确定了体面劳动指标权重,借助 SPSS 系统聚类法将中国大陆 31 个省级行政区体面劳动水平划分为高水平、较高水平、中等水平、较低水平和低水平 5 个类型区域;研究发现,经济发展水平与体面劳动水平存在较强的正相关关系。①

其三,对农民工群体体面劳动的现状、障碍及对策的研究。曾煜(2011)认为,完善社会保障和实现体面劳动是农民工的强烈诉求;加强对农民工的社会保护,完善公共政策和公共管理服务,实现农民工的社会保障权益和体面劳动,是建设服务型政府的需要,也是企业和工会义不容辞的责任。②贺天平等(2012)通过问卷调查分析了新生代农民工体面劳动缺失的现状,提出应维护劳动者主人翁的地位、树立尊重体面劳动的理念,积极发挥政府职能、健全相关法律制度,转变企业管理方式、完善企业文化建设,培育完善相关社会组织、强化其职能,加强农民工自身发展、提高综合素质。③丁开杰(2012)将"社会排斥"概念引入体面劳动分析,提出农民工等弱势群体受到劳动力市场排斥,某种程度上形成了体面劳动赤字,中国需要建立一个包容性劳动力市场。④

其四,对家政工人的体面劳动状况的探究。林燕玲等(2010)论述了家政工人所面临的困境,如权益受侵害事件屡有发生、缺乏保护权益的立法、难以维护个人合法权益、工作环境比较特殊、缺乏必要的职业培训等,并介绍了国际劳工组织提出的实现家庭工人体面劳动的一些措施。⑤刘明辉(2012)评介了国际劳工组织《2011 年家庭工人公约》对我国相关立法的影响,并提出若干立法建议,包括遵循人权普遍性和非歧视原则、打破劳动法不调整私人雇佣的思维定式、通过三方协商机制和社会对话确立家政工人劳动保障标准。⑥张琳等(2014)基于武汉市的调查,发

---

① 参见孟浩、王仲智、杨晶晶、华瑾、胡万青《中国大陆体面劳动水平测度与空间分异探讨》,《地域研究与开发》2015 年第 3 期。
② 参见曾煜《让农民工享有社会保障、体面劳动和有尊严的生活》,《福建论坛·人文社会科学版》2011 年第 2 期。
③ 参见贺天平、刘欣、李华君《体面劳动:新生代农民工面临的问题及对策》,《山西大学学报》(哲学社会科学版)2012 年第 2 期。
④ 参见丁开杰《社会排斥与体面劳动问题研究》,中国社会出版社 2012 年版。
⑤ 参见林燕玲、任义《家政工人与体面劳动》,《中国工人》2010 年第 9 期。
⑥ 参见刘明辉《家庭工人体面劳动公约对中国立法的影响》,《妇女研究论丛》2012 年第 5 期。

现家政女工体面劳动的实现正面临诸多难题，如文化排斥导致的职业符号认同边缘化、经济排斥中引发的就业机会被剥夺、福利制度排斥造成的社会保护缺口、关系排斥形成的社会对话网络薄弱等；她认为，基于社会排斥引发的体面劳动赤字，已经成为社会不稳定的潜在因素，亟待在努力完善顶层设计的同时，增加社会性别视角的审视和修复。①

其五，对高校教师的体面劳动状况的探究。赵红（2009）认为，实现体面劳动的根本是保障教职工的报酬权、教学自主权、学术自由权、专业发展权等权利，教育工会应发挥积极作用。② 杨晓鸿（2010）提出应把"劳动是快乐的"作为教师体面劳动的价值核心。③ 李朝阳（2011）认为，当前存在劳动报酬权、劳动保障权、民主参与权等缺失，不利于充分调动教师的劳动积极性。④ 黄维德等（2015）从劳动、收入、工作、技能、代表权五方面对上海高校教师进行了问卷调查和深度访谈，发现上海高校教师除工作保障状况尚可外，其他四方面状况均不理想；高校和相关政府部门需在减轻高校教师工作压力、增强收入竞争性和公平性、加大培训力度与针对性、提高教师决策参与度等方面采取改进措施。⑤

视域三：从政治学上研究体面劳动。

其一，政府在实行体面劳动中的作用。朱廷珺（2004）认为，政府应努力完善劳工法规、消除劳动歧视现象、健全社会保障体系。⑥ 李秀梅（2005）提出，中国应完善国内的劳动法律体系，建立起一套保障劳动者权益的法律机制。⑦ 赫雅书等（2011）从关注尊严层面的民生问题出发，提出关注尊严层面的民生问题必须实现体面劳动；实现体面劳动要弘扬劳动光荣的理念，发挥政策和法律的调节功能，要关注企业社会责任，促进工会建设。⑧ 山冲（2013）认为，体面劳动的理论来源包括中国古代的民

---

① 参见张琳、杨毅《家政女工体面劳动赤字的社会排斥分析——基于武汉市的调查》，《湖北社会科学》2014年第12期。
② 参见赵红《"体面劳动"与教职工权益维护》，《工会论坛》2009年第4期。
③ 参见杨晓鸿《马克思主义劳动观与高校教师"体面劳动"》，《高教论坛》2010年第8期。
④ 参见李朝阳《体面劳动视域下教师劳动权益保护问题研究》，《教育理论与实践》2011年第5期。
⑤ 参见黄维德、柯迪《上海高校教师体面劳动现状研究》，《中国高教研究》2015年第11期。
⑥ 参见朱廷珺《体面劳动、道德贸易与劳工标准》，《广东社会科学》2004年第4期。
⑦ 参见李秀梅《经济全球化与"体面劳动"》，《北京行政学院学报》2005年第4期。
⑧ 参见赫雅书、刘金福、李燕《关注尊严层面的民生问题》，《长白学刊》2011年第2期。

本思想、西方的人权理论、马克思劳动价值论以及马斯洛需求层次理论；为促进作为劳权规则的体面劳动中国化，中国应明确政府职责、规范劳动力市场、弱化劳资矛盾、维护劳动者各项合法权益，进一步发展社会保障制度、将全体劳动者纳入社会保险的范畴。① 石奎（2015）提出，体面劳动不仅是某种工作类型、工作形态、生存途径，更是劳动者崭新的生活方式，它面向"人的发展"，以提升劳动者作为人的价值为目标指向；我国应采取相应的社会政策来推动体面劳动，在观念基础上应由市场逻辑向社会逻辑回归，在政策目标上应由"谋生存"到"发展能力"转变，在政策核心上应推进"资产社会政策"以增大"社会开支"，在政策取向上应以投资人力资本来填补体面劳动的技术鸿沟，在政策的制定上应发挥政府及相关保障机制的作用。②

其二，企业在实现体面劳动中的作用。曹凤月（2008）提出，良好的工作环境、作业环境是体面劳动的重要内容；操作环境人性化是优化企业作业环境、实现体面劳动的主要渠道。③ 朱国敏（2012）认为，企业首要的社会责任是对员工负责，应通过加强企业文化建设、强化机制建设、提高员工素质、优化劳动环境和劳动条件等来促进员工体面劳动的实现。④

其三，工会在实现体面劳动中的作用。佘云霞（2008）认为，实现体面劳动既是国际劳工组织的战略目标，也是时代赋予中国工会的重要使命。⑤ 肖巍（2011、2013）提出，政府要赋予劳动者组建工会进行谈判的权利，工会应通过集体谈判机制不断提高威信和能力，⑥ 工会应真正"独立自主地开展工作"。⑦ 林燕玲（2011）认为，工会是推动体面劳动的重要力量。⑧ 任鲁萍（2011）提出，工会组织要切实履行职责，关键是能够

---

① 参见山冲《体面劳动中国化的必要性与可行性研究》，《生产力研究》2013年第3期。
② 参见石奎《推动"体面劳动"的社会政策分析》，《未来与发展》2015年第1期。
③ 参见曹凤月《体面劳动与工作环境人性化》，《中国劳动关系学院学报》2008年第6期。
④ 参见朱国敏《体面劳动时域下企业对员工的社会责任》，《清江论坛》2012年第1期。
⑤ 参见佘云霞《实现体面劳动是时代赋予工会的重要使命》，《中国劳动关系学院学报》2008年第2期。
⑥ 参见肖巍《工会必须"独立自主地开展工作"》，《中共中央党校学报》2011年第1期。
⑦ 参见肖巍《体面劳动与工会改革》，《中国治理评论》2013年第1期。
⑧ 参见林燕玲《体面劳动在中国的阐释和实践》，《北京市工会干部学院学报》2011年第1期。

进行真实有效的集体协商，从而为实现劳动者的体面劳动作出最大努力。[1] 丁越兰等（2015）从正当性的角度出发，探索了中国工会组织正当性的内在结构，分析出中国工会组织在体面劳动背景下的正当性危机现状及原因，提出只有回归工会职能，明确自身性质与定位，强化与员工的亲密度，才能确保职工权益维护、体面劳动实现的功能。[2]

视域四：从伦理学上研究体面劳动。

其一，对体面劳动伦理内涵的探析。马唯杰（2006）认为，体面劳动是新的劳动伦理形态，它注重劳动者在人格上的平等性，能更大限度地观照人自身并有着强大的伦理精神作支撑，体面劳动是健康安全的、有人格尊严的、有权利保障的、自我实现的劳动。[3] 蒋阳飞等（2010）提出，体面劳动是公平的劳动、健康安全的劳动、自我实现的劳动。[4] 贺汉魂等（2012）认为，体面劳动的伦理内涵包括：有劳动才体面、因劳动而体面、劳动应是体面的劳动。[5] 谭泓（2015）从马克思劳动伦理观的本质内涵出发，提出生活逻辑是追求体面劳动的哲学基础，体面劳动是实现劳动解放的劳动，因此应尊重员工的人格，为员工提供体面的劳动环境以及合理的薪酬福利。[6]

其二，对体面劳动实现途径的探讨。鲁英（2008）提出，实现农民的体面劳动最根本的在于，改善农民的劳动保障、劳动收入以及生活质量，让广大农民共享经济社会发展的成果。[7] 蒋阳飞等（2010）认为，体面劳动的实现需要树立尊重劳动的道德导向，需要以人为本保障人权，需要公正的制度安排。[8] 黄云明（2013）认为，实现体面劳动还需劳动者的内在主观伦理信念，劳动者只有正确认识劳动本质、劳动目的以及劳动中

---

[1] 参见任鲁萍《利益的协商与劳动的体面》，《工会论坛》2011年第2期。
[2] 参见丁越兰、高璐《体面劳动视阈下中国工会组织正当性评价结构研究》，《中国劳动》2015年第12期。
[3] 参见马唯杰《体面劳动：劳动的伦理批判》，硕士学位论文，苏州大学，2006年。
[4] 参见蒋阳飞、杨晓虎《体面劳动的伦理内涵和道德诉求》，《伦理学研究》2010年第6期。
[5] 参见贺汉魂、王泽应《马克思体面劳动观的伦理阐析》，《道德与文明》2012年第3期；《马克思体面劳动观的伦理意蕴及其现实启示探析》，《当代经济研究》2012年第3期。
[6] 参见谭泓《马克思劳动伦理观的当代阐释》，《中共中央党校学报》2015年第1期。
[7] 参见鲁英《实现农民的体面劳动：社会主义新农村建设的伦理诉求》，《安徽农业科学》2008年第30期。
[8] 参见蒋阳飞、杨晓虎《体面劳动的伦理内涵和道德诉求》，《伦理学研究》2010年第6期。

的各种利益关系，才能真正实现体面劳动。①

视域五：从哲学上研究体面劳动。

其一，对体面劳动本质内涵的辨析。喻包庆（2012）提出，体面劳动是人的自由全面发展的核心，是从异化劳动到自由劳动的中间环节。②郭海龙（2012）认为，体面劳动是以人为本的劳动，是满足需要与彰显能力相统一的劳动，它能展示和实现劳动者的本质力量，使劳动者各方面需要得到满足。③鲁寒光（2014）从马克思的相关论述以及当前体面劳动现实出发，认为体面劳动是劳动者个性自由得到展现的劳动，是社会规范全面合理的劳动，是劳动者各项权利得到维护与义务得到履行的劳动。④

其二，对体面劳动价值意义的探究。梁高峰（2007）提出，体面劳动是雇佣劳动发展的新阶段，有助于劳动关系三方协调、实现资本和劳动的双赢。⑤任雪萍等（2010）提出，实现体面劳动是社会主义内在本质的旨归，是和谐社会建设的重要标志。⑥朱忠孝等（2011）提出，体面劳动是对传统劳动价值观的理论超越，是马克思主义劳动观的重要内容，是对当代民生问题的深层关切。⑦吕杰（2011）认为，体面劳动关注劳动者权利实现，强调社会保护，提倡社会对话，为解决人的发展问题提供了现实依托。⑧陆婷（2013）认为，体面劳动是走向自由劳动的关键环节，是实现人自由发展的前提条件和重要步骤。⑨

其三，对体面劳动实现进路的创见。熊来平（2011）提出，体面劳动是人的自由全面发展的内在规定，消解人与劳动的异化、消解物役是实

---

① 参见黄云明《体面劳动的主体伦理观念前提》，《河北大学学报》（哲学社会科学版）2013 年第 2 期。

② 参见喻包庆《体面劳动及其实现路径》，《江汉论坛》2012 年第 2 期。

③ 参见郭海龙《体面劳动的哲学审视》，《安徽大学学报》（哲学社会科学版）2012 年第 3 期。

④ 参见鲁寒光《马克思主义视阈下的体面劳动研究》，硕士学位论文，湖北大学，2014 年。

⑤ 参见梁高峰《对雇佣劳动的再认识——从现代科技革命到社会发展，从雇佣劳动到体面劳动》，《社科纵横》2007 年第 5 期。

⑥ 参见任雪萍、黄志斌《马克思恩格斯对资本主义劳动异化的哲学批判》，《马克思主义研究》2010 年第 11 期。

⑦ 参见朱忠孝、郭华茹《体面劳动：劳动的精神价值与民生关切的深层内涵》，《云南社会科学》2011 年第 3 期。

⑧ 参见吕杰《体面劳动与人的发展》，《江汉大学学报》（社会科学版）2011 年第 4 期。

⑨ 参见陆婷《体面劳动与人的自由发展》，《理论界》2013 年第 8 期。

现体面劳动的必然逻辑。① 喻包庆（2012）认为，实现体面劳动需要政府、企业、劳动者和整个社会的共同协作，需要加强政策引导、制度规范和法律保障。② 郭海龙（2012）提出，阶级性和时代性是建构体面劳动的两大原则，需要劳动者的团结和维权、科技进步和生产力发展、管理的变革和进步，以及劳动者劳动观念的革新。③ 何云峰（2015）认为，需要大力发展生产力，切实保护劳动者权利、保障劳动收入、提供充分就业机会、健全社会保障，不断克服谋生劳动的桎梏，积极迎接未来体面劳动和自由劳动的到来。④

其四，对体面劳动的马克思思想来源的挖掘。任雪萍等（2010）提出，马克思恩格斯对资本主义劳动异化的批判，形成了当代的体面劳动思想的重要理论来源。⑤ 朱成全等（2014）认为，体面劳动是对劳动问题的时代反思，是对马克思思想的继承与发展。⑥

可见，近年来我国学者对体面劳动的研究有了较大突破和深入，大都能较好地结合我国的国情实际，为本论题研究提供了思路和方法，有较大参考价值。但是这些研究也存在一定局限，比如整体创新性不足，大多数研究是对以往研究的重复，或运用已有研究框架分析其他群体的体面劳动问题，而能真正体现出独到的思路、方法和观点的研究成果还较少。我们应该将体面劳动放到更为广阔的视域中，运用马克思主义的立场、方法和观点，创造性地构建能体现当代中国话语的体面劳动理论框架，进一步丰富和拓展体面劳动的本质内涵，探索和分析经济发展、技术进步、劳动者素质等与体面劳动的关系问题，观照当前我国体面劳动的现实境况，探究并提出更具理论价值和现实指导的方案与对策。

（二）国外研究现状

国外学者对体面劳动的研究，起步时间较早，前期成果较为丰富。从

---

① 参见熊来平《体面劳动的哲学思考》，《井冈山大学学报》（社会科学版）2011年第6期。
② 参见喻包庆《体面劳动及其实现路径》，《江汉论坛》2012年第2期。
③ 参见郭海龙《体面劳动的哲学审视》，《安徽大学学报》（哲学社会科学版）2012年第3期。
④ 参见何云峰《从体面劳动走向自由劳动——对中国"劳动"之变的再探讨》，《探索与争鸣》2015年第12期。
⑤ 参见任雪萍、黄志斌《马克思恩格斯对资本主义劳动异化的哲学批判》，《马克思主义研究》2010年第11期。
⑥ 参见朱成全、王智莉《国际劳工组织体面劳动观的马克思思想学术渊源》，《东北财经大学学报》2014年第1期。

目前搜集到的资料来看，大多集中在对体面劳动的概念内涵、主要目标、测量指标、实现路径等几个方面。

论域一：对体面劳动内涵及目标的研究。学者们主要是参照国际劳工组织的定义和目标来理解的。Bob Hepple（2001）认为，公平是体面劳动的核心内容，应消除性别歧视、保证男女待遇公平和机会均等，使劳动者享有尊严。[1] Florence Bonnet 等人（2003）指出，实施体面劳动就是为劳动者提供公平的就业机会、良好的就业环境和安全的社会保障。[2] Richard Anker 等人（2003）认为，劳动者有权利表达自己的意见，争取自己的权益，也有权参与改善工作条件方面的决策制定，应该受到尊重。[3]

论域二：对体面劳动测量指标的研究。学者们对测量指标的探索主要着眼于社会、组织和个体三个维度，看法不同，侧重点也不一样。Richard Anker 等人（2003）采用当时普遍认可的就业率、失业率等相关指标，设定了 11 类 63 个体面劳动测量指标；次年他们又对部分指标进行了扩展和预测。[4] Philippe Egger（2003）认为，应以国际劳工组织提出的四项目标为依据，从国际和国内两个层面来确定测量指标。[5] David Bescond 等人（2003）从"体面劳动赤字"（decent work deficit）角度入手，提出了最低小时工资等 7 个指标。[6] Florence Bonnet 等人（2003）提出了"体面劳动指数 =（真实值 - 最小值）/（最大值 - 最小值）"的测量模型。[7] Dharam Ghai（2003）将所涉及的测量指标细分为 11 个指标，然后利用各

---

[1] Bob Hepple, "Equality and empowerment for decent work", *International Labor Review*, 2001, 140（1）：5 - 18.

[2] Florence Bonnet, Jose B. Figueiredo, and Guy Standing, "A family of decent work：indexes", *International Labor Review*, 2003, 142（2）：213 - 238.

[3] Richard Anker, lgor Chernyshev, Philippe Egger, Farhad Mehran, and Joseph Ritter, "Measuring decent work with statistical indicators", *International Labor Review*, 2003, 142（2）：147 - 177.

[4] Richard Anker, lgor Chernyshev, Philippe Egger, Farhad Mehran, and Joseph Ritter, "Measuring decent work with statistical indicators", *International Labor Review*, 2003, 142（2）：147 - 177.

[5] Philippe Egger, "Perspectives：Towards a policy framework for decent work", *International Labor Review*, 2002, 141（1/2）：161 - 174.

[6] David Bescond, Anne Chataignier, and Farhad Mehran, "Seven indicators to measure decent work：An international comparison", *International Labor Review*, 2003, 142（9）：179 - 211.

[7] Florence Bonnet, Jose B. Figueiredo, and Guy Standing, "A family of decent work：indexes", *International Labor Review*, 2003, 142（2）：213 - 238.

个细分指标排序求均值的方法来计算体面劳动指数。①

论域三：对体面劳动实现路径的研究。Juan Somavia（2001）认为，在全球化条件下实现体面劳动应先创造充足的就业机会。② Ignacy Sachs（2004）认为，可通过大小企业整合、产品用途多样化、开发劳动密集型产业、鼓励自主创业等来提高就业率目标。③ Jean-Michel Servais（2004）认为，政府必须通过立法机构来制定纲领性的、而非规定性的相关政策，同时可利用劳动法庭的基本职能来解决劳资双方的争端。④ Gerry Rodgers（2007）认为，体面劳动的实现应该由劳动者和社会组织来共同推进。Dev Raj Adhikari 等人（2012）认为，良好的工作生活质量，有助于提升员工的安全感和满足感，有效降低员工缺勤率和离职率，进而增强组织有效性，促进体面劳动的实现。⑤

论域四：对体面劳动状况的实证研究。Philippe Egger 等人（2003）研究发现，丹麦采用的灵活动态政策推进了体面劳动的实施。⑥ Konstantinos Papadakis（2006）以南非为例进行了研究，揭示了社会团体的推进作用。⑦ Paredes Gil 等人（2007）对巴西进行了研究，发现当地政府提高了建筑业和相关服务业的体面劳动水平。⑧ David Bescond 等人（2003）发现，体面劳动水平与经济水平有关，发达国家体面劳动指数高于发展中

---

① Dharam Ghai, "Decent work: Concept and indicators", *International Labor Review*, 2003, 142 (2): 113 – 146.

② Juan Somavia, *Reducing the decent work deficit: A global challenge*, Report of the Director-General in 89th International Labor Conference, Geneva, 2001.

③ Ignacy Sachs, "Inclusive development and decent work for aII", *International Labor Review*, 2004, 143 (1/2): 161 – 184.

④ Jean-Michel Servais, "Globalization and decent work policy: Reflections upon a new legal approach", *International Labor Review*, 2004, 143 (1/2): 185 – 207.

⑤ Dev Raj Adhikari, Dhruba Lal Pandey, "Decent work and work life quality in Nepal: an observation", *Employee Relations*, 2012, 34 (1): 61 – 79.

⑥ Philippe Egger, Werner Sengenberger, "Decent work in Denmark: Employment, Social Efficiency and Economic Security", *International Labor Office*, Geneva, Switz, 2003.

⑦ Konstantinos Papadakis, "Civil society, Participatory Governance and Decent Work Objectives: the Case of South Africa", *International Institute for Labor Studies*, Research Series, No. 112, Switzerland, 2006.

⑧ Paredes Gil, Roderick J. Lawrence, Yves Fluckiger, and Cedric Lambert, "Decent work in Santo Andre: Results of a multi-method case study", *Habitat International*, 2007, 32 (2): 172 – 179.

国家。① Florence Bonnet 等人（2003）发现，欧盟国家的体面劳动指数最高，非洲和部分亚洲国家偏低。② Dharam Ghai（2003）在测量22个国家的体面劳动指数时，发现经济水平和体面劳动指数有极大关联。③

论域五：对体面劳动减贫作用的研究。Stuart Bell 等人（2010）认为，体面劳动是一种强调就业、权利、社会保护和社会对话的脱贫方式。④ Steve Hughes 等人（2011）认为，通过体面劳动实现减贫是一个漫长复杂的过程，劳工组织应倡导各国际机构加强联系与合作。⑤

综上所述，国外学者的研究在测量与实证方面给了我们启示。但是，由于世界各国的经济发展水平不同，文化背景存在差异，我们在理解体面劳动内涵、设定测量指标、进行政策制定时，应该根据我们的国情实际来进行。

当然，国内外学者对劳动伦理和人的生存发展等方面的研究，也对本论题有着重要的借鉴和参考价值，如：刘进才的《劳动伦理学》，常卫国的《劳动论》，刘永佶的《劳动主义》，王江松的《劳动哲学》，阿维沙伊·马加利特的《体面社会》，弗洛姆的《健全的社会》，汉娜·阿伦特的《人的境况》，马尔库塞的《单向度的人》，等等。他们的论述及观点，在此不再赘述。

（三）未来研究空间及展望

如前所述，目前关于体面劳动的研究方兴未艾，产生了不少成果和影响，但仍有一些欠缺与不足之处。

其一，体面劳动的研究视域需要拓展。目前学界对体面劳动的研究，大多集中于经济学和社会学领域，少部分学者开始从哲学领域加以阐释，但是仅仅抓住某一点未免显得单一，理论深度略显不够。我们不能仅仅局

---

① David Bescond, Anne Chataignier, and Farhad Mehran, "Seven indicators to measure decent work: An international comparison", *International Labor Review*, 2003, 142 (9): 179–211.

② Florence Bonnet, Jose B. Figueiredo, and Guy Standing, "A family of decent work: indexes", *International Labor Review*, 2003, 142 (2): 213–238.

③ Dharam Ghai, "Decent work: Concept and indicators", *International Labor Review*, 2003, 142 (2): 113–146.

④ Stuart Bell, Kirsten Newitt, "Decent work and poverty eradication: literature review and two-country study", *Ergon Associates*, 2010 (1): 1–70.

⑤ Steve Hughes, Nigel Haworth, "Decent work and povertyreduction strategies", *Relations Industrielles*, 2011, 66 (1): 34–53.

限于国际劳工组织的概念范围之内，还要着眼于现实的人的自由解放问题来研究。我们应该提倡整体性研究和多视域研究。我们要在历史与现实、理论和实践的结合中，考察并批判人的不体面劳动，理解并畅想人的自由劳动，站在马克思主义情系人民的立场上，多视角把握并探讨体面劳动思想，为当代中国体面劳动实践提供指导。

其二，体面劳动的理论内容需要深化。学界对体面劳动内容的研究大多拘泥于国际劳工组织的概念框架之内，不外乎是充足的就业机会、合理的劳动报酬、完善的社会保护和流畅的对话机制，鲜有见到将这些内容与人的生存论意义进行逻辑勾连，即体面劳动与人的自由解放的"联姻"。这就将体面劳动的理论内容窄化，不是真正的体面。此外，研究多停留在"点对点"的零星联系上，往往导致零散性。我们要开启理论与现实的思想对话，对马克思和当今哲学、社会学理论家间进行"话语互译"，融汇其理论视域，同时要以当代社会重大现实问题为导向进行"话语呼应"，进而形成既深入到理论内核又延展到现实实事的系统的良性对话。

其三，体面劳动的理论特征需要丰盈。在当代中国语境中，发掘和"激活"马克思体面劳动思想，是我们的现实需要和客观要求。但是，从目前学界对马克思体面劳动思想的研究来看，一是对其理论内容挖掘得不够深入，二是没有特别突出"中国特色"。研究当代中国的体面劳动，就必须要将马克思的体面劳动思想与当代中国人的体面劳动紧密结合。这既要精准把握马克思的体面劳动思想，还要深刻了解当代中国的现实情境和独特语境；既要看到当代中国人较之以前体面的一面，也要看到现在因物质丰裕、技术进步、人文缺失等不体面的一面；既要理解"中国特色"的历史境遇，也要把握"断裂失衡"的现实困局。

四 研究的思路与结构

对当代中国体面劳动的研究，需要站在马克思主义胸怀天下、情系劳动人民的崇高立场上，运用历史唯物主义的基本观点、基本方法，辩证地审视当代中国体面劳动的实践进程，在历史与现实的融合及互译中，构建起既符合中国现实又蕴涵理论深度与厚度的未来实践路向。

（一）研究思路

论题研究将依循两大内在理路：一是在体面劳动的当代中国语境中阐发马克思思想，二是在马克思思想视域中研究当代中国的体面劳动。

首先厘清体面劳动的概念内涵,并梳理体面劳动在经济学、社会学以及哲学思想史中的来龙去脉;在此基础上,深入阅读马克思的经典文本,从生存论的视角出发,揭示马克思体面劳动思想的基本内容及其理论特质;同时,站在现代性视域下,探究西方马克思主义是如何质疑及回应当代社会体面劳动问题的,进一步探讨体面劳动与人的生存发展之间的内在关联;然后,从"体面"与"不体面"的双重维度,探析当代中国体面劳动的现实境遇,并分析其牵绊因素;最后从客体(经济、政治、文化等)和主体(劳动者)两个角度,回应当代中国体面劳动实践中的难题与困惑,提出未来中国体面劳动的实践路向。

(二)逻辑结构

基于以上思路,本书依循"理论基础→逻辑框架→现实观照"的结构进路,分为三大部分六个篇章(不含导论)来展开研究和论述。第一部分(第一、二章),主要阐述体面劳动的概念内涵及思想来源;第二部分(第三、四章),主要探析体面劳动的马克思思想意蕴及其体面劳动在当代西方的质疑与回应;第三部分(第五、六章),主要论述当代中国体面劳动的现实境遇与未来路向。

第一章,厘清体面劳动的概念内涵。主要阐释体面劳动的科学内涵与核心意蕴,同时对体面劳动的现实悖论进行分析。首先,从国际劳工组织提出时的背景出发阐述体面劳动的基本内涵,即"生产性的劳动";从"体面"与"劳动"的词义解释上,阐释体面劳动是有美丽的"体"、荣耀的"面"的劳动;从马克思的思想视域出发,阐释体面劳动就是有人格尊严的劳动、有权益保障的劳动、能自我实现的劳动。其次,从人类劳动发展史的进程中,探究并论述体面劳动的现实悖论:劳动成果的高尚与劳动者地位的卑微;分析此种悖论存在的实质表现,一方面是由于资本对劳动的奴役,另一方面则是劳动成果的"永恒性"与劳动付出的"暂时性"之间的矛盾。

第二章,梳理体面劳动的理论来源。主要从经济学、社会学、哲学三种视域进行探析。在经济学视域,先重点考察古典经济学家对财富及其劳动的认识,如亚当·斯密提出"劳动是一切商品交换价值的真实尺度",也就是说,古典经济学是把劳动作为一切财富的源泉,肯定了劳动应当是具有尊严的;再从现代经济意义上的财富入手,分析财富的稀缺性与劳动性的同一,通过西尼尔、马歇尔、萨伊等人的论述中,可判定劳动是财富创造的要素，侧面肯定了劳动的作用。在社会学视域，先考察中世纪神学家对劳动的态度，即劳动是上帝的旨意，是上帝对人的惩罚和人乞求神灵宽恕的途径，在路德宗教改革之后劳动逐渐被肯定，被看做是上帝赋予人的生存意义，而韦伯在《新教伦理与资本主义精神》中把劳动看作人的美德和义务，并将之与资本主义精神结合起来，使劳动获得了更多的认同。在哲学视域，依序对古希腊的诗歌、神话以及柏拉图、亚里士多德的思想进行考察，阐述劳动是无法摆脱的强制，是为了"创造生活必需品"；黑格尔则从精神现象学的理论基础出发，把劳动看作"人的自我确证的本质"；与黑格尔不同，马克思站在劳动者的立场上，认为劳动创造了人，劳动确立了人的主体地位，是人类自由之源。

第三章，揭示马克思的体面劳动思想意涵。主要从体面劳动思想的形成发展、理论内涵及其特质三条进路来进行论述。首先，对经典文本进行解读，在中学毕业论文《青年在选择职业时的考虑》中，马克思提到了"体面"二字，他立志选择为人类福利而劳动的最有尊严的体面职业，可算萌发阶段；在《1844年经济学哲学手稿》中，马克思以自由劳动为价值尺度，从"当前的经济事实"出发，揭示了资本主义制度下的工人"异化劳动"的不体面本质，可谓形成阶段；在《资本论》与《工人调查表》中，马克思又从工人遭受的"过度劳动"着手，无情地批判了资本主义雇佣制度下工人的不体面劳动状态，可为发展阶段。其次，阐释其理论内涵：一是尊重劳动是本质所在。劳动创造人，创造属人的世界，劳动彰显劳动者的体面；劳动是劳动者的基本人权，是劳动者对自身人格、尊严或荣誉进行的自我表达与社会认可，劳动者在劳动中获得体面。二是保障权益是基本要求。劳动者应该享有平等的生存权和发展权，其劳动就业权、按劳取酬权、休息休假权、生活保障权等政治经济权益应该得到切实的保障。三是消解异化是根本途径。消解异化需要生产力的极大发展、自由时间的不断扩大、劳动者素质的成熟为基本条件。最后，从马克思的成长经历及其思想生成中凝练其理论特质，一是在批判中诠释并丰富发展，二是坚持科学性与价值性的统一，三是思想的生成融合着人的情怀。

第四章，探析体面劳动在当代西方的回应。主要选取在西方马克思主义学界声望较大且与本书研究有关联的思想及人物进行研究，如卢卡奇、列斐伏尔、马尔库塞、哈贝马斯等，在此基础上阐释当代社会"不体面"的表现及其根源。首先，从卢卡奇对工业社会物化现象的揭示入手，说明物化已无处不在，充斥在人的劳动、人的本身、人与人的关系、人的意识当中；而列斐伏尔则进一步展开了对现代性的日常生活批判，提出日常生活解放的问题，说明正是这样的"魔幻世界"造成了人的不体面。其次，从马尔库塞的论述中看到，科学技术的高度发展给资本主义社会带来物质繁荣的同时，也使人成了商品的奴隶、劳动的工具，人与人之间产生了对立，人们在如此丰裕的社会其实是"精神痛苦"的；哈贝马斯在技术理性批判中认识到，由于科学技术获得了"合法的"统治地位，现在的技术统治代替了过去的政治统治，是造成现代社会一切问题的关键。最后，归纳西方马克思主义的总体观点，阐释当代社会劳动不体面的"病理"，即：现代社会是在由资本所统治的"魔幻世界"和"虚假意识"的双重控制及制约下，迟蔽了日常生活的本真面目，由此产生了全面异化，而其异化的集结点却最终落在了由政治、经济共同维护的消费问题上。

第五章，观照当代中国体面劳动的境遇。主要从"体面"与"不体面"的双重维度透视当代中国的体面劳动境遇，并结合思想观念的更新、全球化的进程及消费主义的影响分析其牵绊因素。首先，论述取得的成就。新中国成立以来，国家日益强盛，物质不断丰裕，人民不仅"站起来了""富起来了"，也"强起来了"，从"翻身做主人"到"丰衣足食"再到"共享发展"，不断从体面走向更加体面。其次，阐释面临的挑战。改革开放使中国走向世界、融入世界，伴随着物质财富的日益增长，百姓生活越来越体面，但也存在着巨大挑战：一是受市场经济负面影响，劳动光荣观念式微，不劳而获思想涌动，劳动者主体地位得不到彰显，使得劳动"失尊"；二是一些企业在资本逐利本质的驱动下，直接或间接增加劳动时间、压低劳动报酬、软化劳动条件、淡化劳动安全等不良现象频现，而且整体劳动收入占比连年下降，劳动者的权益受到损害，使得劳动"失权"；三是受"消费主义"话语的规约，人们过度追求享受和快乐，炫耀性消费、奢侈性消费等日渐严重甚至图腾化，人们的自我认同迷失，使得劳动"失本"。最后，探究其影响因素。一是由于观念的开放和更新，引发了人们价值观的多元碰撞和对劳动价值评判的偏差；二是因为全球化的快速扩张，使资本获得了前所未有的霸权地位，劳动被逐渐弱化、淡化；三是由于消费主义意识形态的侵袭，造成了人的自我认同的迷失，"炫耀性""奢侈性"消费占据了人的生活，劳动失去了人之为人的本质。

第六章，建构当代中国体面劳动的未来路向。主要从观念、制度、价值三个层面提出当代中国体面劳动的未来路向。其一，在观念层面上，要弘扬劳动精神。首先从劳动是人类的基本实践活动，劳动是创造物质财富的源泉，劳动是中华民族创造辉煌的动力之源，阐明热爱劳动是中华民族的传统美德。其次从一切有益于人民和社会的劳动都应得到承认和尊重，尊重劳动是激发全社会创造力的基础，尊重劳动是社会主义道德的重要内容，论述尊重劳动是社会主义的基本要求。最后从坚决摒弃好逸恶劳的思想，要在劳动中发挥积极主动性，说明辛勤劳动是当代中国的根本底色。其二，在制度层面上，应建立劳动产权。首先，从约翰·洛克、卢梭、亚当·斯密、黑格尔以及马克思对劳动产权的认识中，科学判断劳动产权是劳动者的"天然权利"，分配权是产权的实现，让劳动者获得收益或剩余索取权，即是从根本上保障劳动者的各项合法权益。其次，论述劳动产权的基本理论前提是劳动创造剩余价值，基本要求是贯彻按劳分配原则的，根本作用是推动社会生产力发展，指明劳动产权的核心是"剩余索取权"。最后，论述如何软化弱化资本产权，使劳动产权与资本产权达到统一，介绍三种可能的具体模式：利润分享模式、劳资共决模式、员工持股模式。其三，在价值层面上，要重构劳动认同。首先，在心理学、社会学基础上厘清认同的核心是价值认同，指明劳动认同是对"自我存在方式"的价值认同和行为趋同。其次，通过对消费主义以及劳动认同本质的分析，论述劳动认同是纾解"消费主义"的途径。最后，从不同的认同理论启示出发，重新认识马克思劳动正义思想的实质是对劳动者利益和主体地位的价值捍卫，指出重构劳动认同应以此为价值支撑，构建合理的利益分配机制，从更深层次上关注和改善民生，积极捍卫劳动者的主体地位。

五 研究的方法

研究对象的性质决定着研究的方法，研究的方法决定着研究的广度和深度。对体面劳动论题的研究，其内在向度深藏于文本之中，外在向度则隐含在现实之中，既关涉重大理论又关照重大现实。因此，这就要求本论题研究必须采用多种方法，并加以综合运用才可以取得预期研究效果。

（一）理论与实践相结合的方法

理论反映事物的本质和规律，体现事物的共性。任何事物都是不同的，存在各种差别，有着它属于自身的、丰富的、生动的个性。因此，在科学认识事物的时候，需要我们运用理论进行具体分析，需要把理论和具体事物有机地结合，使科学理论和具体实践达到有机统一。而实践想要达到改造客观世界的目的，也只有在科学理论的指导下才可以完成。同时，理论要想变为物质力量，也只有同实践相结合才能得到检验和发展。任何理论，无论是多么科学与先进，如果不和实践相结合，也毫无意义。对于当代中国体面劳动问题的探讨和研究，只有坚持以马克思主义理论为指导，同时关照其现实的实践基础和客观需要，才能真正有可能达到我们研究的预期与目标。因此，本书将借助于对现实问题的考察和对理论问题的探究，通过二者结合及双重观照，展开论述并最终得出相应结论。

（二）逻辑与历史相统一的方法

恩格斯说："历史从哪里开始，思想进程也应当从哪里开始。"[①] 历史是人类社会自身的客观进程，是第一性的。逻辑则是对人类历史客观进程的认识和把握，是第二性的。社会历史过程是逻辑的基础。逻辑进程应与客观的历史进程相一致。逻辑反映历史发展的内在必然性。历史的描述要以逻辑联系为依据。运用逻辑与历史相统一的方法，就要求我们辩证地看待逻辑方法和历史方法的相互关系。任何科学研究，都不能只用历史方法或逻辑方法，不能相互排斥，而是两者的有机结合。在本书中将选取一些数据和资料来支撑观点。这些数据资料是客观的，也反映着历史发展的内在必然性，这将有助于本论题研究的顺利进行。

（三）多学科交叉融合的方法

任何一门学科都有自己的特点，而差异往往在中间阶段融合，对立往往也会触发新的发现。各学科间有可期望的接触点。如果能够跨越学科间的界限，某种程度上，会使研究更加深入更有价值。体面劳动问题是一个复杂的问题。它不仅具有阶级性和历史性，还关涉到人们的就业机会、劳动环境、劳动条件、劳动报酬、社会保障、社会对话、人的自由解放等各个方面内容，涉及哲学、社会学、经济学等多个学科领域，关涉不同的体面劳动思想，其本质内涵和价值意义都值得深入挖掘和探究。本书将以社会学和经济哲学为研究的基本立足点，综合利用多学科交叉融合的方法，对体面劳动理论和实践进行多视角透视。

[①] 《马克思恩格斯选集》第 2 卷，人民出版社 2012 年版，第 122 页。

六　创新与不足

(一) 创新之处

其一，本书选题的新意。体面劳动是国内外研究的前沿问题，目前这方面的著作和论文还不多，特别是从马克思的思想视域去研究体面劳动的更是不多，尚有诸多理论问题需要研究拓展。

其二，学术思想的特色。以当代中国境域为背景，以劳动者不体面现状为切入点，将中国的体面劳动"问题"与马克思思想的"体面"意蕴有机结合，既在中国特色视域中激活马克思思想的当代性，又为中国问题的解决提供方法思路。

其三，部分观点的创新。体面劳动是有人格尊严的劳动、有权益保障的劳动、能自我实现的劳动。马克思思想中蕴涵着丰富的体面劳动内容，其理论内涵包括尊重劳动、保障权益、消解异化。对于当代中国而言，弘扬劳动精神是体面劳动的思想基础，建立劳动产权是体面劳动的制度保障，重构劳动认同是体面劳动的价值指领。

其四，研究方法的融合。本书在理论与实践相结合、逻辑与历史相统一的基础上，以经济学、社会学和哲学为研究的基本立足点，从不同学科领域进行综合性研究，对体面劳动的理论和实践进行多视角的透视与思考，使该论题的研究更具科学性。

(二) 不足之处

第一，本书在探析体面劳动的思想来源以及对马克思体面劳动思想进行文本解读时，由于掌握的相关资料可能不够充分，阅读见解也可能不够深刻，理论的挖掘和阐释还有待于进一步拓展和深入。因此，感觉论题研究的深度还不够。

第二，本书在论述当代中国体面劳动现实时，由于所涉及各方面的数据、资料异常繁多，因此在筛选、处理、使用上略感"疲惫"，可能导致有些"随意"，缺少了历史与国际的纵横比较。因此，感觉论题研究的厚度有待增加。

第一章

概念辨析与问题所在

人们的思维世界和理智生活，不可避免地和概念联系在一起。无论是走进大自然去发现生命的美丽与斑斓，无论是参与社会去接触他者的真实与纷繁，还是只身独处去反观过往的得失与成败，人们总是需要借助概念来理解、表达和澄清。无论是生活的体察，还是心灵的冥思，无论是理论的建构，还是思想的阐释，人们都要首先阐明概念是什么的问题。具体而言，我们需要界定概念的本质什么？而概念的产生又往往联结着某种客观存在，联结着某种具体的现实指向。因此，对于体面劳动的研究，需要我们首先搞清楚它的概念本质与这种客观存在。

第一节 何为体面劳动

"体面劳动"概念，最早是由国际劳工组织首次提出的，要求给人以体面的生产性工作机会。深入探究其科学内涵和核心意蕴，将为我们的进一步研究和论述奠定丰实的基础。

一 体面劳动的概念提出

"体面劳动"[①]，是从英文"Decent Work"翻译过来的。这个概念是由国际劳工组织（International Labaur Organization，ILO）时任局长胡安·索马维亚（Juan Somavia）首次提出的。在1999年6月第87届国际劳工

[①] "体面劳动"（Decent Work），有时也译作"体面的劳动""体面的工作""尊严的劳动"。"体面劳动"意味着社会应该给经济"人的面孔"，即劳动者在从事生产劳动的过程中，应该获得足够的、公平的劳动报酬和充足的社会保护，同时还能参与社会对话，有效地保障合法的劳动权益。

大会上，索马维亚提出要"促进男女在自由、公正、安全和具有人格尊严的条件下，获得体面的、生产性的工作机会"①，他主张维护劳工的各项权益。

在索马维亚看来，"体面劳动"就是生产性的劳动。也就是说，应该让劳动者通过劳动获取足够的收入，并且权利得到保护，以及有公平的就业机会和劳动保护措施。体面劳动是一种全新的劳动理念。某种意义上讲，体面劳动是以劳动者为本的劳动观。索马维亚同时还提出了四项目标："权利""就业""社会保护""社会对话"。他强调，为了实现"体面劳动"的这些目标，就需要政府、企业和工会协调对话，共同作出努力，以维护劳动者的各项权益。

体面劳动理念主张实行公平全球化。这表明，体面劳动重视经济发展成果的公平分享，以及对弱势群体的支持和保护。可见，体面劳动既是个人的目标，也是一个国家的目标。体面劳动提供了一个政策框架，是一种组织项目和活动的方法，也为外部对话与合作提供了一个平台，是一项整合性议程。

现在，体面劳动理念已成为全球性共识。2005年，联合国大会将"为所有人提供生产性就业和体面劳动"纳入千年发展目标之一。我国政府也积极响应并付诸行动，努力为我国劳动者体面劳动创造条件。2008年在北京举办了"经济全球化与工会"国际论坛，胡锦涛在致辞中提出，"让各国广大劳动者实现体面劳动"。在2010年全国劳动模范和先进工作者表彰大会上，他强调，要让劳动者参与到工厂管理中去，让员工充分行使自己的知情权、监督权、表达权，切实保障劳动者各项权益，促进劳动者实现体面劳动。党的十六大提出，要把"四个尊重"②作为党和国家的一项重大方针。党的十八大以来，党和政府着力完善体制机制，出台相关实施意见和通知文件，努力排除阻碍劳动者参与发展、分享发展成果的障碍。习近平也先后在2013年、2015年的"五一"国际劳动节期间，发表重要讲话并多次强调，"努力让劳动者实现体面劳动、全面发展"③。

---

① ILO, Decent work and the informal economy, International Labor Conference, 90th Session, Geneva, 2002.
② 党的十六大报告指出："必须尊重劳动，尊重知识，尊重人才，尊重创造。这要作为党和国家的一项重大方针在全社会认真贯彻。"
③ 《习近平谈治国理政》，外文出版社2014年版，第46页。

二 体面劳动的科学内涵

体面劳动一词,是由"体面"和"劳动"这两个词组合而成的。所以,体面劳动,通俗一点讲,也就是有美丽的"体"、有荣耀的"面"的劳动。也就是说,劳动者首先从心理上感觉并认可其"体面",然后自愿自豪荣耀地从事这项活动,在活动中既满足了自身需要,又创造了社会财富,同时还获得了尊严的实现。

"体面"一词的英语原文是"decent",有"尊严""恰当""合适"之意。《现代汉语词典》解释为:体统、身份;光彩、荣耀;好看、美丽。[①] 所以,在日常生活中,人们往往将"体面"与人的体态形态、面貌容貌、声望名誉等联系在一起,经常用以表达"体面的事"或"体面的外表",有时也关涉格局体制、规矩体统等。可见,体面多表征一种个体感受,就是说当个体的作为受到某种认可或嘉许时,其内心所具有的那种引以为豪的感受。

"劳动"的英语是"labor""work",词典解释为,为了某种目的或在被迫情况下从事脑力或体力工作。"劳动"是一个含义十分广泛的范畴,也是一个永恒的人类话题。经济学的劳动,是指人与自然之间的物质交换,是人类从事的有目的的经济活动。西尼尔认为:"劳动是为了生产的目的、在体力与脑力方面的自觉努力。"[②] 它的本质特征在于,人有目的地运用自然力来为自己服务,是人的能动性和创造天赋的一种体现和发展。社会学的劳动,侧重于人们之间的劳动交往过程,比如劳动的分工与合作、商品的交换、产品的二次分配等。亚里士多德曾把人类劳动称为"理性劳动",将之作为人类有别于其他动物活动的根本标志。恩格斯把劳动看成人类发展和社会进步的根本性决定力量。马克思从人的本质的高度,阐述了哲学意义上的劳动观,他把劳动主要看作生命活动和状态的对象化,看成一种人类活动的基本理论或社会生活本体论的组成部分,认为"我的劳动是自由的生命表现,因此是生活的乐趣"[③],劳动是人的存在方式,是人之为人的本质。

---

① 《现代汉语词典》,商务印书馆 1983 年版,第 1129 页。
② [英] 纳索·威廉·西尼尔:《政治经济学大纲》,蔡受百译,商务印书馆 1977 年版,第 91 页。
③ 《马克思恩格斯全集》第 42 卷,人民出版社 1979 年版,第 38 页。

综合上述两个词的分别解释，我们可以这样来理解，体面劳动就是指劳动者在劳动中能获得"体面"感、"尊严"感。那么，令人感受到体面的工作，必然要求劳动者能够获得合理的收入、有充分的就业机会、有足够的社会保障以及各项基本权得到切实维护。可见，体面劳动本质上反映的是一种社会劳动关系。它关涉经济、政治、文化等多个方面。体面劳动也体现着一种社会价值观。体面劳动是双向的，它涉及劳动者自身及其所处的环境。社会要创造出体面的适合劳动者工作的环境，劳动者也要不断提高自身素质以及感知美、享受美的能力。

三　体面劳动的核心意蕴

劳动，是马克思开展理论探讨的一个基础性概念。在马克思看来，全部世界历史不过是人通过人的劳动的诞生。一定意义上，人类历史就是人类劳动的历史。其实在马克思的理论视域里，"劳动"概念总是与"生产"相关联的，是物质生活的生产。马克思把物质生活的生产，作为全部生活的基本条件和本质特征，强调现实的人的生命活动的全面性、丰富性及发展性。体面劳动体现人的自由的生命存在状态和活动过程，充分彰显出劳动主体的尊严性，劳动过程的自由性，劳动结果的公平性，以及劳动价值的意义性。

体面劳动是一个价值层面的判断，不同的阶级有不同的体面观。劳动解放是体面劳动的生成条件。马克思早年的异化劳动理论与以后的唯物史观下的剩余价值学说，实现了对资本主义从道义批判向必然性分析及其规律和趋势揭示的关键转型。马克思指出，在资本主义制度下，人的劳动表现为异化劳动。人通过劳动获得工资及物质生活资料，但也只能是满足自身劳动力再生产的基本需要，其他的剩余劳动及其由此生产的物质生活资料，都被资本家无情地压榨和剥削了。资本家占有劳动者的剩余价值。当社会生产力发展到一定程度以后，伴随着人类劳动进程的加快，劳动异化将被逐渐扬弃，人们将摆脱过去的强制和压迫，在自由自觉的劳动中，体会到快乐与满足，获得越来越多的尊严感受。体面劳动是对异化劳动的超越，是走向自由劳动的中间环节。

现在，体面劳动已成为全球性共识，是不同社会制度下劳动者的普遍需求。"体面劳动超越了纯粹谋生的范畴，将劳动与自我实现、人生价值、主体选择性与快乐生活等紧密联系起来。"① 体面劳动体现出了时代赋予的新的特性。

体面劳动是有人格尊严的劳动。体面劳动是一种全新的劳动形态。它是人类文明进步的又一标识。它超越了资本主义时代的阶级剥削性，是对以往一切劳动伦理的批判和继承、革新与发展。体面劳动关注人本身，促进人的全面发展，是人类迄今为止最为进步的劳动形态。马克思说，如果条件允许，我们应该选择使自己最有尊严的职业，在从事它们的时候，"不是作为奴隶般的工具，而是在自己的领域内独立地进行创造"②。很显然，现代社会的生产力发展，已经为我们创造了一定条件。体面劳动就是这样的一种自主劳动形态，劳动者可以体现意志、实践愿望、实现人格。体面劳动与屈从性劳动不同，它维护劳动者的人格尊严，不是在他人或自我强制下进行的有违个体意愿的劳动。因此，不论脑力和体力，不管工种与行业，不分性质与类别，任何人都不能被体面劳动边缘化。体面劳动最大的特点在于劳动者的尊严性。

体面劳动是有权益保障的劳动。劳动与权利的结合并非天然。在人类劳动发展史上，从创造生活必需品的低贱，到创造物质财富的肯定，劳动总是被当作一种生存行为。人类劳动权③的体现，是社会进步的结果。劳动权标示着劳动者的人格独立。任何劳动者都享有劳动权，它是一切权益的核心。体面劳动要求公平的就业机会、合理的工资待遇、有效的社会保护，等等。这实际上都是人的劳动权的基本内容。因此，从某种意义上讲，体面劳动的核心内容就是维护劳动者劳动权，亦即是维护劳动者权益。应当说，几乎所有国家都将劳动权写在了《宪法》里。但是，在现实生活中，工资拖欠、就业歧视、非法用工等时有发生，劳动者权益经常被忽视甚至被侵犯。也就是说，劳动者有权利，只是没有得到切实保障。

体面劳动是能自我实现的劳动。劳动是人的本质，人在劳动中满足自

---

① 何云峰：《从体面劳动走向自由劳动——对中国"劳动"之变的再探讨》，《探索与争鸣》2015 年第 12 期。

② 《马克思恩格斯全集》第 40 卷，人民出版社 1982 年版，第 6 页。

③ 劳动权，一般有狭义和广义两种解释。狭义的劳动权，是指具有劳动能力的公民所享有的获得劳动就业机会并按劳动的数量和质量取得报酬的权利。广义的劳动权，不仅包括劳动就业和劳动收入的权利，而且包括劳动者在劳动过程中所享有的与劳动有关的其他相关权益，这些权益包括休息休假、社会保障、劳动安全、职业培训等。本书所涉的劳动权是指广义的劳动权，亦即是指与劳动者及其劳动相关的所有权利。

己的需要。人是主体，是积极的、能动的，人在劳动中肯定自己。劳动是属于人自己的，是人自由自觉的活动。劳动是人的自愿行为，人在劳动中展现自己的能力，体现自己的意志。劳动是人的本质得以确证和实现的力量。受雇于自己，是体面劳动的价值旨归。体面劳动是自我实现的手段。黑格尔指出："个人劳动时，既是为他自己劳动也是为一切人劳动。"[①] 可见，劳动是通向本质人的通道，是人生命中的享受。"享受劳动"，不只是享受劳动的结果，还是享受劳动的过程。但是，在现实生活中，劳动还不是一种享受。体面劳动关注人自身，体现人的尊严。体面劳动强调劳动果实的丰盈，更强调劳动过程的愉悦。因此，一定意义上，体面劳动逐步实现着人自身的目的及价值。

第二节　体面劳动的现实悖论

马克思说，任何一个民族，如果停止了劳动，它都要灭亡。我们都知道，人与劳动是息息相关的。劳动创造了人和人的历史。在人类劳动发展的历程中，劳动的成果是高尚的，然而劳动者的地位却是卑微的。这在某种意义上，形成了一个符合历史却不符合逻辑的悖论。

一　劳动成果的高尚

人类是在劳动的起源中起源的。劳动是人的本质，蕴涵着人与自然的联系，支撑着鲜活的人间。劳动使人成为人，劳动创造属人的世界。劳动推进人类社会进步与发展。

（一）劳动使人走出野蛮走向文明

人类起源于劳动，劳动创造了人自身。人类劳动是自然界长期发展进化的结果。"人"从动物中分离出来的时候，由于大脑的相对发达，使得人能够直立行走，因而逐渐解放了双手。由于自身相对优越的生理条件，"人"开始主动适应自然环境，并逐步形成了原始的实践意识。在这种"实践意识"的驱引下，"人"开始去改造自然界，满足自身的自然性需要。他们开始使用天然的石块、木棒来获取食物。这种动物本能式的劳动，就是人类最初的"劳动"。当然，人类的真正的劳动，"是从制造工

[①] ［德］黑格尔：《精神现象学》下卷，贺麟等译，商务印书馆1979年版，第47页。

具开始的"①。

类人猿在"劳动"的基础上,开始频繁使用天然工具。他们的活动范围开始逐步扩大,身体结构逐渐得到进化。随着时间的推移,类人猿进化程度越来越高。为了获取更多的食物,他们开始对那些天然工具进行修整和加工,逐渐地他们开始学习制造新的工具,进行有目的的生产和使用人工工具。马克思说,人开始生产自己的生活资料的时候,就已经开始超越了动物本能式的劳动形式,表明"人本身就开始把自己和动物区别开来"②。可以说,人类劳动的形成,是以制造和使用工具为标志的。历史充分说明,人类劳动实现了人类生活的革命。

在人类历史的初始阶段,人几乎完全是受到自然界的制约。与自然界的抗争,是人面临的主要问题。在人看来,自然界是一种完全异己的力量,它威力无限,无法制服,始终与人对立。在自然界当中,人和动物没有什么区别,都要同自然界抗争,都要受制于自然界,"人们就像牲畜一样慑服于自然界"③。如果人类放弃对自然的抗争,不去改造自然,人便不能继续生存下去,不但不可能认识自然、利用自然,甚至人都不可能成为人。正是在与自然的斗争中,劳动使人走向开化、走向文明。

(二) 劳动让人类社会的发展日新月异

劳动推动了社会发展,正如马克思的预见一样,人类劳动让社会快速发展。人类从结绳记事,到互联网的信息时代;从钻木取火,到尖端科技;从衣不蔽体,到时装沙龙;从追逐猎食,到美味佳肴;从简居陋室,到富丽堂皇;从千里之行始于足下,到各种名牌"坐骑",乃至高速公路、高速铁路、轮船、飞机等各种交通方式触手可及;城市建设日新月异,高楼林立,绿树成荫,硬件设施越来越丰富,越来越发达,人类的生活发生着翻天覆地的变化。这都是人类劳动的结果。

劳动创造了人类文明。一切人类的劳动,都应该受到尊重。毋庸置疑的是,正是由于社会的进步发展,造成了劳动形态的多元化,使得脑力劳动与体力劳动分离。这种分离促进了科学文化和生产力的发展,使人类社会走出了蒙昧状态。某种意义上,这种分离是历史上巨大的进步。在原始

---

① 《马克思恩格斯选集》第 3 卷,人民出版社 2012 年版,第 994 页。
② 《马克思恩格斯选集》第 1 卷,人民出版社 2012 年版,第 147 页。
③ 《马克思恩格斯选集》第 1 卷,人民出版社 2012 年版,第 161 页。

社会，所有劳动都是统一的，没有脑力劳动与体力劳动的差别。进入奴隶社会以后，随着私有制及社会分工的出现，劳动出现了分离。从体力劳动中分离出来了脑力劳动。一部分人开始从事以脑力劳动为主的实践活动，诸如进行劳动管理、国家事务、教育艺术、科学研究等。虽然脑力劳动和体力劳动是不同的劳动形态，但都以各自的方式创造着人类文明，实现着对人类社会的贡献。

诚然，劳动的价值体现在劳动过程的始终。无论是体力劳动，还是脑力劳动，都在创造价值。劳动只有分工不同，没有高低贵贱之分。一切劳动都应得到尊重。尊重劳动，热爱劳动，是人类最美好的品德。很多思想家都曾高度赞赏劳动。卢梭说，没有劳动就没有正常人的生活。威廉·配第说，劳动是财富之父。高尔基说，劳动创造了世界上最美好的东西。凯洛夫说，劳动使一个人的道德变得高尚。欧阳修说，忧劳可以兴国，逸豫可以亡身。李大钊说："人生求乐的方法，最好莫过于尊重劳动。"[1] 劳动给人带来快乐，给人消解烦恼。随着时代变迁，劳动内涵愈加丰富，劳动形式愈加多样。但是，尊重劳动、保护劳动，始终是我们恒久不变的课题。

二　劳动者地位的卑微

劳动创造了人类及人类文明。毋庸置疑，劳动的成果是高尚的。但是，从人类历史的发展来看，劳动者主体地位并非一直得到彰显，许多时候都是处于隐晦昏暗的尴尬境地，劳动者自身显得有些卑微。

（一）原始社会：劳动者是自然的奴仆

在漫长的原始社会，整个世界处于混沌状态。人类还没有完全进化，人的能力还抗争不过"暴虐无道"的自然界。人类在强大的自然界面前，显得非常渺小，就像风中飘浮的一粒沙子。那时的个人无法单独生存，只有依靠集体的力量。一旦离开了集体的庇护，他根本无法维持生存。个人都要融入集体，只有集体的力量，才能抵御自然和野兽的侵袭。原始社会中，人类为了能够在极端恶劣的自然条件下生存下去，就不得不过着"蚂蚁群居"般的部落生活。在那里，没有人享有特权，人人参加劳动，劳动果实平均分配。这是原始劳动组织的基本原则。

---

[1] 《李大钊文集》第2卷，人民出版社1999年版，第301页。

诚然，劳动开启了人类社会的序幕。劳动使人成为人，促进了人的进化发展。但是，原始人的力量很微弱，根本无法抗衡大自然。也就是说，他们是被自然奴役和摆布的。在自然界巨大的力量面前，他们还只是自然的奴仆。他们还品尝不到人类劳动果实的甜蜜。到了私有制社会，随着生产力水平的提高和发展，人们抗争自然界的能力得到了极大提升。但是，由于有了产品剩余，平等的和谐一致的集体开始分裂，劳动关系发生了根本性的变化，一部分人成为统治阶级，另一部分人则遭受着残酷的统治阶级的劳动压迫。

（二）奴隶社会封建社会：劳动者是剥削者的工具

在奴隶社会，一部分劳动者成为奴隶主的奴隶。他们毫无人身自由，被视为"牲畜""会说话的工具"。奴隶主占有生产资料，并同时占有奴隶。他们生产的全部劳动产品，都归奴隶主们所有。奴隶在奴隶主眼里就是"物"，仅能获取极少的维持生命的生活资料。在奴隶社会里，等级观念开始逐渐形成，到了封建社会更加愈演愈烈。

在封建社会，一些被视为高贵或需要脑力劳动成分较多的具体劳动，往往被社会上的一些特权阶层或家族集团所享有。在封建统治下，人们之间存在着身份的高低不同，同时劳动的分工造成了职业的高低与贵贱，并因此决定着人的尊卑和荣辱。如孔子自幼喜好"礼""乐"文化，对周公更是顶礼膜拜，宗法等级观念在其脑海里根深蒂固。在孔子看来，"君子谋道不谋食，耕也，馁在其中矣；学也，禄在其中矣"[①]。孔子认为，只要学好了安邦治国之道，自然会有老百姓替自己种庄稼；为政者只要讲求道义，正当之利就会随之而来；只要实施了德政仁治，四方之民都会争先恐后地去搞生产。孔子的这种思想，直接影响到孟子的"劳心者治人，劳力者治于人"的道德教条。这种封建劳动伦理思想，初步奠定了后世重视脑力劳动而轻视体力劳动的思想理论根源。而当今社会的"官本位"思想溯源也昭然若揭，于是许多人都把读书求仕奉为神圣的职业，而对生产劳动充耳不闻，结果常常导致"四体不勤，五谷不分"的窘态。

当然，与奴隶社会相比，封建制下的劳动者有了一定的自由。但由于固有的人身依附关系，这自由也是相对的。他们可以自由租种土地，而地主阶级则以劳役地租、实物地租和货币地租的形式，榨取他们的劳动果

---

① 徐志刚：《论语通译》（卫灵公篇第十五），人民文学出版社1997年版，第228—229页。

实。劳动者无法完全占有自身劳动力，他们及其子女世世代代都被束缚在土地上，遭受着封建地主阶级的剥夺。

（三）资本主义社会：劳动者被资本家无情压榨

在资本主义社会，劳动者成为"自由的"劳动者。但是，劳动者不占有任何生产资料，他们自由的一无所有。他们是自由人，能够把自己的劳动力当作商品卖给资本家。劳动或劳动力，是劳动者唯一的所有物。这种所有就是拥有自己。劳动力成了和生产资料一样的商品，甚至是更为廉价的商品。劳动力只有与生产资料结合，才能生产出产品。所以，劳动从形式到内容都隶属于资本，都受到资本家的控制和支配。劳动者根本没有地位可言。

在资本主义制度下，工人的劳动是异化的劳动。马克思曾在《1844年经济学哲学手稿》中给予了无情批判。他指出：工人们生产的产品越多，他们能够消费的也就越少；他们生产的产品越完美，他们自己就越畸形；他们创造的产品价值越多，他们自己的价值就越低；他们创造的对象越文明，他们自己就越野蛮。"劳动越有力量，工人就越无力；劳动越机巧，工人越愚笨，越成为自然界的奴隶。"[1] 在资本主义制度下，工人的劳动生产了大量物质财富，但是却带来了工人自身的贫困。马克思强调："劳动生产了宫殿，但是给工人生产了棚舍。劳动生产了美，但是使工人变成畸形。"[2] 在马克思看来，资本主义的积累，一方面促进了社会财富的积累，而另一方面造成了劳动者贫困的积累。

（四）当代社会：人的幸福被普遍异化所异化

在当代社会，资本主义国家的科学技术得到了比较充分的发展，使现代的劳动技能得到了大幅度提高，加上对贫穷的第三世界国家的剥削，发达国家的工人其实已经摆脱了赤贫，国内的阶级矛盾转化为国家之间的矛盾。也就是说，虽然资本家占有社会财富的比例在不断增加，工人所占有的绝对财富也在不断增加，表面上稳定有序，这其实转嫁并缓和了国内的矛盾。

随着科学技术的快速发展，异化形式也有了新的发展。在人们的日常生活中，开始出现了消费异化、语言异化、幸福异化等新的异化形式。异

---

[1] 《马克思恩格斯文集》第1卷，人民出版社2009年版，第158页。
[2] 《马克思恩格斯文集》第1卷，人民出版社2009年版，第158页。

化彻底侵入了人们的日常生活领域,并广泛涉及社会的政治、经济、意识形态诸领域。异化已成为现代人所"无法摆脱"的命运。一些西方马克思主义者,看到了当代资本主义社会的畸形与病态,并对此进行了严厉批判。弗洛姆将之称为"不健全的社会",列斐伏尔称为"总体异化的社会"。在马尔库塞看来,在这个"病态的社会"中,人已成为了"单向度的人"。很显然,在很大程度上,异化使得现时代人失去了真正的幸福。在现实生活中,人们受某种尚不健全的市场经济误导。他们所追求的幸福,仅仅把它局限于经济生活领域,而在精神文化领域则排斥人的幸福。人们越来越习惯于某种打着张扬个人幸福旗号的现代生活样式,而失去了属于自己的真正幸福。现在的人们已经完全被经济、技术、精神异化了,随之带来的便是人的幸福的异化。

三 悖论存在的实质分析

如上所述,劳动创造了人类社会,并推动了人类社会的进步与发展。但是,人的劳动却并未受到应有的敬仰,劳动者也未受到应有的敬重。伦理的缺失、价值的偏颇、人性的失却以及劳动权的淡视,造成了一个巨大的鸿沟,造成了劳动者的卑微,使"资本"与"劳动"之间的关系产生了颠覆。从其历史进程与当代发展来看,这种悖论的实质主要表现在以下两个方面:

一方面,资本对劳动的奴役。劳动与资本的配置,是经济资源配置中最基本的层面。我们无法否认,劳资关系的建立,正是因为资本购买了劳动力。这从表面上看,资本雇佣劳动展现的是在双方劳动合约下,资本所有者和劳动力所有者的平等自愿关系。但从本质来看,资本所有者与劳动力所有者,从一开始就是不平等的。马克思曾从伦理道德出发,对资本在市场中的积极和消极作用作过揭示。首先,他把资本看作"积累起来的劳动"[1],是物、财富。其次,他认为"资本也是一种社会生产关系"[2],并由此引出阶级以至伦理的评价。再次,他肯定资本的作用,认为"资本不是一种个人力量,而是一种社会力量"[3]。资本增加社会财富,推动

---

[1] 《马克思恩格斯选集》第 1 卷,人民出版社 2012 年版,第 339 页。
[2] 《马克思恩格斯选集》第 1 卷,人民出版社 2012 年版,第 341 页。
[3] 《马克思恩格斯选集》第 1 卷,人民出版社 2012 年版,第 415 页。

社会进步发展，具有史无前例的作用。他把资本看作人类的一种高度文明，"标志着社会生产过程的一个新时代"[①]。当然，马克思也看到了资本的另一面。马克思指出，资本是"致富欲望的唯一对象。这种欲望实质上就是万恶的求金欲"[②]。资本推动了经济发展，成为人类经济活动的"润滑剂"。资本的欲望本质，也不断驱动着人从冲动、渴求趋于执迷乃至疯狂。资本展现了人性的异化及其损伤。资本对人类道德的负面影响是空前的，同时对人类劳动也是一种颠覆，拜金主义就是一种集中体现，它加大了资本对劳动的奴役。

我们都知道，由于劳动力的相对过剩，导致了在劳动力市场中资本的更为稀缺，也就进一步提升了劳动者对于资本的依赖程度。在劳动者高度依赖资本的市场中，资本就像吞噬一切的黑洞，把人的劳动活动贬低为维持肉体生存的手段，使人的物质需求和精神需要，化约为对"物"的占有机能，"这种机能脱离人的其他活动领域并成为人最后和唯一的终极目的"[③]。也就是说，资本使人的机能退化为动物的机能。可见，资本对劳动的奴役是多么的残酷。在英国的圈地运动中，那些失去土地的农民被迫进入工厂劳动，就是遭受这样的奴役。相比之下，现在中国的农民工更多的是一种自愿。但是，他们所依靠或出卖的，依然是自己的劳动力，同样要受到资本的役使。

另一方面，劳动成果的"永恒性"与劳动付出的"暂时性"之间的矛盾。我们都知道，财富是人类劳动成果的凝聚。劳动成果具有相对永恒性，可以长时间地对人类社会产生持续的作用。劳动成果的产生来自于劳动的付出，正是因为有了劳动的付出，才实现了劳动结果的价值意义。诚然，劳动的付出就是将劳动者自己的体力或脑力消耗在一定的劳动过程中。劳动过程总是具体的、历史的，劳动的付出也就总是表现为特定的劳动者在特定的历史条件下的付出。劳动付出的过程性特点，决定了劳动的付出的"暂时性"。因为不管劳动的付出持续多长时间，它总有一个起点和终点。整个劳动过程的终结以后，劳动结果才可以真正产生，也才能真正可以成为人类的财富。可见，人类社会的发展，就是一代代劳动者付出

[①] 《马克思恩格斯全集》第23卷，人民出版社1972年版，第193页。
[②] 《马克思恩格斯全集》第46卷（上册），人民出版社1979年版，第171页。
[③] 贺来：《马克思的哲学变革与价值虚无主义课题》，《复旦大学学报》2004年第6期。

劳动力的结果。而相对于人类社会发展的永恒性，相对于劳动结果的持久性来说，个别劳动者的劳动付出以及具体的劳动过程，却都是暂时的，都是那么的短暂。正如汉娜·阿伦特所说，我们所生活的物质世界"比人类劳动更具永恒性"，它们的寿命甚至比生产者的寿命更长，这在某种意义上，决定了"人类物质世界具有现实性及耐久性"①。也就是说，从总体来看，与劳动付出相比，劳动结果留给后人的影响要深远的多。不禁想问：那些为人类发展付出辛勤劳动的平凡的劳动者，历史又能记得多少呢？

诚然，在劳动的过程中，人不仅付出了自己的体力和脑力，而且也发挥了自己的意识、情感和思想的作用。马克思说，人与动物不同，他"懂得按照任何一个种的尺度来进行生产，并且懂得处处都把固有的尺度运用于对象"②。在马克思看来，人类的劳动凝结着伦理、渗透着人性。劳动应该得到尊重。从历史上来看，那些敬重劳动、敬重劳动者的社会阶段，劳动者积极性高，社会创造力强，整个社会呈现出蓬勃的生机，人民安居乐业，社会秩序井然。而那些敬仰权贵、欺世霸民的社会阶段，劳动者积极性差，投机钻营、腐化堕落严重，整个社会秩序紊乱、纷乱动荡。劳动者是历史活动的主体，这是任何时代都应坚持的真理。对待劳动者的态度，影响劳动者的劳动积极性，也影响劳动生产率的提高和整个社会经济活动的进程。

我们呼唤体面劳动，就是要复归劳动应有的尊严和本性。我们主张尊重劳动和劳动者，就是要使劳动真正映射出人性的光辉。体面劳动的目的在于，消弭劳动悖论中所形成的鸿沟，使劳动由强制走向自主、由异化走向自由，使劳动者从卑微复归高尚。实现体面劳动的过程，就是劳动者摆脱奴役与强制、获得自由与尊严的过程，就是从生存依赖走向自我实现的过程。纵观整个人类劳动发展史，我们很容易理解这一过程的艰辛与不易。但无论如何，体面劳动将会使人们从卑微复归高尚，从奴役走向自由。这是多么令人向往、让人愉悦的事情啊！

---

① ［美］汉娜·阿伦特：《人的条件》，竺乾威等译，上海人民出版社1999年版，第89页。
② 《马克思恩格斯选集》第1卷，人民出版社2012年版，第57页。

第二章

体面劳动的理论溯源

劳动问题自古有之，孟子的"劳心者治人，劳力者治于人"（《孟子·滕文公上》）、古希腊赫西俄德的"劳动增加羊群和财富"[1]等朴素观点都是对劳动的见解，亚里士多德关于人的活动的三种划分也表达了对劳动的看法。但由于受当时社会发展状况的制约和影响，总体上看，劳动是被看作"迫不得已的必需"，劳动是艰辛和痛苦的。不过，这种境况随着宗教改革得以改观，劳动开始获得积极的肯定。后来，伴随着启蒙运动兴起、科学技术发展以及对劳动创造财富的认识，劳动问题越来越引起思想家们的关注和重视。但真正把劳动纳入哲学体系之中进行深刻思考的乃是黑格尔，他把劳动看作"人的自我确证的本质"。后来，马克思吸收了黑格尔思想中的合理部分，从现实的人出发，对劳动给予了更为科学的认识与判断。这都为我们深入考察体面劳动提供了丰富的理论来源。本书将从经济学、社会学、哲学三种视域进行深入探析。

---

[1] 赫西俄德（古希腊文：Ησίοδος，前8世纪，享年不明），古希腊诗人。《劳动与时日》是赫西俄德所著长诗，共828行，作者以朴实的语言宣传了劳动的社会道德价值，"人类只有通过劳动才能增加羊群和财富，而且也只有从事劳动才能备受永生神灵的眷爱。劳动不是耻辱，耻辱是懒惰。但是，如果你劳动致富了，懒惰者立刻会嫉羡你，因为善德与财富为伍"。（［古希腊］赫西俄德：《劳动与时日·神谱》，张竹明等译，商务印书馆1991年版，第10页）

第一节　经济学的体面劳动所指

古典经济学家[①]的劳动价值论，承认"劳动是一切财富的源泉"。其深厚的意蕴在于，将财富主体从人之外的"物"（资本、土地）转移到人（劳动），从而为马克思探讨人的本质是劳动提供了理论素材的同时，也肯定了劳动应当是具有尊严的。而其核心价值观念"自由"（资本的自由流动、劳动力的自由买卖、商品的自由流通等），也至少在形式上，肯定了劳动力自由买卖对于劳动尊严的维护的价值。在现当代的经济学理论中包含这样的思想，即肯定拥有财富才是过上体面生活乃至从事体面劳动的前提，而财富的获取除了靠资本更多的是靠劳动、科学技术等要素，这也从侧面肯定了劳动是使人体面的，是有尊严的。

一　古典经济学：劳动是一切财富的源泉

把劳动作为国民财富的源泉，先后经历了从重商主义者到重农主义者的特殊认识过程。后来，亚当·斯密提出"劳动是一切商品交换价值的真实尺度"[②]，此时，劳动才被抛开了它的特殊规定性，也预示着劳动价值论基本观点的形成。

（一）早期资产阶级经济学家对劳动的思考

一般来说，对资产阶级经济学理论的研究，最早是从重商主义[③]开始的。重商主义是在资本主义的原始积累时期，发展起来的一种资产阶级经

---

①　古典经济学家（Classical Economist），一般专称自亚当·斯密开始，直到1871年"边际主义革命"为止，当中的英法经济学家，再加上部分发表有别于传统学说的德国经济学家。"古典经济学家"这一称呼，首先由马克思使用，用以说明李嘉图学派和更早期的经济学家们。对于1871年之后兴起的经济学家，他们的学说有着对前人旧有学说革新之处，经济学史家为了区别彼此的不同，统称1871年之后、终于凯恩斯主义的经济学家为新古典经济学家（Neo-classical Economist）。

②　[英]亚当·斯密：《国民财富的性质和原因的研究》上卷，郭大力等译，商务印书馆1972年版，第27页。

③　重商主义（Mercantilism），也称作"商业本位"，产生于16世纪中叶，盛行于17—18世纪中叶，后为古典经济学取代。重商主义经历了两个发展阶段。早期重商主义产生于15—16世纪中叶，以货币差额论为中心（即重金主义），强调少买，代表人物为英国的威廉·斯塔福。16世纪下半叶到17世纪是重商主义的第二阶段，即晚期重商主义，其中心思想是贸易差额论，强调多卖，代表人物有英国的托马斯·孟、法国的让·巴蒂斯特·柯尔培尔。重商主义促进了商品货币关系和资本主义工场手工业的发展，为资本主义生产方式的成长与确立创造了必要的条件。

济理论。他们只承认贵金属是财富的存在,把金银看作是财富的唯一形式。他们认为国家的繁荣依赖于资本(贵金属)的供应。他们研究的对象是流通,是商业资本运动的表面现象。他们把观察到的这些流通领域的现象加以分类和解释,制定出相应的经济政策。他们的目的是为了给商业资本家提供一套货币"产生"货币的方法。他们以为,贸易的全球规模是不可改变的,只有真正实现为货币的东西才是财富,财富就是货币,利润是商品转手时贱买贵卖的结果;他们把流通看作是利润的直接来源。他们以为,只有各国之间的流通才是财富的源泉。因为国内的流通只是把货币从一人转移到另一人,对这个国家来说既没有增加财富,也没有减少财富。反之,对外贸易则可以增加一国的货币量。因此,他们主张在国家的支持下发展对外贸易,强调对外贸易的差额必须是顺差,这样才是对国家有利的,即应当少向外国人购买,多向外国人销售。

由于重商主义把私有财产仅仅看作存在于人之外的财富,不注意生产本身,不认为生产的发展是社会财富的源泉,而把追求货币顺差或贸易顺差看作是积累财富的源泉,把积存货币宣布为最高目的,所以启蒙国民经济学家把重商主义的信徒称为拜物教徒。因为他们只看到社会财富的物的形式,而看不到它的社会本质。所以,马克思说他们把私有财产看作"仅仅是人之外的一种状态的国民经济学"①。可见,重商主义把财富的来源归结于流通领域的贱买贵卖。

伴随社会生产力的发展,商业资本逐渐被产业资本所代替,进而完成了它的历史使命。在经济社会生活中,新兴的产业资本取得了统治地位,过去在流通领域赚取让渡利润的思想也被抛弃,产业资本家们把目光转向了生产劳动领域。在产品流通领域中,他们以平等交换的方法获取利益;在生产劳动领域中,他们通过剥削剩余劳动获取利润。这样,流通成了一个从属因素,而劳动则成了产业资本统治的基础。从商业资本过渡到产业资本,不仅使生产方式发生了变化,而且也使社会经济基础发生了改变。正是在这些变化中的,产业资本家们意识到,要从根本上打开资本主义市场,只能靠流通领域的平等交换,但是财富的获取则应当从生产劳动领域开始。

---

① 《马克思恩格斯文集》第1卷,人民出版社2009年版,第178页。

以魁奈为代表的法国重农学派①，把社会经济生活看成是一个社会生理过程。他们认为，这些生理形式是"从生产本身的自然必然性产生的，不以意志、政策等为转移的形式"②。这种自然秩序思想是重农学派思想的主要体现。其实，他们是受到了当时法国启蒙思想的影响。当时，启蒙思想家在研究资本主义制度时，主要是从理性和正义的角度来论证的。在此基础上，为了概括理想化的资本主义社会经济秩序，重农学派则强调"自然秩序"的作用。在他们看来，人为的封建主义的经济秩序，违反了自然秩序原则，因此它必然被抛弃和超越。重农学派的这些思想，为后来的经济学理论奠定了重要的理论基础。

马克思说，重农学派研究的是资本主义生产形式的"生理学"，但是他们没有搞清楚它应该建立在什么基础之上。由于当时的法国资本主义社会，产业资本的作用还没有得到完全的展现，因此，重农学派还没有看到资本统治在社会经济形式中的作用。他们只是把价值归结为使用价值，归结为物质。他们没有看到资本家与工人的关系的真正本质，因此也就无法真正理解价值的来源。他们真正理解的是农业劳动者与土地的关系，也即是那种自然关系。他们只是把剩余价值归结为自然的赐予。很显然，他们还没有抓住资本主义生产方式的本质。

(二) 古典经济学家对劳动价值论的贡献

很显然，重商主义没有看到财富产生于劳动的事实。重农主义虽揭示了财富的主体本质，但他们的理解仍然局限于特定的自然规定性之中。英国古典经济学家亚当·斯密，批判地继承和发展了重商主义和重农学派的经济学思想。斯密扬弃了"财富的这种外在的、无思想的对象性"③，把人本身看作私有财产的规定。他极力反对重商主义的拜物教，认为"私有财产作为自为地存在着的活动、作为主体、作为个人，就是劳动"④。

---

① 重农学派是18世纪50—70年代的法国资产阶级古典政治经济学学派。重农学派以自然秩序为最高信条，视农业为财富的唯一来源和社会一切收入的基础，认为保障财产权利和个人经济自由是社会繁荣的必要因素。弗朗斯瓦·魁奈（Francois Quesnay，1694－1774）是重农学派的创始人和首领，其代表作《经济表》就是这一理论体系的全面总结。杜尔哥（Anne-Robert-Jacques Turgot，1721－1781）是继魁奈之后的最重要的代表人物，其代表作是《关于财富的形成和分配的考察》，他发展、修正了魁奈和其徒党的论点，使重农主义发展到了最高峰。
② 《马克思恩格斯全集》第26卷（第一册），人民出版社1972年版，第15页。
③ 《马克思恩格斯文集》第1卷，人民出版社2009年版，第179页。
④ 《马克思恩格斯文集》第1卷，人民出版社2009年版，第178页。

所以在斯密看来，私有财产的主体本质是劳动，这是斯密最大的、最积极的理论成果。在马克思看来，"只有把劳动视为自己的原则"①的亚当·斯密的理论，才是反映了资本主义经济运动规律的意识形态。

《国民财富的性质和原因的研究》（又称《国富论》）是亚当·斯密最具影响力的著作。他在书中，一开始就宣布财富的来源是劳动，并且针对着重商主义和重农学派的错误观点，特别强调提出，不管是农业中的劳动，还是工业中的劳动，任何地方的劳动，都是财富的创造者。他建立自己的政治经济学理论体系的基本原则就是劳动生产。斯密指出："任何一个物品的真实价格，即要取得这物品实际上所付出的代价，乃是获得它的辛苦和麻烦。"②在斯密看来，商品价值的源泉在于劳动。他认为，社会分工促进了人的相互劳动，也即是他人为我劳动、我为他人劳动。由是商品和商品的交换，变为人的劳动的相互交换。在他看来，商品的价值由人消耗的劳动来决定。也即是说，斯密把价值的源泉归结为人类的劳动。应当说，这是斯密的一个重要贡献。遗憾的是，他把"一切可交换价值的三个根本源泉"③归结为了"工资、利润和地租"，没有把对劳动的认识贯彻始终。最终，他的劳动价值论被自己的收入决定价值论所修改。

虽然说，斯密发展了经济学，但他仍然是一个资产阶级的经济学家。马克思具体剖析了他的学说的资产阶级性质。马克思指出，从表面现象来看，国民经济学是以劳动为原则，提高了人的地位，并宣布人是财富的创造者。但是，从实质上看，"其实是彻底实现对人的否定"④。因为按照斯密的说法，资本是积累的劳动，劳动是资本的本质，这实际上是赋予资本主义私有财产一种活的、能够自行保存和自行增殖的能力和意志。对工人来说，不过是人的本质的异化，对人的本质的彻底否定。不仅如此，斯密还把这种异化劳动说成是普遍的、永恒的存在，是唯一的政策。因此，马克思评论说，亚当·斯密的理论必然是从承认人、承认人的独立性和自我活动等表象下开始的。

---

① 《马克思恩格斯文集》第1卷，人民出版社2009年版，第178页。
② ［英］亚当·斯密：《国民财富的性质和原因的研究》上卷，郭大力等译，商务印书馆1972年版，第26页。
③ ［英］亚当·斯密：《国民财富的性质和原因的研究》上卷，郭大力等译，商务印书馆1972年版，第47页。
④ 《马克思恩格斯文集》第1卷，人民出版社2009年版，第179页。

大卫·李嘉图是英国古典政治经济学的完成者，他继承和发展了亚当·斯密经济理论中的精华，把古典政治经济学推向了最高峰。他于1817年出版了《政治经济学及赋税原理》。李嘉图的经济学思想，是以功利主义为出发点的。在他的学说中，个人利益被看作是经济活动的出发点和准则。他认为，资本家发展生产的根本目的，是追求利润，追求个人利益。利润是资本积累的源泉，也是资本家扩大生产的条件。生产力的发展，财富的增加，都要靠利润的增加。因此，资本家的利益也代表了全社会的利益，不仅仅是资本家自身的利益。他主张资产阶级的功利主义，认为资本扩大自身利益是首要原则，因此他反对地主阶级的利益要求，认为这是与社会的利益相矛盾的。

李嘉图批判了斯密在劳动价值论上的二元论，认为斯密所指的两种劳动"并不相等"。也就是说，李嘉图不认可耗费的劳动决定商品价值的原理。他提出，生产中耗费的劳动量决定商品的价值。应当说，李嘉图对政治经济学的重大理论贡献，就在于他始终坚持"劳动创造价值"的观点。他认为，劳动决定价值的原理，适合于任何一个社会，不仅适合于原始状态社会，也适合于资本主义社会。在他看来，商品价值是由劳动时间决定的，即便商品价值被分割为工资、利润和地租几部分，但不管怎样分割，由劳动时间所决定的价值的大小不会受影响。

根据资本主义经济发展的要求，李嘉图的学说比斯密的学说发展得更加彻底、更加真实。但在马克思看来，他的理论有其局限性：首先，他把资本主义生产方式及其发展规律，看作是一切社会的生产方式和发展规律。其次，他把资本主义生产关系看作固定不变的，这样就看不到资本主义生产关系的变形和复杂化。所以，李嘉图的理论把资本与劳动，资产阶级对无产阶级的这种对抗性的剥削关系，毫不掩饰地、赤裸裸地暴露出来了。

由此，马克思也看到了资产阶级经济学理论所包含着的矛盾。他们一方面把劳动看作是财富的唯一本质，认为一切财富都是劳动创造的。另一方面，他们又认为劳动者的非人化的状况、异化的状况是理所当然的。这显然是一种自我矛盾。所以马克思说，国民经济学本身的支离破碎的原则，不过是支离破碎的工业现实的反映。

二 现代经济学：劳动是财富创造的要素

在日常生活中，人们常常将拥有财富当作是体面的象征，把个人或集团的收入来源称作是财富。但严格来讲，一个物体能够为个人或集团带来收入，从日常生活的角度讲，它对个人或集团是"财富"，但是从经济学意义上讲，它可能不是社会财富。例如，未经过劳动开垦的土地。它有价格，出售能有收入，出租能有租金，能给他的所有者带来收入，在日常生活中，人们将它称为其所有者的财富。但是，未经过劳动开垦的土地，没有劳动介入，因而不是社会财富。未开垦土地的出售的价格与出租的租金，都是社会财富的分配形式，是占有一物所带来的对社会财富的支配权问题，不是物（土地）本身是否是财富的问题。

用一句话来表达：财富是因稀缺而需要通过劳动生产出来的对人类有用的产品。可以看出，财富的稀缺性与劳动性是同一的。由于某物的稀缺，才需要人类通过劳动来生产创造，因此，这种因稀缺而需要人类劳动生产出的有用的产品，就是财富。很显然，不稀缺也就不需要生产。也就是说，它即使对人类有用，由于没有人类的劳动生产，也不会被看作是财富。例如空气和海水，对人类具有极其重要的作用，但是，目前它们是不稀缺的，是不需要用劳动来生产的，因此，不被看作是财富。财富的这种性质，我们将其称为财富的稀缺性和劳动性。

其实，关于这一点，我们可以追溯到英国古典经济学家那里。西尼尔[①]曾把财富的要素分为效用、供给的有限性和可转移性，其中供给的有限性是最重要的。供给的有限性就是稀缺性。但西尼尔也无法将稀缺性与劳动性完全隔离，他说，任一事物的供给都可以认为是无限的，"人们可

---

① 纳索·威廉·西尼尔（Nassau William Senior, 1790－1864），英国著名古典经济学家，边际效用价值论的先驱。他反对古典政治经济学的劳动价值论，指出价值是效用、供给有限性和可转移性三个因素构成。效用是直接或间接产生快乐和避免痛苦的能力。一种物品随供应量增加，效用越来越小。价值生产三要素中劳动和资本的供给是有限的。劳动者的劳动是对快乐与自由的牺牲，资本家的资本是资本家欲望的节制，个人消费的牺牲价值就由这两种牺牲生产出来。他在价值论基础上提出了"节欲论"，认为资本是资本家的一种牺牲，资本家为提供生产资料，牺牲了个人消费所给予的享乐和满足，这种牺牲应有所报酬，就是利润。为替利润辩护，他还提出了"最后一小时"理论，认为工人劳动时间绝对不能缩短为10小时。

以拿多少就拿多少，所费的只是据为己有时的一番辛劳"①。他认为，劳动者的劳动是对快乐与自由的牺牲。在马歇尔②看来，"经济学将财富看作是满足欲望的东西和努力的结果"③。他认为，人对物的满足是人的欲望能力的感觉与评价。不过，马歇尔在"努力"这一概念上，遮遮掩掩地承认了劳动的作用。

现代经济学④理论认为，生产要素就是指在财富生产的过程中所使用的所有事物。生产要素分为三类：劳动、土地和资本。关于三要素创造价值说的原始形式，其实是由古典庸俗经济学家萨伊⑤在其所著的《政治经济学概论》（1803）中提出的，被称为"三位一体"公式。他认为，价值是由劳动、资本和土地三种要素共同创造的。三要素所有者得到的报酬，等于各自在生产中创造的价值。三要素创造的价值之和，构成了所生产商品的价值。也就是说，劳动创造的价值为工资，资本创造的价值为利润或利息，土地创造的价值为地租。进而他推得，三要素报酬总和 = 创造的价值总和 = 生产的商品价值。这样，如果按三要素各自创造的价值进行分

---

① ［英］纳索·威廉·西尼尔：《政治经济学大纲》，蔡受百译，商务印书馆1977年版，第18页。

② 阿尔弗雷德·马歇尔（Alfred Marshall, 1842 - 1924），当代经济学的创立者，现代微观经济学体系的奠基人，剑桥学派和新古典学派的创始人，19世纪末20世纪初英国乃至世界最著名的经济学家。他于1890年发表的《经济学原理》，被看作是与斯密《国富论》、李嘉图《赋税原理》齐名的划时代的著作，在英语国家替换了古典经济学体系其供给与需求的概念，以及对个人效用观念的强调，构成了现代经济学的基础，多年来一直被奉为英国经济学的圣经。

③ ［英］阿尔弗雷德·马歇尔：《经济学原理》上卷，朱志泰译，商务印书馆1964年版，第69页。

④ 现代经济学，主要是指凯恩斯之后的经济学。约翰·梅纳德·凯恩斯（John Maynard Keynes, 1883 - 1946），现代经济学最有影响的经济学家之一，他创立的宏观经济学与弗洛伊德所创的"精神分析法"、爱因斯坦发现的"相对论"，一起并称为20世纪人类知识界的三大革命。其代表作有：《就业、利息和货币通论》（1936）、《论货币改革》（1923）和《货币论》（1930），被称为"战后繁荣之父"。

⑤ 让·巴蒂斯特·萨伊（Say JeanBaptiste, 1767 - 1832），法国资产阶级庸俗经济学家，是继亚当·斯密、李嘉图古典经济学派兴起之后的又一个经济学伟人。他建立了经济学的三分法，把经济学划分为财富的生产、财富的分配和财富的消费三部分；提出了著名的"供给能够创造其本身的需求"观点，即所谓的"萨伊定律"（Say's Law）；提出了效用价值论，指出生产只创造效用（物品满足需要的内在力量），物品的效用是物品价值的基础，劳动、资本、土地（自然力）共同创造了产品的效用，从而创造了产品的价值，还用工资、利息、地租这三种收入组成生产费用来构成价值。他断言工资、利息、地租分别来源于劳动、资本、土地，建立起三位一体公式的分配论，利润则是企业家才能的报酬。萨伊的这些理论多被后来的经济学家接受，在经济学发展史上产生了重大影响。

配，整个商品的价值被全部分配完了，根本没有剩余。很显然，"三位一体"公式存在着内在逻辑困难，只能是一个"假说"。虽然，萨伊把劳动看作是社会生产不可缺少的要素之一，承认了劳动在财富创造中的作用。但是，与李嘉图不同的是，他否定劳动决定商品的价值，他把物（资本、土地）创造的价值与劳动（人）创造的价值放在了同等地位，消解了劳动本身在生产中的地位。

无可否认，萨伊、西尼尔、马歇尔三人的理论，皆为现代经济学的发展奠定了基础，可谓现代经济学的"先驱"。他们提出了边际效用论，用以反对李嘉图、马克思的劳动价值论，实质是主观经济学反对客观经济学。后来，凯恩斯完全接受了马歇尔的边际效用价值论，他们都主张边际效用递减，但不同的是两人设定的时间条件不同。马歇尔设定的时间短，所以人的偏好固定不变，预期与实际合一；凯恩斯设定的时间长，所以人的偏好灵活多变，预期既相互区别又相互统一，强调预期对实际的影响。之后的现代经济学家，也几乎都是只把劳动当作生产的要素之一，或者是将劳动冠以"人力资本"的美誉。

总体来看，从古典经济学到庸俗经济学再到现代经济学，发展的趋势是：从生产领域越来越走向分配领域、消费领域，价值的创造开始消减劳动的作用。这种消减表现在两个方面：一是将物（资本、土地）创造价值等同于人的劳动创造价值，消减了劳动在生产中尤其是社会生活中的举足轻重的地位，使得"传统"的体面劳动观大打折扣。二是他们从肯定劳动创造价值，到肯定人的主观需要（由物的稀缺性决定）、偏好产生价值，既在一定程度上否定了体面劳动的主体即工人在创造价值中的决定作用，又通过此减弱了体力劳动所具有的体面性。当然，这其中存在着内在的合理性和必然性。而随着知识、科学技术在生产中的作用日益凸显，作为要素的劳动也越来越被弱化，其体面性也就更加消减。当然，从另一层面讲，知识、科学技术也是人类劳动的凝结，是对劳动体面性的进一步肯定。

第二节 社会学的体面劳动含义

在基督神学家那里，劳动是上帝的旨意，是上帝惩罚人并使人乞求神灵宽恕的途径。后来，随着宗教改革的兴起，劳动才逐渐获得了肯定性的积极意义，劳动被看作是上帝赋予人的生存意义，是一种现世的责任和义务。在此基础上，马克斯·韦伯①在《新教伦理与资本主义精神》中，将劳动看作一种光荣而神圣的道德责任和义务。认为获取财富不是罪恶，是以现世的成功荣耀上帝，正是这种精神促使人们辛勤劳动，在理性主义的大旗下，极大地推进了整个资本主义世界的发展。进入发达工业社会以后，科学技术成为第一生产力，同时科技理性逻辑统治了人，使劳动出现新的异化，劳动者的劳动动因丧失，不再是物质欲望的不能满足，而在于精神创造新的缺失，感觉自己仍然像机器，从而没有了尊严。

一 中世纪神学家：劳动是上帝的旨意

进入中世纪，在这个基督教神学占据统治地位的时代，人们关于劳动的观念兼具了整个古希腊时代关于劳动观念的特征。根据《圣经·旧约》的描述，作为人类始祖和上帝的造物，亚当和夏娃本来过着一种无忧无虑、悠闲自在的美好生活，当他们偷吃了禁果之后，上帝对他们的"原罪"进行惩罚，诅咒亚当终身劳苦，诅咒夏娃怀胎痛苦，然后将它们赶出了伊甸园，从此人类就必须付出艰苦的劳动才能维持自身的再生产。②可见，劳动被视为上帝的惩罚。这个故事也反映出，劳动一开始并不具有属人性，只是在惩罚的意味上才是属人的。而这种属人的劳动，却是不自由的，是强制性的。在某种意义上，人类应该感到羞耻，因为劳动是对人类的惩罚，而非恩典。

当然，在《圣经·创世纪》中也记载了上帝创造世界的活动。在基督教神学家看来，上帝也是一个"劳动者"，世界就是上帝"劳动"的成果。上帝还按照他创造世界时的时间顺序，确定了后来整个社会的作息安排。由此，在很大程度上，劳动被赋予了某种"神圣性"。另外，也有许多基督教神学家认为，人类抵御欲望诱惑、实现自我拯救的重要途径也是人的劳动。例如，在早期中世纪的基督教隐修运动中，劳动就被看成是与

---

① 马克斯·韦伯（德语：Max Weber，1864-1920），德国著名社会学家、政治学家、经济学家、哲学家，公认的现代社会学和公共行政学最重要的创始人之一，被后世称为"组织理论之父"。马克斯·韦伯与卡尔·马克思和爱米尔·涂尔干被并列为现代社会学的三大奠基人。其代表作品有：《新教伦理与资本主义精神》《古犹太教》等。

② 参见《圣经·创世纪》，中国基督教三自爱国运动委员会、中国基督教协会2004年版，第4页。

罪责作斗争的手段。显然，在此种意味上，劳动好像已经被赋予了积极的意义。但是，这种积极意义，很大程度上来源于劳动的惩罚属性，因而劳动者本身并没有得到任何的荣耀。还有一个事实是，在当时的社会阶层中，人们的地位高低不同，地位最高的是神职人员，最低的是劳动者，劳动者要受到神父、贵族和骑士们的役使。[①]

到了16世纪，随着宗教改革的兴起，劳动逐渐开始获得了革新性的积极意义，人们的观念从宗教中开始解放出来。在翻译《圣经》的过程中，马丁·路德[②]创造了"天职"（Beruf）一词，意指"'上帝安排的'这一宗教含义"[③]。在路德看来，人们的日常活动是上帝安排的，是上帝赋予人的生存意义，是完成个人现世的责任和义务，而不是所谓的苦修和禁欲。由此，劳动在这一普遍的肯定性中获得了它的平等性。加尔文[④]也肯定了劳动是上帝的旨意。他认为，劳动是荣耀上帝的途径，人要增加上帝的荣耀、以乞求上帝的恩宠，就应该通过劳动来进行。他不赞同把劳动当作人自我救赎的道路的观点。

二 马克斯·韦伯：劳动是人的美德和义务

在宗教改革运动中，劳动得到了更多肯定。劳动被作为上帝赋予人的唯一生存方式。马克斯·韦伯通过对西方文明史的研究发现，古代西方社

[①] 参见付长珍、王成峰《从生产自身到发展自身——西方劳动观念的变迁及其启示》，《上海师范大学学报》（哲学社会科学版）2016年第1期。

[②] 马丁·路德（Martin Luther，1483—1546），德意志人，16世纪欧洲宗教改革的倡导者，基督教新教路德宗创始人。在他的宗教改革中，因信称义被人们真正地接受起来。所谓因信称义就是内心真诚，外在不论，只要内心信仰上帝，无论具体的外在特征都可以得到上帝的救赎。在内心真诚的基础上，西方政治思想开始进入自由主义时代。不追究不考量不评判的外在特征，使得人们的创新活力大大激发，基于欲望、认识和开拓世界的进取精神彰显开来，在对自由边际的追逐中，人类实现了物质财富和精神世界的极大发展。而自由主义基于宗教改革的思想，或许才是路德改革的最重要也是最为深远的意义。

[③] ［德］马克斯·韦伯：《新教伦理与资本主义精神》，于晓等译，陕西师范大学出版社2006年版，第67页。

[④] 约翰·加尔文（法语：Jean Calvin，1509—1564），又译喀尔文、克尔文、卡尔文，法国著名的宗教改革家、神学家、法国宗教改革家，基督教新教的重要派别加尔文教派创始人。加尔文的宗教改革思想核心是"救赎预定论"：主张上帝预定了人会获救还是会沉沦，即所谓的选民或弃民。选民受上帝赐予的救恩和生命；弃民却必定沉沦。上帝的预定的旨意，不因人的行为而改变。他的预定论是发展了马丁·路德所提出的"因信称义"之论述，不过路德强调的是"人的得救"，加尔文强调的是"神的荣耀"。

会一直并存着自由劳动和非自由劳动的二元劳动方式,并且它们在经济发展中具有不同的功能,"当自由劳动占上风时,经济的进步首先要求市场的扩展……反之,当非自由劳动占上风时,经济的进步乃靠劳动人口的稳定积累来达到"①。他把古代西方社会的衰落归因于社会结构的转型,即主要是非自由劳动为主取代了自由劳动为主。他强调自由劳动的重要地位,认为正是"自由劳动的理性组织形式"的出现,才把资本主义与前资本主义区别开来,并极大地促进了现代资本主义的发展。

我们都知道,是韦伯把劳动融汇到了资本主义精神之中。这一点在他的《新教伦理与资本主义精神》一书中,得到了非常详尽的阐述。他指出,资本主义精神促进了资本主义的兴起与发展。他说:"不管在什么地方,只要资本主义精神出现并表现出来,它就会创造出自己的资本和货币供给来作为达到自身目的的手段。"② 这种"精神"并不是以不道德地追求个人财富为基础的,而是建立在理性的自由劳动的基础之上的。获取越来越多的钱财和避免所有天性的享受,完全被看成是目的本身;挣钱成为生活的目标,不再是满足人的物质需要的手段。在韦伯看来,现代资本主义是以正当方式追求经济财富与避免贪图个人享乐的有机结合,"既敢想敢为又精打细算"就是资本主义精神在经济活动中的渗透。

韦伯认为,理性的自由劳动的出现,促进了现代资本主义的兴起。他指出,这种理性的自由劳动,既不是奴隶式的,也不是行会工匠式的,而是在某种理性精神的指导下,被当作一种绝对的自身目的、一项"天职"来从事的现代劳动。在韦伯看来,人的职业生活"是经由良心的态度来证明自己的恩宠状态,而这种良心的态度乃表现于职业工作里的关注周到与方法讲求"③。他认为,人的自由是在劳动中所获得的一种感受,就像是得到了上帝恩宠的那种感受一样。人为了获得这种自由感觉,他的内心的价值理性决定了世俗生活中的一切合理性。即便最严苛的工具理性约束

---

① [德]马克斯·韦伯:《民族国家与经济政策》,甘阳译,生活·读书·新知三联书店1997年版,第8页。
② [德]马克斯·韦伯:《新教伦理与资本主义精神》,于晓等译,陕西师范大学出版社2006年版,"导论"第8页。
③ [德]马克斯·韦伯:《新教伦理与资本主义精神》,于晓等译,陕西师范大学出版社2006年版,第157页。

到了人，但是只要他内心拥有这种自由的追求和不渝的信念，那么这种约束也就变得无所谓了、不重要了，而且成为了自由的一部分。

在韦伯看来，宗教改革后的新教，是产生资本主义精神的母体，其中，加尔文教的作用尤其巨大。新教的"天职观""合理论"，极大地促进了资本主义精神的发展。他认为，人的职业是上帝指派给的，"每一种正统的职业在上帝那里都具有完全同等的价值"[①]，任何一种职业都是光荣而神圣的。既然职业是上帝赋予的，人们从事好这个职业，就是荣耀了上帝，并且是拯救自己必不可缺的一部分，因此，人类有义务去做好它。他指出，人类之所以认真安心地去工作，就是因为这种职业本身所具有的神圣化，而寻求工作的回报以及由工作带来的盈利，也是合情合理的，因为那是遵从了上帝旨意的表现。可见，在新教伦理中，劳动不是个人的所从事的简单的生活活动，而成为一种光荣而神圣的道德责任和义务；获取财富不是罪恶，而是以现世的成功荣耀上帝。这样，韦伯就把劳动与资本主义精神密切联系起来了。

第三节 哲学的体面劳动内蕴

在西方哲学传统中，人们对"劳动"的态度，要么是轻视，要么是诅咒，要么是熟视无睹。在大多数时间里，"劳动"都是处于晦暗不明的阴影之中。直到被放置到哲学思想的舞台中央，它才开始变得越来越明朗。其功绩当数黑格尔，尤其是马克思。就马克思而言，劳动是他理解哲学和定位人性的基础。在劳动中，他发现了历史运转的机制，揭示了社会结构的安排。正是因为他对劳动问题的独特认识，以至于后人对他及其理论有着不尽的关注与争论。

一 古希腊：劳动提供生活必需品

关于劳动的一般理解和态度，我们可以追溯到荷马（Homer）的神话《伊利亚特》《奥赛德》，以及赫西俄德（Hesiod）的史诗《劳动与时日》《神谱》。

---

① ［德］马克斯·韦伯:《新教伦理与资本主义精神》，于晓等译，陕西师范大学出版社2006年版，第34页。

在荷马史诗中，我们看到，与诸神不同的是，劳动是人类的专属。劳动是人的必需活动，是人不能摆脱的，它具有强制性。这种专属关系是消极的。赫西俄德传达的劳动观念则复杂一些，从《劳动与时日》来看，它的内容"涉及人类劳动的神话起源，劳动的重要性，劳动的方式、技能和条件"①。赫西俄德对劳动关注的内容比较多，这似乎说明劳动有了积极意义。但是，在阿伦特看来，赫西俄德向往的是生活的安谧、宁静，把不劳动当作日常生活的美，"而且还具有这样的特征：奴隶在主人监督下从事家务和田间的劳动，主人仅仅是监督而已"②。这实际上比荷马史诗把劳动置于更低的地位。

从神话和诗歌来看，人们对"劳动"的态度无疑是消极的。后来古希腊哲学家们进行了"发展"，其代表人物当数柏拉图和亚里士多德，他们就此做了系统的哲学论证。他们认为，劳动是专属于奴隶或最低层次的人。劳动是卑贱的、令人生厌的，是自由之外的事情。劳动阻碍着人性的实现，不是人类的本质性活动。

亚里士多德把人类活动分为三种：一种是理论活动，一种是实践活动，一种是创制活动。他认为，人作为理性动物，理论理性的发挥是人最高贵的部分，理论活动是以自身为目的的活动，作为一种沉思活动，理应是人类幸福生活的本质所在。实践活动作为一种政治活动，也是以自身为目的的，是人的实践理性的发挥，是幸福生活的重要构成部分。而创制活动是以产品为目的的，人自身只是手段，是为了文学艺术、技艺制造和生产生活资料的体力劳动的付出，不是一种自由活动。在他看来，那些从事耕种和畜牧等的体力劳动，都是人不得不从事的活动，是自然必然性的强制，奴隶应该从事那些最不自由、最低贱的活动。可见，在亚里士多德的眼中，从事体力劳动的奴隶根本算不到人的范围，只有那些作为理性动物的人，才有资格享受幸福的生活。他认为，使用家畜和使用奴隶是一样的，"两者都是用身体提供生活必需品"③。

---

① 陈治国：《关于西方劳动观念史的一项哲学考察——以马克思为中心》，《求是学刊》2012年第6期。
② [美]汉娜·阿伦特：《马克思与西方政治思想传统》，孙传钊译，江苏人民出版社2007年版，第146页。
③ [古希腊]亚里士多德：《政治学》，颜一等译，中国人民大学出版社2003年版，第9页。

二 黑格尔：劳动是人自我确证的本质

黑格尔的劳动思想，是基于精神现象学的理论基础之上的。他把劳动归之于主体和客体之间的对立统一关系。他在耶拿演讲中，把劳动看作人的本质，之后又以概念的方式对此加以规定。在《精神现象学》中，他把劳动看作是实现自我意识自由的方式。在《法哲学原理》中，他把劳动作为满足人的需要的一个环节，他说，通过劳动"使需要得到中介，个人得到满足"[1]。正是在这种劳动与需要的关系把握中，黑格尔抓住了劳动的本质。进而，他开始将现实的人理解为劳动的结果，"把劳动看作人的本质，看作人的自我确证的本质"[2]。

黑格尔认为，动物并不汗流浃背地劳动，就可以直接借助于自然，来满足自身的需要；而人的伟大之处就在于，人不仅可以直接通过自然，来满足自身的需要，而且还可以超越动物式本能，借助于劳动这一"中间环节"，间接地生产自己的生活资料，把自然仅仅当作手段来使用。人的劳动，并不仅仅是纯解构性的，而且还是建构性的，人借助于这种劳动来塑造持久的、独立自主的对象，在利用自然的同时把自然塑造成"为我之物"。为了实现这一目的，个人必须不断地学习普遍的劳动规则，克服自己"自然的不适应"。新的劳动分工和劳动方式的出现，同样取决于并且是为了通达这一目的。不过，劳动作为人的本质的程度，是取决于绝对精神的。

黑格尔在分析"主人与奴隶"意识时，把劳动理解为"陶冶事物"的活动。他认为，奴隶之所以成为奴隶，就是因为他们把劳动当作了自己"陶冶事物"的活动；而主人之所以成为主人，是因为他们消费和享受着奴隶创造的物品，而不是从事劳动本身。在主人的眼中，他享受的并不是独立的物品。因为在他与物品之间还有奴隶，奴隶成为了他自己的物。他想要的另种物，也是让奴隶去加工改造的。从另一方面来看，奴隶其实是主人物的主人，因为物是他的加工改造。由于奴隶拥有改造、支配物的权利，主人为了享受到物，反而要依赖于奴隶。在黑格尔看来，"正是在劳

---

[1] ［德］黑格尔：《法哲学原理》，范扬等译，商务印书馆1961年版，第203页。
[2] 马克思：《1844年经济学哲学手稿》，人民出版社2000年版，第101页。

动里，奴隶通过自己再重新发现自己的过程，才意识到他自己固有的意向"①。可见，在这里，黑格尔肯定了劳动的重要性。他把劳动作为达到"自我意识"的手段和方式。在他看来，人只有在劳动中，才能真正成为自己命运的主人，尽管他不能完全占有自己的劳动成果。

按照黑格尔在《精神现象学》中的阐释，自我意识作为自在自为的人，在他人那里获得承认并与他人处于平等关系之中，承认他人和自己一样，也享有同样的权利或自由。黑格尔将自我意识称为"双重的自我意识"，这就等于说自我意识内部，包含着两种不同的力量和活动，而正是这两种不同的活动，才使自我意识既具有独立性，也有扬弃自身的否定性。在黑格尔看来，意识在自身之外发现了真正的自我，要想实现就必须走出自身、外化自己而与对象达成统一。这样，在意识的圆圈式运动中，自我意识之间的关系就表现为，既要相互承认又存在着相互排斥和斗争的关系。

由于劳动与满足需要的方式不同，劳动阶层被黑格尔划分为"实体性"农民阶层、"赢利"阶层和"普遍"阶层。在黑格尔看来，农民阶层从事耕种土地的劳动，并直接把劳动收成作为其财富，尽管农民的劳动还不是抽象的反思劳动，但也是一种否定性的行为，他们的价值信念是以对自然和家庭关系的信任为基础的。"赢利"阶层，是对自然物进行加工制造，从他们的劳动中以及"别人的需要和劳动的中介中，获得它的生活资料"②。"普通"阶层属于社会顶级阶层，"以社会状态的普遍利益为职业"，不用参加直接劳动，依靠拥有私产，或者国家给予待遇。黑格尔站在市民社会的立场上，阐述了劳动方式及其功能和意义。我们不难看出，黑格尔在《法哲学原理》中已经转向对劳动的社会属性的分析。

三 马克思：劳动是人类自由之源

与黑格尔不同，马克思站在劳动者的立场上，在思辨哲学批判、国民经济学批判和空想社会主义批判的结合中，对人的本质进行了科学考察，开创了历史唯物主义理论的建构。马克思认为，劳动创造了人，创造了人

---

① ［德］黑格尔：《精神现象学》上卷，贺麟等译，商务印书馆1979年版，第131页。
② ［德］黑格尔：《法哲学原理》，范扬等译，商务印书馆1961年版，第214页。

类历史，是人类自由的开端。

首先，劳动反映的是人与自然之间的关系。人类劳动是目的性、能动性和创造性的统一。人类劳动的目的就是为了征服自然。而动物的"劳动"，则是一种被动的活动，是长期适应自然而形成的本能活动。人不仅能适应自然而生存，与动物不同的是，还能通过制造生产工具去改造自然、利用自然，使自然的力量变为人类的力量，把客体之力变为主体之力。人类劳动富有无比的创造性，当代劳动方式的变革，就是人类创造力的最好证明。因此，劳动一开始就具有属人的特征。马克思指出："整个所谓世界历史不外是人通过人的劳动而诞生的过程。"[①] 劳动是人的本质活动、"自由的有意识的活动"[②]。人类语言、认识能力、群体意识与自我意识，都是劳动实践的产物。而人类意识又指导人类的劳动实践。这是人类自由的表现，是人特有的活动。也就是说，人类的自由不是脱离劳动的自由，它是与创造性的生产活动密切相关的。

其次，劳动使人成为自然、社会和自身的主人。人与人类历史都是从自然界发展而来的，"是自然史的一个现实部分"[③]。人与自然达到统一的决定性的东西，就是人类的物质生产实践即劳动。劳动使人们之间必然发生一定的联系和关系，因而劳动总是在一定的社会关系范围内的劳动。劳动是人的智力和体力的支出、消耗的过程。人与自然、人与社会的必然性关系，是人类主体在改造自然、克服社会的过程中所形成的。人自身的现实活动也是如此。人类的自由，就是在这样的全面关系中得以实现和发展的。自由就是人在克服自然的必然性过程中，一步步成为自然界的主人；就是在克服社会的必然性过程中，一步步成为社会的主人；就是在克服自身的必然性过程中，一步步成为自己本身的主人。

再次，自由的实现和发展需要在劳动活动中。亚当·斯密认为，自由就是"安逸"，就是没有劳累，劳动就其内涵来说是不愉快的，是一种痛苦和牺牲。他认为自由就是不劳动。马克思不同意斯密的看法。他指出，劳动尺度是外在的。决定尺度的是那些必须要达到的目的以及必须要克服的障碍。自由的实现，实质就是人通过劳动克服障碍本身。马克思说：

[①] 《马克思恩格斯文集》第1卷，人民出版社2009年版，第196页。
[②] 《马克思恩格斯文集》第1卷，人民出版社2009年版，第162页。
[③] 《马克思恩格斯文集》第1卷，人民出版社2009年版，第192页。

"自由见之于活动恰恰就是劳动。"① 自由的实现,是一种物化活动或劳动。马克思认为,目的性是自由活动的一个特征。人在改造自然时,就是按照自觉的目的,使主体的人和产物的人统一起来。所以,自由是主体目的客体化的过程,是主体的意识与活动的统一。自由在于通过克服外在的强制,而不在于没有外在的强制。总之,自由是一种活动,自由的实现和增长,是在劳动过程中进行的。

在劳动过程中,劳动本身、劳动对象和劳动资料三要素相互联系、相互作用。劳动过程物的因素是劳动的客观因素,劳动过程人的因素是劳动的主观因素。从劳动过程与劳动生产力的运动和结果看,它是主客观因素的统一。其中,人或劳动者的主观因素是劳动生产力的主要因素。因为没有人的劳动,劳动的客观因素就只是僵死的、没有生命的材料,只不过是一种发展生产力的可能性。人的活劳动,不但保持着以往劳动创造的价值,而且还不断创造新的价值。当然,人的因素也受制于物的因素,因为人的劳动是以生产资料为基础的,生产资料既是某一个劳动过程的结果,又是另一个劳动过程的条件。它是人类劳动生产力发展的测量器,人的能力和素质的发挥,劳动生产率的高低,直接依赖于现有的生产资料。

此外,生产资料的发展状况,还决定着新职业和新专业的出现,决定着分工的进程和劳动的交换。劳动的主观因素和客观因素,是劳动过程运行的动力,是社会发展与个人本质丰富相统一的基础。任何一种劳动活动,都是劳动者本身状况的"自我实现"和"主体的外化"。无论是哪个时代的人,都要在一定的劳动中才能表现自身,并由此产生与其劳动活动相一致的各种社会关系和组织形式。因此,从最终的意义上看,劳动创造了生产力,也创造了生产关系,创造了人。生产力的发展,最终导致生产关系的变革,导致人的自由不断增长,社会发展和个人发展在劳动活动中达到了统一。

---

① 马克思的原话是:"外在目的失掉了单纯外在必然性的外观,被看个人自己提出的目的,因而被看作自我实现,主体的外化也就是实在的自由,——而这种自由见之于活动恰恰就是劳动"。(《马克思恩格斯文集》第 8 卷,人民出版社 2009 年版,第 174 页)

第三章

体面劳动的马克思思想意涵

马克思毕生追求无产阶级和人类的解放。他站在无产阶级劳动者的立场上，从"现实的人的活动"以及"当前的经济事实"出发，深入剖析资本主义条件下劳动的异化形式及其工人不体面的存在状态，进而揭示出工人不体面的深层机理，并积极探寻工人体面劳动的可能路径。可见，尽管在马克思的经典文本和相关资料中，他没有明确提出或使用"体面劳动"概念，但是从他的历史唯物主义理论体系建构和逻辑推演来看，"体面劳动实际上是马克思劳动观的核心内容与实践形态"①。深入探究马克思体面劳动思想对论题研究具有重要意义。

第一节 马克思体面劳动思想的文本源出

每一个时代的理论思维，都是历史与现实的产物。马克思的体面劳动思想，是他对那个时代的工人不体面现象观察、思考以及对不合理的资本主义制度尖锐批判的结果，也是他对人类公平正义价值观不懈追求的结果。在马克思的经典文本中有着大量的描写和论述，其体面劳动思想的产生也经历了一个萌芽、形成与逐渐发展的过程。

一 萌芽：对"体面的行动"意蕴的原初阐发

在马克思的经典文本中，唯一提到"体面"两字的，是他的中学毕业论文《青年在选择职业时的考虑》。当时，因为很快就要中学毕业，大

---

① 杜德省、蒋锦洪：《体面劳动：走向当代的马克思劳动观》，《云南社会科学》2014年第2期。

家都在考虑是升学还是就业的问题。有人打算当教士或牧师，有人希望成为诗人或哲学家，有人想做商人或银行家，他们都把舒适享乐作为自己的理想。与其他同学不同，马克思没有考虑选择哪种具体职业，而是从更高的理想层面做了考虑和回答。

在马克思看来，人与动物不同，人能够掌握自己的命运。虽然人有选择的自由，但是也不能"随心所欲"。人们在选择职业时，并不能完全按照自己的希望和想法。人们所处的社会地位和社会关系，将在一定程度上限制人们的职业选择。而且，这些限制"在我们有能力去对它们起决定性影响以前就已经在某种程度上开始确立了"①。

马克思指出，选择职业不能仅仅为了一时的兴趣，或者渺小的激情，甚至个人的虚荣。应当选择使我们"最有尊严的"职业，而且这种职业是我们深信不疑的，是能够让我们为人类进行活动的。他认为，从事最有尊严的职业时，"不是作为奴隶般的工具"，而是"独立地进行创造"②。在这里，马克思对"最有尊严的"职业做了详细阐释。从事这项职业，不能被当作工具，不能被看作奴隶，而且能够独立创造，不受任何的约束和规制。他特别指出，从事这项职业，是没有任何不体面的行动的，是让人体面的职业，任何人都愿意主动去从事它。很显然，马克思将"体面"与"最有尊严"作了勾连式阐释。

马克思认为，人们在选择职业时，必须要对自己的能力有清醒的认识。对青年来说，应该选择与现实生活相关的职业，而不是选择只关心抽象真理的职业，因为一旦脱离了现实生活，他最终将一事无成。那种既能把理想与现实、思想与行动紧密结合，又能让人深入到现实生活中去的职业，才应该是有为的青年的理想追求。因为只有从事这样的职业，人才有可能真正发挥出他自己的才能，才有可能真正对人类做出有益的贡献。

马克思指出："遵循的主要指针是人类的幸福和我们自身的完美。"③他认为，一个人如果只考虑个人的欲望，信奉利己主义原则，即便他成为

---

① 《马克思恩格斯全集》第40卷，人民出版社1982年版，第5页。
② 马克思原话是："能给人以尊严的只有这样的职业，在从事这种职业时我们不是作为奴隶般的工具，而是在自己的领域内独立地进行创造；这种职业不需要有不体面的行动（哪怕只是表面上不体面的行动），甚至最优秀的人物也会怀着崇高的自豪感去从事它。"（《马克思恩格斯全集》第40卷，人民出版社1982年版，第6页）
③ 《马克思恩格斯全集》第40卷，人民出版社1982年版，第7页。

了非常出色的诗人、学者或者哲学家,但他也绝不可能成为一个伟人,他也品尝不到真正幸福的滋味。因为他的事业是个人的,是渺小的,他的幸福也是个人的,是自私的。只有那些选择了为人类服务,为人类最大多数人谋幸福的人,才称得上是高尚的人、伟大的人。只有这样的人,才能得到真正的幸福。

马克思谈到,选择最有尊严的职业,即是为人类福利而劳动。为人类福利而劳动,给人以无穷的力量和乐趣,人将成为高尚的人、伟大的人、最幸福的人,历史将会永远记住他。这是马克思中学毕业作文所阐述的主要思想,也是少年马克思的崇高理想。很显然,马克思在少年时就立志选择最有尊严的职业,通过从事这种职业,为人类福利而劳动,要使人们过上幸福而美好的生活。在他眼里,这种职业是最有尊严的,没有任何的不体面行动。后来,在大学时期,马克思给自己制定的择业目标也是体面的职业,他也同样希望人们能体面工作、体面生活。马克思的一生,是为无产阶级和人类解放而奋斗的一生。在漫长的岁月中,马克思始终忠于少年时的誓言,始终坚持为人类福利而劳动。在为人类福利而劳动的过程中,马克思享受着最有尊严的职业,诠释着既幸福又体面的人生。

二 形成:对"异化劳动"不体面本质的揭示

马克思从人的自由本性角度把握劳动的本真内涵,认为劳动是"人的自为的生成"[①]。由此,他以自由劳动为价值尺度,从资本主义"当前的经济事实出发",对国民经济学家和黑格尔进行了批判,揭示了资本主义制度下的工人劳动是"异化劳动"这一意旨,并论证了"异化劳动"四个方面的表现及其不体面的本质。

(一) 对国民经济学家及黑格尔的批判

在《1844年经济学哲学手稿》(以下简称《手稿》)中,马克思使用了国民经济学家的一些论述和数据,进而来论证他自己的理论观点。但是,他和国民经济学家对工人劳动的过程及其结果的认识是不同的。国民经济学家把劳动看作创造财富的源泉。马克思认为,国民经济学家的立场是站在资本家那一边的,他们"抽象地把劳动看作物"[②]。所以,在国民

---

① 《马克思恩格斯文集》第1卷,人民出版社2009年版,第205页。
② 《马克思恩格斯文集》第1卷,人民出版社2009年版,第127页。

经济学家那里,"劳动仅仅以谋生活动的形式出现"①。

事实果真是这样吗?马克思从资本主义当前的"经济事实"中发现了一些真相:工人凭借劳动所获得的工资报酬并不与他的劳动成正比,而是先后扣除了土地的租金和资本的利润之后的一点剩余,"是从劳动产品中让给工人、让给劳动的东西"②,是经过了层层盘剥所剩下的那一部分,且仅仅是为了工人这个奴隶阶级繁衍下去所必不可少的那一部分。工人的劳动,使社会财富不断增长,但他自己并不能获得丰厚的回报。他们劳动的产物和生产的财富,被资本家所占有,进而成为继续剥削他们的工具,使得他们变得更加贫困。事实也证明,是资本家剥削了工人创造的财富。工人的工资仅能够维持自己生命所用,资本家总是想方设法继续剥削工人。而国民经济学家们却没有看到这一点,他们只是站在资本家的立场上看问题。在马克思看来,"国民经济学把工人只当做劳动的动物,当作仅仅有最必要的肉体需要的牲畜"③。

在《手稿》中,马克思肯定了黑格尔的一些观点。他吸收了黑格尔关于劳动是人的本质的合理思想,并就其理论局限性进行了批判。在马克思看来,黑格尔"只看到劳动的积极的方面,没有看到它的消极的方面"④。黑格尔同国民经济学家一样,其理论立场也是站在资本主义私有制社会上的,也认为资本家剥削工人是合理的,工人创造的社会财富就应该掌握在资本家手中。虽然黑格尔看到了劳动为社会积累了财富,促进了社会不断进步发展。但是,他疏漏了一个重要事实:在资本主义私有制条件下,工人的劳动是被迫的异化的劳动,已经不再是自由自在的活动了,劳动带给人们的只有贫穷和饥饿。而在黑格尔的理论中,他把劳动看成抽象的、精神的,"把劳动理解为人的自我产生的行动"⑤,远离了人类的生产和生活,脱离了现实的实践活动。这种劳动是不可能存在的。他强调,抽象的劳动,只会使异化状态更严重。抽象劳动是对人类劳动本质的远离。当工人连基本的生活都不能得到保障时,他根本不可能确证其人类的本质。因此,我们很容易得出结论,黑格尔的观点是片面的,其抽象劳动

---

① 《马克思恩格斯文集》第 1 卷,人民出版社 2009 年版,第 124 页。
② 《马克思恩格斯文集》第 1 卷,人民出版社 2009 年版,第 123 页。
③ 《马克思恩格斯文集》第 1 卷,人民出版社 2009 年版,第 125 页。
④ 《马克思恩格斯文集》第 1 卷,人民出版社 2009 年版,第 205 页。
⑤ 《马克思恩格斯文集》第 1 卷,人民出版社 2009 年版,第 217 页。

并不是人自我实现的确证。

（二）对资本主义异化劳动表现的揭示

在《手稿》中，马克思从"当前的经济事实出发"，以现实的人为主体，用劳动的异化来说明人的本质的异化，使异化概念①超越了"自我意识"和"人的本质"，使之具有了科学性和现实性。

马克思恩格斯指出："资产阶级抹去了一切向来受人尊崇和令人敬畏的职业的神圣光环。"② 在资本主义社会，几乎所有人都成了资本家招雇的雇佣劳动者。诸如医生、律师、教士、诗人和学者，也都变成了雇佣劳动者，也不再是令人敬畏的职业了。异化无处不在，渗透在资本主义社会的每一个角落，成为整个社会的普遍现象，工人无法逃避，资本家也无法避免。由此，马克思从基本的经济现实出发，深入分析了资本主义的工资、利润和地租等经济形式。马克思从这些经济形式中，抓住了工人及其产品的异化这一事实，揭示了资本主义条件下"异化劳动"的四种具体表现形式及其本质，由此构成了异化劳动理论的基本内容。

一是"物的异化"，即劳动者与劳动产品的异化。马克思认为，劳动产品是劳动者创造的，本应属于劳动者所有。但是，一个现实是，在资本主义私有制条件下，劳动者所生产的劳动产品，成了"一种异己的存在物"，"作为不依赖于生产者的力量，同劳动相对立"③。换言之，劳动者成了只是出卖劳动力的一个工具。他们生产的财富越多，生产的规模和数量越大，他们就越贫穷，越来越受到他们的产品的统治。劳动者的劳动产品并没有给自己带来财富，反而使得自己更加受资本家控制和剥削。马克思指出："工人对自己的劳动产品的关系就是一个对异己的对象的关系。"④ 由此，我们可以看出，马克思深刻地揭示了这样的事实：资本主义制度造成了劳动者与其所生产的产品的对立，使得劳动者受其劳动产品的奴役和统治，而且正是由于这种对立和奴役使劳动者自己愈发变得穷困，劳动者自己的本质力量无法得到体现。这种劳动者与劳动产品的对

---

① "异化"概念，最早是由17—18世纪的欧洲唯物主义者霍布斯和契约论者卢梭提出的，主要来表示权利和财富的转让或让渡。后来，黑格尔在《精神现象学》中用异化来说明自我意识的辩证运动历程，将其赋予了一定的哲学含义。而真正把异化和"人"结合起来的，应该是费尔巴哈，他以"人的本质"的异化来批判宗教对人性的压抑和摧残。

② 《马克思恩格斯文集》第2卷，人民出版社2009年版，第34页。

③ 《马克思恩格斯文集》第1卷，人民出版社2009年版，第156页。

④ 《马克思恩格斯文集》第1卷，人民出版社2009年版，第157页。

立，是异化劳动不体面性的重要表现之一。

二是人的"自我异化"，即劳动者与劳动自身的异化。在马克思看来，劳动是"人的自为的生成"①，是自由自觉的活动。但是，在资本主义制度下，劳动者的劳动"不是自愿的劳动，而是被迫的强制劳动"②。劳动成为一种受他人统治和压榨的活动。工人的劳动，是强制的被迫的，并不是自己意愿的肯定。工人"不是感到幸福，而是感到不幸"③。他们始终觉得，在这样的劳动中，总是有一种异己的东西，一直在折磨着自己的肉体，摧残着自己的精神。工人的体力和智力无法得到充分发挥。马克思写道，一旦被停止了那种约束和强制，"人们就会像逃避瘟疫那样逃避劳动"④。我们也可以看出，马克思在这里深刻揭示了一个事实：在资本主义制度下，劳动者的劳动是折磨自身肉体的东西，是摧残自我精神的东西，是让自己感到不幸的东西，在劳动中没有任何幸福可言，人们无时无刻不在想着逃脱这种劳动。在这里，异化劳动的不体面性也凸显出来了。

三是"类同人相异化"，即劳动者与人类本质的异化。马克思认为，人是类存在物，人的类特性是"自由的有意识的活动"⑤。这种自由有意识的活动，是人类的目的。这就要求人们，在生产的过程中，不应仅仅把劳动当作自身谋生的手段，而是要把劳动当作一种享受，一种展现自己体力和智力活动的享受。但是在资本主义社会，劳动者被资本家控制和奴役，他们除了自身劳动力一无所有。劳动者成为了资本家的一种劳动工具。劳动被贬低为维持自身的一种手段，一种仅仅维持自身肉体存在的手段。异化劳动使得人与人的类生活相异化。在马克思看来，在资本主义制度下，劳动者的劳动被贬低为动物式生存的手段。劳动者在这样的劳动中，找不到自己的精神和意志，劳动的自由自觉的类本质已不复存在，劳动者失去了自己的类本质，成为资本家支配和控制的工具。这种异化形式也是不体面的。

四是"人同人相异化"，即劳动者与他人的异化。在马克思看来，人与他人的关系，决定着人与自身的关系。人与自身的关系，受人与他人关

---

① 《马克思恩格斯文集》第 1 卷，人民出版社 2009 年版，第 205 页。
② 《马克思恩格斯文集》第 1 卷，人民出版社 2009 年版，第 159 页。
③ 《马克思恩格斯文集》第 1 卷，人民出版社 2009 年版，第 159 页。
④ 《马克思恩格斯文集》第 1 卷，人民出版社 2009 年版，第 159 页。
⑤ 《马克思恩格斯文集》第 1 卷，人民出版社 2009 年版，第 162 页。

系的影响,并且是相互影响。"只有通过人对他人的关系才得到实现和表现。"① 也就是说,如果人同他自身相对立,他也必然与他人相对立。马克思认为,在资本主义制度下,劳动成了异化的、外化的劳动。劳动不是工人自己的,是资本家的,是被资本家控制和支配的。同时,"生产出一个同劳动疏远的、站在劳动之外的人对这个劳动的关系"②,即他与资本家的关系。工人生产出了与自己对立的资本家。工人的劳动产品,不是属于工人,而是被资本家占有。资本家作为一种异己的力量,同工人相对立。很显然,资本家与工人间的这种对立关系,实质上就是剥削和被剥削的关系。在这种对立关系中,资本家剥削着工人,工人被资本家所剥削。人与人关系的相异化,也正是在这种对立关系中得到体现的。可见,马克思充分揭露了现代资本主义社会根本对立的关系。这种关系是资本主义制度自身的产物。也就是说,资产阶级就是统治工人的异己力量,工人劳动的不体面性源于资产阶级对工人阶级的剥削。

三 发展:对"过度劳动"不体面状态的批判

继《1844年经济学哲学手稿》对"异化劳动"的不体面进行揭示之后,马克思又从工人遭受的"过度劳动"着手,用大量的触目惊心的事实和数据,对资本主义雇佣制度下工人的不体面劳动进行了批判。正如马克思所说:"过度劳动,把工人变成一种役畜。"③ 马克思在《资本论》和《工人调查表》中,深刻批判了资本家肆无忌惮地摧残工人生命的残酷现象。

(一)劳动时间与劳动报酬上的不体面

在资本主义制度下,资本家为了榨取更多剩余价值,总是想尽办法增加工人的劳动时间。在《资本论》中,马克思列举了大量事实。他非常同情面包工人的"过度劳动":面包工人的工作时间,通常是晚上11点到第二天早晨8点,几乎不能休息;第二天要去运送面包或者烤面包干,最早也要持续到下午4点,甚至到7点;他们每天的睡觉时间,只有5—6个小时。周末前后,一直从周五晚上10点,工作到周六晚上8点,甚

---

① 《马克思恩格斯文集》第1卷,人民出版社2009年版,第163页。
② 《马克思恩格斯文集》第1卷,人民出版社2009年版,第166页。
③ 《马克思恩格斯文集》第7卷,人民出版社2009年版,第101页。

至周日的早晨4—5点。那些"低价"面包房的工人，他们的工作时间则更长。① 很显然，工人们的工作时间，远远超过了他们的身体界限。这是资本主义剩余劳动的基本特征。工人创造的剩余价值虽然很多，但是，他们的报酬却很少。他们获得的，只是资本家的少量"可怜"和"同情"，仅仅是维持肉体基本生存的工资。马克思指出，工人的"工作日越长，工资就越低，这是人所共知的事实"②。

马克思在《工人调查表》（二）第1、2、3、4、5、7、13条中，详细列出了他所关心的内容，如工人每周、每天的工作时间是多少，休息时间是多少，吃饭时间有多长，吃饭时要不要工作，是否要晚上加班，生产旺季要不要延长工作时间，等等。③ 他在《工人调查表》（三）第8、9、10、11、12、13、17、19、20条中，又列出了：工资是计时的还是计件的，是按小时计算还是按天数计算，有没有加班工资，能给多少，雇主是否克扣工资，工资多久能发一次，每天或每周的工资多少，最高和最低工资分别是多少，等等。④

在马克思看来，正是资本主义制度的剥削本质，使得资本家无限度地逼迫工人过度劳动，疯狂地占有工人的劳动时间和劳动产品。资本家为了追逐更多剩余劳动，千方百计增加工人劳动时间。但是，工人却只能领取少之又少的工资，还不时被克扣，并且有不断下降的趋势。马克思指出，有些工人不得不每天连续紧张劳动长达16小时以上，但是他们工作的时间越长，反而工资就越少，由此导致了他们的痛苦和绝望程度也就越深。

（二）劳动条件与劳动安全上的不体面

马克思指出："生产条件同时又是工人的生存条件和生活条件。"⑤ 马克思在《资本论》中谈到，资本家为了获取更多的剩余价值，总是想尽办法节约投入成本，他们把厂房空间弄得很小，尽量少地购置机器设备量，工人的工作空间非常狭小，已经到了十分严重的程度。他说，即便是那些看起来条件很好的工厂，"也缺乏保障工人安全、舒适和健康的一切

---

① 参见《马克思恩格斯文集》第5卷，人民出版社2009年版，第290页。
② 《马克思恩格斯文集》第5卷，人民出版社2009年版，第629页。
③ 参见《马克思恩格斯全集》第25卷，人民出版社2001年版，第429—430页。
④ 参见《马克思恩格斯全集》第25卷，人民出版社2001年版，第431—432页。
⑤ 《马克思恩格斯文集》第7卷，人民出版社2009年版，第102页。

措施"①，车间依旧是那么拥挤，通风条件仍然很差。工人在那样恶劣的劳动条件下工作，缺乏最基本的安全保障，由于他们都是处于长期过度劳动状态，所以工人患病和死亡的人数在不断上升。因此，马克思大胆疾呼：政府应该制定法律法规，来保护工人的权益，使他们获得正常的劳动条件，在工人的劳动场所内设置通风设备，让工人能健康地劳动，并且要尽量限制那些不太卫生的劳动部门对工人健康的危害程度。②

在《工人调查表》（一）第15、16、17、18、19、24条中，马克思也对工人的劳动条件给予了关注，他写道：工人的劳动场所有多少，它的卫生状况怎样，面积有多大，通风情况、温度湿度、空气质量怎样，机器噪音如何，对工人的健康有没有影响，政府是否监督工厂，机器有多少，照明设备怎么样，等等。③马克思认为，资本主义的生产方式本身，就是消耗着工人的生命和健康。资本家在疯狂追逐利润的时候，根本不重视工人的劳动安全，"把危险的机器塞进同一些场所而不安装安全设备"④，甚至是取消必要的劳动安全保护措施。工人总是在恶劣条件下被迫的强制劳动。马克思写道："人为的高温，充满原料碎屑的空气，震耳欲聋的喧嚣等，都同样地损害人的一切器官，更不用说在密集的机器中间所冒的生命危险了。"⑤

在马克思看来，人性化的制度和环境应是生产资料节约的基本前提。但是，在资本主义制度下，这种节约却变成了对工人劳动条件和劳动安全的掠夺。工厂变成了"温和的监狱"⑥。工人们的劳动环境，不仅空间非常狭小，而且空气中弥漫着污油，也很少能看到阳光，根本没有任何安全措施，根本没有任何福利保障可言。因此，他在《工人调查表》（一）第20、21、22、23条中写道：工厂有防止工人受机械伤害的措施吗？都采取了哪些防护措施呢？这些措施的效果如何呢？⑦可见，资本主义的生产方式，根本谈不上合乎人性和舒适放心。这充分说明了资本主义条件下的过度劳动是不体面劳动。

---

① 《马克思恩格斯文集》第7卷，人民出版社2009年版，第104页。
② 参见《马克思恩格斯文集》第7卷，人民出版社2009年版，第111页。
③ 参见《马克思恩格斯全集》第25卷，人民出版社2001年版，第428页。
④ 《马克思恩格斯文集》第7卷，人民出版社2009年版，第101页。
⑤ 《马克思恩格斯文集》第5卷，人民出版社2009年版，第490页。
⑥ 《马克思恩格斯文集》第5卷，人民出版社2009年版，第491页。
⑦ 参见《马克思恩格斯全集》第25卷，人民出版社2001年版，第428页。

（三）劳动培训与劳动保障上的不体面

马克思认为，工人也有自己的精神文化方面的需要，也有要求接受培训的需要，有要求从事各种社会活动的需要，有要求提高家庭生活质量的需要。所以，在完成了一定量的劳动之后，工人也需要满足这些自身的各种需要。但是，一个令人痛心的现实是，资本家为了获得更多剩余价值，无限度地延长工人的劳动时间。工人的时间就是劳动时间，没有满足其他需要的时间。也就是说，资本家剥夺了工人的这些需要。马克思指出，工人终生都是资本家的工具，都是一种劳动力。工人没有属于自己的时间，他的时间被用于资本的自行增殖。工人没有时间接受教育、发展智力、进行社交活动。资本家甚至剥夺了他的周末休息的时间。在马克思看来，所谓工人的时间和需要，"这全都是废话！"① 马克思揭露了另一个事实：工人为了生存，很小就得出来工作。他们没有机会接受教育和培训，"他们当中大部分人不识字，他们通常都是非常粗野的、反常的人"②。由于没有文化知识和技能培训，工人的劳动技能低下，资本家随时都有可能解雇他们。某种程度上，他们"成为罪犯的补充队"③。

马克思指出，资本家把工人当作一种役畜。工厂里缺乏必要的保障措施，各种病患侵袭着工人，极大地损害了他们的健康和生命。马克思在《工人调查表》（一）第18、21、26、27、28条和《工人调查表》（二）第35、36条中，这样列出：在所在的工厂里是否有致使工人患病的有害因素？造成工人致死或致残的工伤事故有哪些？雇主是否会依照法律规定给予受害者及其家人赔偿？如果没有赔偿，雇主又采用何种形式对受害者及其家庭给予抚慰？工厂里是否有必要的医疗服务？有没有普通工人在50岁时退休而只靠以前的收入就可以维持生活？一个身体健康的工人一般可以工作多少年？④ 可见，资本主义制度下，资本家已经剥夺了工人的技能培训和劳动保障。由此，使得无数工人的生命无谓地受到摧残而缩短

---

① 马克思的原话是："不言而喻，工人终生不外就是劳动力，因此他的全部可供支配的时间，按照自然和法律都是劳动时间，也就是说，应当用于资本的自行增殖。至于个人受教育的时间，发展智力的时间，履行社会职能的时间，进行社交活动的时间，自由运用体力和智力的时间，以至于星期日的休息时间（即使是在信守安息日的国家里），——这全都是废话！"（《马克思恩格斯文集》第5卷，人民出版社2009年版，第306页）

② 《马克思恩格斯文集》第5卷，人民出版社2009年版，第558页。

③ 《马克思恩格斯文集》第5卷，人民出版社2009年版，第558页。

④ 参见《马克思恩格斯全集》第25卷，人民出版社2001年版，第428、429、433页。

了。这充分表明了此种过度劳动的不体面性。

(四) 雇用女工和童工上的不体面

资本家为了获得更多的剩余价值，他们还对女工和童工进行剥削。一些女工和童工，被迫从事着和成年男工一样的工作，创造着同样的剩余价值，但是资本家给予他们的工资，却比成年男工的工资低得多得多。在资本家看来，只要是有可能，他们总是把用工计划放在使用女工、童工和不熟练工人身上，因为他们都是"所谓的'廉价劳动'"[1]，他们可以支付更少量的工资。马克思指出："机器使儿童和妇女以压倒的多数加入结合劳动人员中。"[2]

资本家雇用女工和童工，造成了严重的社会后果，最为突出的就是，妇女和儿童的道德堕落。马克思指出，许多儿童被安排在炼狱般的制砖厂里，在资本家的强制下，不得不从事着高强度的劳动。制砖厂里的环境极其恶劣，在资本家的威逼和强制下，他们的思想开始懈怠，精神开始萎靡，道德开始堕落。他们从小就学习说各种脏话，甚至不堪入耳的脏话，伴随着他们的慢慢长大，这种情况也是越来越糟糕，越来越严重。他们从小就养成了一些不好的习惯，恶劣、猥琐、下流成了他们的专利，他们成年以后，更变得为所欲为，变成了道德败坏的无赖。一些女工的情况，其实更加的糟糕，长大以后，她们变得粗俗、无知、下流，和那些粗野的男孩子相比，她们几乎没有什么差别。[3]

马克思对此予以高度关注，他在《工人调查表》（二）第8、9、10、11条及《工人调查表》（四）第18条中指出：工厂里的童工和16岁以下工人的工作时间是多少？他们之间是否经常换班？政府是否真正实施落实有关童工劳动的法令？雇主是否严格遵行这些法令？工厂里是否为童工和少年工人设立学校？他们什么时间可以学习？学什么内容？被雇用的女工的体力、智力和道德状况如何？[4] 在马克思看来，资本家肆意使用女工和童工，是反人道、反文明、反道德的。

---

[1] 《马克思恩格斯文集》第5卷，人民出版社2009年版，第531页。
[2] 《马克思恩格斯文集》第5卷，人民出版社2009年版，第463页。
[3] 参见《马克思恩格斯文集》第5卷，人民出版社2009年版，第534页。
[4] 参见《马克思恩格斯全集》第25卷，人民出版社2001年版，第430、436页。

第二节 马克思体面劳动思想的理论内涵

虽然说在其经典文本中,马克思没有明确提出或使用"体面劳动"概念,但如前所述,马克思青年时期便选择使人体面的职业作为人生宏愿,并指引其一生不懈奋斗。在他的相关著作中,马克思更是站在劳动者的立场上,无情地揭示和批判了资本主义雇佣制度下工人异化劳动及其过度劳动的不体面,进而形成和发展了他的体面劳动思想,其理论内涵丰富而充实。

一 尊重劳动是体面劳动的本质所在

劳动创造人,创造属人的世界。尊重劳动,就是尊重人类自身。体面劳动的本质就在于尊重劳动、维护劳动者的尊严。

(一)劳动彰显劳动者的体面

马克思认为,劳动是人的本质。人和动物不同,人能够通过有意识的生产活动,来满足自身的物质和文化需要。"有意识的生命活动把人同动物的生命活动直接区别开来。"[①] 人与动物有着根本区别。人通过劳动,不仅满足了自己的物质生活资料的需要,同时表现并彰显了自己的自由意志。人的劳动活动是有目的性的活动。人的劳动把人变成了理性的动物。人通过劳动生成了一定社会关系,人成为了社会的人。可见,劳动与人的存在有着同一性。劳动创造了人,创造了人的本质。人要获得自我确证的可能,感受人之为人的存在,就只有通过人的劳动。因此,劳动者要想获得自我尊严,实现自我价值,就必须认识到劳动的这个本质。

劳动是人类最基本的实践活动。在马克思看来,人为了生存、发展,必须占有、享用物质生活资料。物质生活资料不是天然存在的,需要人有目的地把它创造出来。劳动创造使用价值,劳动创造物质生活资料。作为有用劳动,劳动不仅能够满足人类的基本需要,而且是人类生活得以实现的根本,是"永恒的自然必然性"[②]。劳动是人的生存、发展之本。在劳动中,人不仅改变自然,还改变着人自身,推动着人类社会发展和进步。

[①] 《马克思恩格斯选集》第1卷,人民出版社2012年版,第56页。
[②] 《马克思恩格斯文集》第5卷,人民出版社2009年版,第58页。

马克思指出:"任何一个民族,如果停止劳动,不用说一年,就是几个星期,也要灭亡。"① 劳动对于人类社会具有重要意义。这也表明,劳动者为人类做出了巨大贡献。因此,劳动者应该因自己的劳动贡献而感到体面。

(二)劳动者在劳动中获得体面

马克思认为,劳动是体现人类本质的实践活动。人不同于动物,人有主观能动性,能够改造对象世界,进而证明自己的存在。在马克思看来,劳动既说明人是自然存在物,又体现着人的自由自觉的类特性。劳动是人的本质活动,体现人的类特性,蕴涵着高级伦理之美,是使人体面的活动。正是在劳动中,劳动者获得了体现其类特性的机会,获得了体面的可能。

劳动是人的本质活动。作为一种基本人权,劳动是劳动者对其人格、尊严或荣誉的自我确证,是一种"自我表达与社会认可方式"②。马克思指出,劳动是劳动者的实践活动,在此实践活动中,劳动者借助一定的生产资料,使劳动对象发生预定变化。由于生产资料的有限性,进而决定了劳动的稀缺性。劳动的目的,是为了满足一定需要。如果社会没有需求,或者需求不足,那么劳动就是无用劳动,也就是,人们不应该进行劳动。那样,社会也就不会形成相应的劳动岗位。在马克思看来,在生产力还没有高度发达的情况下,由于生产资料及社会需求的不足,"有劳动"即劳动岗位和劳动机会,必然具有稀缺性。当社会没有需求,没有劳动岗位时,一些想劳动的劳动者就可能得不到劳动岗位,就不能够进行劳动,也就不能通过劳动来确证自己,也即是说,他失去了"内在人格尊严的道德'自证'"③的机会,因而会感觉不体面。那么,他身处的社会,也可能因为他没有劳动贡献,而不给予他道德的肯定。因此,劳动是人获得体面的基础前提。

马克思指出,劳动是满足人的需要的基本途径,也是人类社会存在的根本基础。劳动的过程,即是劳动能力的付出过程。劳动能力需要生产和再生产。劳动能力的生产、再生产,总是需要一定量的生存生活资料。这

---

① 《马克思恩格斯选集》第4卷,人民出版社2012年版,第473页。
② 万俊人:《道德之维——现代经济伦理导论》,广东人民出版社2000年版,第236页。
③ 万俊人:《道德之维——现代经济伦理导论》,广东人民出版社2000年版,第236页。

些生活资料的总和，应该足以满足劳动者的总体需要。劳动是劳动者获取生活资料的基础，多劳动必然获得更多的生活资料。因而，劳动者只有多劳动，才能使生活资料有富余，才能为自己的生活创造好的条件，同时，也为社会创造更多物质生活资料，为其他劳动者生活得好创造条件。而且，在生产力还未能高度发达的情况下，任何人都离不开劳动。劳动是获取物质生活资料的基础，是一种谋生的基本手段。即使到了超越物质生产的自由王国时代，提高人的生活质量的也还是劳动，只不过劳动被从"谋生手段"扬弃为自由自主的"第一需要"罢了。劳动是创造价值的唯一源泉。显然，人只有通过劳动，才能够生存，才能够获得体面生活的基本物质基础。

二 保障权益是体面劳动的基本要求

从马克思对资本主义不体面劳动的批判视角来看，劳动者应该享有与其他社会成员平等的生存权和发展权，诸如保障劳动者按劳取酬，保障合理的休息和休假时间，保障生命安全和身体健康、免遭职业危害，保障职业训练和职业教育，保障享用各项福利设施及津贴或补贴，保障良好的自然环境和人文环境，保障参与企业管理和分享利润，保障谈判权等各方面的权益。本书将主要从政治、经济两方面的权益来阐述。

（一）政治权益是实现经济权益的手段

政治权益是人获得和行使民主政治的权利和利益，其本身即是以"人是目的"为依归的，是手段和目的的统一。马克思首先是从人的自然的存在的形态进行阐释的。他指出："全部人类历史的第一个前提无疑是有生命的个人的存在。"[①] 它表现为，自我意识的存在，自我价值追求的存在，从而使人具有相应的种属尊严。而这种尊严，又必然进一步具体地体现在，每个社会成员应当具有的基本权利方面，如生命权、人身安全权、人身自由权、人格自由权等。在马克思看来，一切人"都应当有平等的政治地位和社会地位"[②]，任何的侵犯，任何的侮辱，任何的奴役，任何的遗弃，任何的蔑视，都应该受到严厉的批判和彻底的否弃。

人的存在的第二个形态是社会的存在。社会作为许多个人的相互合作

---

① 《马克思恩格斯选集》第 1 卷，人民出版社 2012 年版，第 146 页。
② 《马克思恩格斯选集》第 3 卷，人民出版社 2012 年版，第 480 页。

的联合共同体，并非是离开个体而抽象存在的，它是每一个体的共同体，是由每一个体参与和决定的共同体。因此，每个人都应该广泛地享受生活的各个方面，这当然包括政治生活。因为只有这样，个体才能够真正去实现他的理想本质。所以说，参与并影响政治生活，是个体的一种内在需要。因此，"人是最名副其实的政治动物"①。政治权益，就是作为社会存在的个人的存在价值，就是目的，是人实现内在需要的逻辑内涵。这种内在需要在政治生活领域的实现，由两个方面构成：一是对自身利益和公共利益的判断和选择，对公共事务的决断等；二是个人在政治生活中追求人格的独立与完善。

马克思指出："政治权力不过是用来实现经济利益的手段。"② 如果不能透过各种政治的宗教的道德的言论、声明和宣言等现象看到背后体现的谋求自身利益的本质，就会成为在政治上被蒙骗的愚蠢的牺牲品。所以，马克思一直以来就十分重视作为无产阶级和广大贫苦大众的政治权益的保护，在其诸多的论著如《德意志意识形态》《1844 年经济学哲学手稿》《〈黑格尔法哲学批判〉导言》《哥达纲领批判》和《共产党宣言》中都不乏精彩而丰富的论述。在此不再赘述。

（二）经济权益是人最基本的权益

在马克思看来，单个的人为了生活，首先就需要衣、食、住以及其他东西。所以，经济权益是人的最基本的人权，只有满足了这一权益，才能去积极追求政治等方面的权益。具体来说，经济权益主要包括劳动就业的权益、按劳取酬的权益、休息休假的权益和获得生活保障的权益等。

首先，马克思从劳动对于人类的重要性出发，论证了劳动就业权是劳动者最为基本的经济权益。

马克思恩格斯在《德意志意识形态》中指出，一切历史的第一个前提，是生产满足人们生活需要的衣、食、住以及其他东西，即"生产物质生活本身"③。在马克思看来，劳动是"人类生活得以实现的永恒的自然必然性"④。但是，"劳动既不能积累，也不能储蓄"⑤。劳动就像生命

---

① 《马克思恩格斯选集》第 2 卷，人民出版社 2012 年版，第 684 页。
② 《马克思恩格斯选集》第 4 卷，人民出版社 2012 年版，第 257 页。
③ 《马克思恩格斯选集》第 1 卷，人民出版社 2012 年版，第 158 页。
④ 《马克思恩格斯文集》第 5 卷，人民出版社 2009 年版，第 58 页。
⑤ 《马克思恩格斯文集》第 1 卷，人民出版社 2009 年版，第 128 页。

一样，也需要进行新陈代谢，也需要进行营养补给，否则就会衰弱，甚至很快死亡。

劳动作为人的生存和发展的基本活动方式，尤其在人为物役、人为人役的时期，有限的资源要进行社会的分配，人要实现属人的需要，就必须和属人的方式——权利结合，通过劳动就业权的保障来满足人的全面发展的需要。劳动就业权是人的需要之物。保障劳动就业权，就在最低意义上保障了劳动者的生存。劳动就业权作为人权的基本组成部分，源自其对人的尊严、自我实现与全面发展及社会正义的关注。

但是，在现实的资本主义社会中，劳动者与生产资料相分离，劳动者丧失生产资料，资本家则占有生产资料，剥削工人的剩余劳动。而且，工人丧失自主择业的机会，处处"都有大批很想工作但是却找不到工作的失业者"①。因此马克思说，在资本主义社会，劳动权"是一种可怜的善良愿望"②。恩格斯在《英国工人阶级状况》中说道："每一部新机器都会带来失业、匮乏和贫穷。"③ 在大多数情形下，失掉工作是工人可能遭遇到的"最倒霉的事情"，一些因没有工作而饥寒交迫的妇女，"只有卖淫、乞讨或者进比监狱还不如的习艺所"④。并且，这种大量的失业人口，还对在业工人形成了巨大压力。

马克思还一步阐述了对劳动者进行职业培训，使他们享有受教育的权益，以此增强就业能力和维持生产本领的重要性。马克思说，工人要改变他的天然能力，增强他的现有劳动技能，以便能够更好地完成各种劳动任务，他就必须要"受训练和学习，也就是必须受教育"⑤。

其次，马克思认为休息权⑥也是劳动者不可缺少的一项经济权益。马克思主要是从自由时间和工作日的层面，来论证和驳斥侵犯劳动者休息的行为的。

马克思指出，时间是"人的积极存在""人的发展的空间"⑦。在他

---

① 《马克思恩格斯全集》第2卷，人民出版社1957年版，第611页。
② 《马克思恩格斯选集》第1卷，人民出版社2012年版，第478页。
③ 《马克思恩格斯全集》第2卷，人民出版社1957年版，第425页。
④ 《马克思恩格斯全集》第45卷，人民出版社1985年版，第183页。
⑤ 《马克思恩格斯全集》第32卷，人民出版社1998年版，第47页。
⑥ 在资本主义社会生产实践中，侵犯劳动者休息的行为有三种：在自愿幌子下的延长工作时间；在强迫劳动状态下的延长工作时间；延长工作时间而不支付法定高额报酬。
⑦ 《马克思恩格斯全集》第47卷，人民出版社1979年版，第532页。

看来，工人的自由时间，应该是不用进行劳动的"非劳动时间"，应该是"可以自由支配的时间"，"不被直接生产劳动所吸收，而是用于娱乐和休息，从而为自由活动和发展开辟广阔天地"①。在马克思看来，如果一个人没有了自己的自由时间，那就表明，他是被压迫、被奴役的，他就不是真正意义上的完全的人。如果一个人没有了自由时间，那么，他的生存和发展将会失去支撑，他的生命的意义也将随之失去。但资本主义社会的残酷现实是："个人的全部时间都成为劳动时间"②，个人从属于劳动，"剥夺了工人的一切可支配的时间"③，工人变得如"牲口"一般。马克思认为，人如果没有自由时间，他就不能称为真正的人，只是"役畜"！

马克思认识到，要保障工人阶级的休息权，必须从法律上限制工作日。这不仅是人作为劳动力的生理上的需要，也是道德上的需要。马克思认为，人的劳动，其实就是劳动力的消耗。如果一个人在劳动之后，不能够进行及时的营养补充和充分休息，那么，他的劳动力就不能获得再生，或者说，很好地再生。因此，一定时间的休息和睡觉，是每个人的必需。正如马克思所强调的："人还必须有一部分时间满足身体的其他需要。"④马克思说："工人必须有时间满足精神需要和社会需要。"⑤ 一般来讲，工人的这些需要，需要什么，需要多少，都是由一般的文化状况所决定。也就是说，人的身体界限和社会界限决定工作日多少。当然，这两个界限都有极大的弹性，都是可以在其界限内自由变动的。很显然，在早期资本主义社会，工人的工作日，不仅突破了人的道德界限，而且还突破了人的身体界限，工人没有时间来满足他的精神需要和社会需要，也就是说，工人的自由时间从来就没得到实现过。因此，"从法律上限制工作日"⑥，是使工人阶级获得自由时间、改善智力、增强体力、获得最后解放的第一步。

再次，马克思从分配正义的视角，分析了资本家对工人的残酷剥削，从而使他们丧失了应有的按劳取酬和生命健康等经济权益。

在劳动成果如何分配问题上，马克思提出"通过劳动而占有自然界"

---

① 《马克思恩格斯全集》第26卷（第三册），人民出版社1974年版，第281页。
② 《马克思恩格斯全集》第46卷（下册），人民出版社1980年版，第222页。
③ 《马克思恩格斯文集》第1卷，人民出版社2009年版，第433页。
④ 《马克思恩格斯选集》第2卷，人民出版社2012年版，第190页。
⑤ 《马克思恩格斯选集》第2卷，人民出版社2012年版，第190页。
⑥ 《马克思恩格斯全集》第16卷，人民出版社1964年版，第643页。

的思想，即劳动者通过自己的劳动占有自己的劳动成果是天经地义的事情。之后，马克思在设想未来社会的分配模式时指出，当阶级差别不再存在的时候，就只能按照同一尺度进行公平的分配，这种尺度就是"劳动"。然而，在资本主义社会，资本剥削下的工人劳动产品与资本占有关系是完全颠倒的。因此，马克思强调，只有在自由人联合体中，才能真正地实现"各尽所能，按需分配"①！

对于工人的健康权，马克思也特别重视。他强调，"工人要坚持他们在理论上的首要的健康权利"②。但是资本家的残酷而又非正义的剥削，极度恶化了工人的生命健康权。恩格斯在分析资产阶级雇用童工的时候指出，雇用童工"只是便于厂主雇用童工而不再拿双倍的钱来雇用被童工代替的成年工人"③。由于受到极度压迫，"他们四肢瘦弱，身躯萎缩，神态呆痴，麻木得像石头人一样，使人看一眼都感到不寒而栗"④。马克思详细分析了工人的经济地位，他指出，当社会财富处于衰落状态的时候，工人要遭受更加深重的苦难；但是，当社会财富处于增长时期的时候，工人的命运依旧如此，他们同样要遭受巨大的牺牲。由于资本家之间的竞争，对工人的需求大于供给，会使工人工资得到提高。但与此同时，"工资的提高引起工人的过度劳动"⑤。工人不得不牺牲自己的时间，并且要放弃一切自由，这样就极大地损害了工人的健康，缩短了工人的寿命。

在资本主义制度下，工人的生存环境也越来越恶化。马克思在《资本论》中指出："资本主义的积累越迅速，工人的居住状况就越悲惨。"⑥富人住着宫殿式的华丽住宅，穷人则常住在紧靠着富人府邸的狭窄的小胡同里，"每一个大城市都有一个或几个挤满了工人阶级的贫民窟"⑦。穷人"在低矮的房子里进行工作，吸进的煤烟和灰尘多于氧气"⑧。随着资本主

---

① 马克思的原话是："在劳动已经不仅仅是谋生的手段，而且本身成了生活的第一需要之后；在随着个人的全面发展，他们的生产力也增长起来，而集体财富的一切源泉都充分涌流之后，——只有在那个时候，才能完全超出资产阶级权利的狭隘眼界，社会才能在自己的旗帜上写上：各尽所能，按需分配！"（《马克思恩格斯选集》第3卷，人民出版社2012年版，第365页）
② 《马克思恩格斯文集》第7卷，人民出版社2009年版，第111页。
③ 《马克思恩格斯全集》第1卷，人民出版社1956年版，第499页。
④ 《马克思恩格斯文集》第5卷，人民出版社2009年版，第282页。
⑤ 《马克思恩格斯文集》第1卷，人民出版社2009年版，第119页。
⑥ 《马克思恩格斯文集》第5卷，人民出版社2009年版，第757页。
⑦ 《马克思恩格斯全集》第2卷，人民出版社1957年版，第306页。
⑧ 《马克思恩格斯全集》第1卷，人民出版社1956年版，第498页。

义的发展，工人的劳动条件还在不断恶化，"最残酷的地狱也赶不上这种制造业中的情景"①。

最后，马克思还对如何保障工人的社会保障权，即物质帮助权，进行了深入的论述。马克思认为，个人与社会是一种统一关系。社会的进步发展，离不开人们的长期的努力。因此，人类社会的存续和发展，少不了社会合作，这是个前提。而且，每一个人都有权利共享社会合作的成果。社会保障对于社会生产有必要性，因此也就决定了社会保障对于社会成员的必需性和合理性。每一个人，不论是消费者、享受者和接受者，也不论是生产者、创造者和供给者，每一个人都享有社会保障的权利。但是，由于大工业的发展，家庭劳动开始瓦解了，劳动者的劳动风险逐渐增加，人们不时会面临失业，有时还遭受工伤，这都是家庭保障越来越显现出自身的局限性。为了减轻劳动力面临的各种风险，确保劳动力的再生产，就必须要通过社会保障。也就是说，必须要建立起相应的社会保障制度，才能使劳动者获得物质方面的权益。

在资本主义社会，社会保障基金最终来源于工人创造的剩余价值。马克思指出，用于社会保障的费用是一项非生产费用，但是，资本家却把它"转嫁到工人阶级和中等阶级下层的肩上"②。因此，工人得到的那少部分保障，根本不是资产阶级的所谓的恩赐，而是自己的剩余劳动的一部分。"工人既为保险基金，也为修理基金提供剩余劳动。"③也就是说，社会保障的费用必须由剩余价值提供，因为它根本上就是剩余价值的一种扣除。这种扣除也是社会主义社会的必需。马克思指出，社会总产品的先后两次扣除中，包含着劳动者的保障基金以及共同需要事业的基金。在马克思看来，劳动者已经履行了自己的义务，当他们老了、病了、残了、失业时，应当有权利从保障基金中获得物质帮助，因为他们享受的社会保障待遇，根本上就是自己劳动的预存部分。所以，马克思强调，劳动者获得各种社会保障是天经地义的。

三 消解异化是体面劳动的根本途径

马克思指出，在资本主义制度下，人的劳动往往是被迫的、非自觉

---

① 《马克思恩格斯文集》第5卷，人民出版社2009年版，第286页。
② 《马克思恩格斯文集》第5卷，人民出版社2009年版，第742页。
③ 《马克思恩格斯文集》第6卷，人民出版社2009年版，第404页。

的，是异化的劳动，是不体面的劳动。在马克思看来，私有制基础上的劳动异化，只是社会进程中的暂时必然性，它必将被超越和扬弃。当然，这需要一些基本的条件。

（一）生产力的极大发展

马克思指出，自由王国只有建立在必然王国的基础上才能繁荣起来。人们为了能够满足生存的需要，就必须生产物质资料，这是任何社会历史阶段都必须进行的活动，也是一切历史的第一个基本前提。生产力的发展离不开人的实践活动。

生产力的巨大发展，是世代创造所积累下来的，尤其是资本主义生产方式积累的结果。马克思认为，资本的伟大"就是创造这种剩余劳动"①。资本主义生产方式，不断创造多于必要劳动的剩余劳动，并以无止境的致富欲望，追求这种剩余劳动。剩余劳动的不断积累及其不断积累的过程，也不断驱使着劳动生产力向前发展。这样在客观上，它就为自由自觉活动的实现，承担了一种积累物质财富的历史使命。在自由自觉的活动中，生存需要不再是唯一的需求。人们不再仅仅为满足基本的生活资料而劳动，是为了发展自身的能力而自由活动。显然，生产力的发展必须有强大的物质生活资料作为基础。

（二）自由时间的不断扩大

马克思认为，个人能力的全面发展是以自由时间②的存在为前提的。而在资本主义生产方式下，即使是有限的睡眠和休息也不过是为劳动时间做准备，为资本对劳动更有效率的剥削做准备，因此可以毫不夸张地说，工人的整个自然时间都成为劳动时间。工人的劳动时间实质上由两部分组成：一是为补偿劳动力自身生存和发展所必需的必要劳动时间，二是超过劳动力价值的那部分价值的生产时间，即剩余劳动时间。在资本的统治下，剩余劳动时间不断增加，必要劳动时间不断减少。必要劳动的存在以创造剩余劳动为前提。因此，在资本主义生产方式下，时间其实是社会必要劳动时间，是工人创造财富的时间，进而是工人的剩余劳动时间。

---

① 《马克思恩格斯全集》第30卷，人民出版社1995年版，第286页。
② 马克思在他的理论体系中，讨论了劳动时间、剩余时间、自由时间等几个与时间概念联系的关键概念。据俞吾金教授的研究，马克思的时间观是社会时间观，是以生产实践为出发点的，而不是传统教科书体系所理解的"自然时间观"。（参见俞吾金《物、价值、时间和自由——马克思哲学体系核心概念探析》，《哲学研究》2004年第11期，第6—7页）

很显然，在资本主义生产方式下，剩余劳动时间是被资本家所支配的，不是被劳动者自由支配的，因而不是劳动者的自由时间。也就是说，"资本家是窃取了工人为社会创造的自由时间"①。而共产主义自由自觉活动条件下的自由时间，不是资本可以支配的自由时间，而是自由人可以自由支配的自由时间。因此，只有在自由自觉活动中，时间才可以在完全的意义上被称为自由时间。

消灭了资本主义生产方式，劳动者的剩余劳动时间，就不再属于资本家，而是转化成直接的社会剩余时间，成为人们的自由时间。工人自己占有自己的剩余劳动。那时，个人的需要成了社会必要劳动时间的尺度，所有人的可以自由支配的时间将会不断地增加。在劳动时间缩减的基础上，人的自由时间不断扩大。在马克思看来，"节约劳动时间等于增加自由时间"②。进而，劳动时间也就是自由时间，是劳动活动、自由活动、生命活动三者的统一。

（三）劳动者素质的成熟

资本主义的劳动是社会化的劳动，劳动产品作为交换价值是为他人生产的，必须通过与他人的商品交换才能实现其价值，满足主体的需要。这种社会化的劳动过程，带来了人们交往方式的社会化。在这个过程中，人与人之间的社会关系不断丰富和发展，人们的需求也随着生产的发展不断多样化。马克思指出，资本主义产生了人的异化的普遍性，"也产生出个人关系和个人能力的普遍性和全面性"③。也就是说，资本主义生产方式导致的物质和精神的贫富分化对立的同时，就客观上为解决这种矛盾提供了物质和精神的条件，即为人的全面发展提供了历史基础。可见，资本主义生产方式孕育着全面发展的个人。

马克思在《资本论》中指出，大工业生产出旧式的分工和固定化的专业，使工人面临着生活资料被剥夺的危险，自身成为局部职能过剩的东西；同时，大工业也不断由于劳动的变换而带来个人能力的尽可能多的全面发展。大工业还为家庭和两性关系的更高级形式，提供了新的经济基础。资本主义的异化劳动，虽然造成了对劳工的奴役，是造成毁灭的祸

---

① 《马克思恩格斯全集》第31卷，人民出版社1998年版，第23页。
② 《马克思恩格斯全集》第31卷，人民出版社1998年版，第107—108页。
③ 《马克思恩格斯全集》第30卷，人民出版社1995年版，第112页。

根，但在一定条件下，"会反过来转变成人道的发展的源泉"①。因此，异化同时造成人的丰富性，也是推动历史发展的力量之一。

第三节　马克思体面劳动思想的理论特质

通过对资本主义异化劳动以及资本家无情剥削工人的批判，马克思形成和发展了他的体面劳动思想。他的思想理论不是孤零的、无情的，而是融合在社会历史发展的整体进程之中，是深含人文情怀的。它是作为整体而存在的，是"完备而严密"的，给人们提供了"完整的世界观"②。显然，马克思主要是从工人的生存、发展意义上来探讨体面劳动的，但又不单纯是从主体角度和应然角度出发。他是在批判旧世界、超越旧学说、颠覆旧制度、缔造新社会的历程中丰富和发展的。因此，它具有彻底性。而这种理论的彻底性，又承载在无产阶级这个历史主体之上，充分体现了无产阶级以及广大劳动人民的自我追求和价值向往。

一　在批判中诠释并丰富发展

批判性功能，是整个马克思理论的重要的功能特征。这一点，也鲜明地表现在他的体面劳动理论方面。马克思早期的思想中，就充满着一种批判的激情。马克思说："我们的任务是要揭露旧世界。"③ 当然，马克思并不是一个盲目的批判者，在著名的《〈黑格尔法哲学批判〉导言》中，他说："批判已经不再是目的本身，而只是一种手段。"④ 可以说，马克思一直都没有停止过对资产阶级理论和资本主义现实的批判。也正是对旧世界的积极批判，成了他理论形成的重要动力。

批判性功能在马克思关于体面劳动的思想理论中，突出表现为三个方面：一是对导致工人不体面的社会现实的批判，二是对形形色色思想家的错误理论的批判，三是对自己理论的不断反思与修正。正是在这种种批判中，形成和丰富了关于体面劳动的理论。

其一，对社会现实的批判。马克思对资本主义雇佣制度下工人阶级非

---

① 《马克思恩格斯文集》第 5 卷，人民出版社 2009 年版，第 563 页。
② 《列宁选集》第 2 卷，人民出版社 2012 年版，第 309 页。
③ 《马克思恩格斯全集》第 1 卷，人民出版社 1956 年版，第 414 页。
④ 《马克思恩格斯全集》第 1 卷，人民出版社 1956 年版，第 455 页。

人的被剥夺惨况的同情与怜悯，都反映了他对不合理现实的不满，对资本主义制度下的异化劳动予以有力的鞭笞。正是诉诸对不合理的社会现实的批判，促使他以高度的抽象思维和严谨的逻辑，去正确揭示和把握异化劳动的本质及其根源所在。更为重要的是，他通过对资本主义现实的关注与批判，也促使其理论逐渐摆脱思辨哲学的影响，开始走向唯物史观，并找到了哲学的"方向"与"载体"①。

其二，对错误理论的批判。作为革命理论家，马克思理论上的丰富都孕育着批判。他对其他理论派别的错误理论方面的批判，最为激烈与长久。他对其他理论的批判，正如他本身所承受的来自其他理论的批判一样多。马克思对当时影响甚广的黑格尔法哲学、思辨唯心主义、费尔巴哈机械唯物主义以及蒲鲁东的各种公平正义的理论进行了批判，尤其对一些貌似正确而又具有欺骗性的理论，进行了激烈的批判。比如，对蒲鲁东"永恒的公平观"、杜林的被恩格斯斥为"浅薄而拙劣"的公平观以及拉萨尔"不折不扣的公平分配观"的批判。在这种批判的过程中，他特别注意批判那些脱离现实，或为反动现实制度辩护的理论，也由此产生了关于维护工人体面劳动的真知灼见。列宁对此给予高度肯定，认为"马克思在他的所有经济学著作中都阐明了这点"②。

其三，对自我理论的批判。马克思在其理论的形成过程中，也包含了自我批判的反思精神。自我批判也构成了不断推进他理论创新的一个重要特质和内在动因。马克思在他的理论早期，对不合理的制度就持坚决批判态度，对工人不体面状况的分析带有一种浪漫主义的色彩，但是现实生活使他"出现的严重障碍正是现实的东西和应有的东西之间的对立"③，但他的自我批判精神使他敢于正视自己的困惑。马克思通过自我批判，积极扬弃了各种"空洞理论"④，实现了具有历史意义的两个转变。

马克思的这种批判精神寓于实践批判、理论批判和自我批判有机统一之中。作为其理论特质，批判不仅是一种理论品质，更是一种积极意义的

---

① 在马克思看来，"哲学把无产阶级当作自己的物质武器，同样地，无产阶级也把哲学当作自己的精神武器"。(《马克思恩格斯全集》第1卷，人民出版社1956年版，第467页)
② 《列宁选集》第3卷，人民出版社2012年版，第774页。
③ 《马克思恩格斯全集》第40卷，人民出版社1982年版，第10页。
④ 这里的"空洞理论"，主要是马克思原有思想中的宗教观念、理性本质观念、人本主义观念以及德国理想主义、费希特主观主义、黑格尔思辨理性、费尔巴哈抽象人本主义等有关思想。

科学世界观和方法论，为他的理论发展不断注入了新的活力。正是通过不断地对不合理的社会现实、对各种错误思想和错误思潮以及对自己理论不完善之处进行彻底的批判，使得他关于维护工人体面劳动的思想不断成熟和发展。

二 坚持科学性与价值性的统一

在人类社会历史的过往中，劳动大多被当作罪恶的报应和惩罚，被视为一个贬义词。从西方看，随着市民社会的兴起和发展，劳动开始被看作是提高德性的手段、获取愉悦的途径，才逐渐获得了一些积极评价。到了古典经济学家那里，劳动成了创造财富的源泉，劳动的社会价值得到极大确认和提升。而马克思承继并批判了前人的思想理论，从"现实的人"和"经济事实"出发，对人的本质和社会发展规律进行考察和揭示，并且历史上第一次公开站在广大劳动者的立场上，深刻揭露了劳动者劳动的不体面，积极为劳动者劳动体面伸张正义，逐渐构建起了"劳动者的哲学""工人阶级争取解放的思想武器"[1]。

首先，对社会发展和人的本质的认识建立在科学的基础之上。马克思认为，人性本身是需要其他东西予以理解和说明的，因此，不能把抽象的人性作为研究人的出发点。他从现实的人出发，去寻找和认识人的本质、人的属性。也就是说，他是从现实人的"物质实践出发来解释各种观念形态"[2]。正是在这种科学认知的基础上，他不仅揭示了社会发展之谜，而且真正理解了人的本质，即"一切社会关系的总和"[3]。马克思考察了人类社会发展所处的历史阶段、存在的矛盾冲突以及形成条件，同时也把人放在人类社会发展过程中去考察，进而把全部问题归结为对客观现实条件的认识和把握。他通过揭示社会发展规律，探讨个人发展的现实途径，从而为科学和价值的统一提供了前提条件。

其次，从人同现实社会的相互关照中分析资产阶级人道主义的虚伪性。马克思分析了资产阶级人道主义的阶级性，发现了其思想本身所存在的矛盾，即"用以表达市民的利益的形式和这些利益本身之间的假象的

---

[1] 王江松：《劳动哲学》，人民出版社2012年版，第47页。
[2] 《马克思恩格斯选集》第1卷，人民出版社2012年版，第172页。
[3] 《马克思恩格斯选集》第1卷，人民出版社2012年版，第139页。

矛盾"①。在马克思看来，资产阶级的人道主义，在理论上，是把抽象的人和人性作为出发点，它宣传普遍的自由与平等，主张一切人的尊严、价值和权利都应得到尊重；但是，它实践的真正出发点和落脚点，却是为了维护私有者的尊严、价值和权利，其虚伪性可见一斑。马克思指出，在资产阶级那里，人人平等、普遍自由都是抽象的。当然，马克思并没有全盘抛弃资本主义的人道主义，而是在批判中辩证地扬弃。我们可以看出，他抛弃了人本主义的出发点，抛弃了资本主义的浪漫和庸俗，抛弃了普遍人类之爱的空洞说教，但他吸收了关于人的主体性、能动性、伦理性等合理成分，肯定了对资本主义非人现实的揭露以及无产阶级解放的全人类性质。

最后，从现实人的活动和物质生活条件出发，建立了科学的人的解放理论。马克思认为，人的解放需要一定的物质条件为前提。在他看来，"只有在现实的世界中并使用现实的手段才能实现真正的解放"②。马克思指出，人的解放有两个途径，一是解放和发展生产力，二是调整和完善生产关系。他说："社会关系实际上决定着一个人能够发展到什么程度。"③在生产力发展不足的历史阶段，人的关系表现为物与物的关系，也就是发生"物化"，将产生出阶级间的对立，即统治阶级与被统治阶级的对立。因此，马克思指出，生产力的发展是实现人的全面发展的前提。要解决人与人之间的矛盾，消灭人对人的剥削和压迫，必须要通过社会制度的变革。我们知道，马克思通过整个《资本论》，"教会了工人阶级自我认识和自我意识，用科学代替了幻想"④，使工人阶级重新认识了自己的地位和使命。可以看出，马克思在准确把握社会发展的客观规律基础上，建立了无产阶级解放的理论，即"关于现实的人及其历史发展的科学"⑤，进而实现了科学性和价值性的统一。

三 思想的生成融合着人的情怀

马克思指出："理论在一个国家的实现程度，总是取决于理论满足这

---

① 《马克思恩格斯全集》第 3 卷，人民出版社 1960 年版，第 213 页。
② 《马克思恩格斯选集》第 1 卷，人民出版社 2012 年版，第 154 页。
③ 《马克思恩格斯全集》第 3 卷，人民出版社 1960 年版，第 295 页。
④ 《列宁选集》第 1 卷，人民出版社 2012 年版，第 89 页。
⑤ 《马克思恩格斯选集》第 4 卷，人民出版社 2012 年版，第 247 页。

个国家的需要的程度。"① 严格说来，满足国家的需要，实际上就是满足这个国家的人民群众的需要。从马克思主义理论本身来说，它只有为人民群众的利益，为改善人民的状况、为最终解放人民群众，实现人的全面而自由的发展，才能赢得群众，才能为群众所接受、喜爱和信仰，才能具有永恒的生命力。马克思体面劳动思想的核心就是人，理论出发点和归结点也是人，人的情怀始终贯穿于其思想理论之中。体面劳动主张维护人的尊严，重视人的价值，促进人的自由全面发展，蕴含着人类社会的普适性价值追求。

马克思出身于富裕的非劳动者家庭，他在青年时代接受资产阶级世界观影响，并一度热衷于资产阶级民主革命，但在19世纪40年代初转向无产阶级的社会主义革命。他的转变有着多重原因，其中一个关键因素是启蒙运动的推动。他是热烈的人道主义者。其时，西欧一些主要的资本主义国家都完成了资本的原始积累，正是飞速发展时期，社会变迁异常激烈。资本主义正满怀信心地发展之时，其内部固有的矛盾也在疯狂地积累，最终以一次次的经济危机形式爆发释放出来。频繁的经济危机不仅使资本主义的发展降了温，而且也使人们更加清醒，资本主义的发展带给人民不全是福音，相反，它带来了诸多的苦难：日益扩大的贫富差距、不断凸显并激化的社会矛盾、工人阶级和广大劳动人民的生活日趋艰难等。马克思亲身见证了当时资本社会的种种矛盾，对广大无产阶级和群众的利益被无情地剥夺的现实无比痛心。马克思从年少时就表现出热爱体面、热爱自由、关心底层人民的人文主义情怀。

马克思在中学作文《青年在选择职业时的考虑》中，表现出了人道主义精神与为人类利益和幸福而体面工作的情怀。日本著名学者柳田谦十郎认为，尽管这只是"人道主义的自发形态"，但是"在青年马克思的心灵深处，坚定不移的人无畏精神，已经开始以'人道主义'的形式悄悄地破土萌芽"②。而马克思在博士论文中表现出来的对自由的热爱，也蕴含着人道主义的情愫，但这种热爱绝不只是出于个人的情感，而显示了作为社会的人的类的自觉性。马克思虽然是大学毕业的知识分子，然而他并

---

① 《马克思恩格斯选集》第1卷，人民出版社2012年版，第11页。
② ［日］柳田谦十郎：《马克思早期思想和人道主义》，转引自《关于马克思主义人道主义问题的论争》（译文集），中国社会科学院哲学研究所《哲学译丛》编辑部，生活·读书·新知三联书店1981年版，第314页。

没有表现出一种鹤立鸡群和藐视众生的高傲姿态，他的精神却总是与煎熬在社会底层的劳动人民息息相关。从那时开始，他就已经下决心站在弱者和被压迫者一边，与他们同呼吸共命运。

《莱茵报》时期更是这样，马克思非常明确地站在了最下层农民的一边，反抗了当时的强权势力，表现出了为被压迫人民谋利益的战斗的人道主义精神。在《1844年经济学哲学手稿》中，马克思怀着满腔愤怒，以极其写实的笔触，描绘和分析了资本主义社会不把人当作人对待的非人道和不体面状况，他对当时社会现实的观察充满着深厚的人的类情感，然而这种对劳动人民的人道主义关怀，并没有因为他后来由革命民主主义者转变为科学共产主义者而消失。《共产党宣言》证实了这一点，《资本论》也证实了这一点。马克思的一生是心系劳动人民的一生。在弗洛姆看来，他要建立"一个以全面发展人的个性为宗旨的社会"[①]。

很显然，马克思对改变不合理社会制度的渴望，以及对人的体面劳动乃至自由全面发展的追求的理想，是他从事研究的主要动力。也可以说，马克思形成自己理论的根本原因之一，就是维护劳苦大众的利益和促进他们的生活状况的改善。把劳动人民从被奴役、被压迫、被剥削的境遇中解救出来，把实现人的体面与解放作为自己的理论旨趣，这是马克思的理论最具特色之处，也是马克思的理论之所以能够被劳动人民所认可的最重要的原因之一。

[①] ［美］艾瑞克·弗洛姆：《在幻想锁链的彼岸》，张燕译，湖南人民出版社1986年版，第149页。

第四章

体面劳动在当代西方的回应

20世纪50年代以后，当代资本主义伴随着科技革命，生产力得以极大发展，人民生活水平大幅提高，阶级间的矛盾逐渐缓和，资产阶级的统治趋于稳定，似乎已进入一个"极乐世界"，似乎马克思所批判的不体面社会景象已不复存在。但是，西方马克思主义者还是洞察出了别样景象，其实在"丰裕""安乐"的背后，隐藏着的是整个社会的异化。他们认为，在某种意义上，现代人的不体面，甚至超过了马克思所在的那个时代。

第一节 "魔幻世界"造成人劳动的不体面

作为西方马克思主义的创始人，卢卡奇不仅率先尝试对马克思主义做出一种新的解读，而且他在1923年发表的《历史与阶级意识》中，明确提出了物化理论。正是由于他对发达工业社会的物化现象进行批判，引发了西方马克思主义流派对当代人的体面劳动的再认识。进而，他们逐渐开始把物化、异化引向现代社会日常生活的方方面面。

一 卢卡奇对工业社会"物化现象"的揭露

毫无疑问，卢卡奇作为国际共产主义运动内部的理论家，对资本主义社会的政治体制和经济制度进行了深刻的批判，当然，他的批判更是深入到资本主义社会的文化层面，对人的物化、主体性的缺失、技术理性等问题做了深度剖析。这一文化批判的依据，就是关于物化和物化意识的理论。

卢卡奇看到，在发达工业社会中，人与人的关系体现为物的关系，人受制于物，人对自己创造出来的物（商品）顶礼膜拜，物获得了一种"魔幻的客观性"。他把这种"魔幻的客观性"称为物化现象，也即是商品拜物教。他进而把资本主义的这种物化现象，概括为生产劳动的物化、劳动者的物化、人与人关系的物化、人的意识的物化。

卢卡奇认为，在资本主义商品生产中，人的劳动成了自身对立的东西，"成为借助于一种与人相对应的自发运动而控制了人的某种东西"[①]。也就是说，人的劳动变为了商品，而商品开始控制了人。劳动没了它本身特有的客观性，人按照背离自身的活动方式进行活动。人本身蜕变为物质过程的附属品。人不论是在客观上，还是在他的劳动过程中，都不再表现为自己真正的主人，人是"作为一个机械系统中的一个机械部件而出现的"[②]。由于生产结构中物化的发生，人与人的关系表现为一种物与物的关系。物遮蔽了人与人之间的劳动关系和交换关系。在卢卡奇看来，随着资本主义经济的生产和再生产的不断扩大，物化的结构逐步并且越来越深地，侵入到了人的意识当中。劳动者本身丧失了自己的意识。在整个劳动过程中，越来越多地形式化和标准化。劳动者受到机械化的控制，劳动者精神压抑，整个人格已经被分离。劳动者变成一种物品，一种商品。人的属性成了机器的抽象属性。

在卢卡奇看来，在资本主义的经济生活中，一切都物化了。物化消解了一切，人没了特性和能力。人不再同人相联系，而是与"物"相关联。人唯一能表现的，就是对物的占有或出卖。人变成了各种各样的物，人与物没有了什么区别。现实世界中的人与人的关系，已被物与物的关系所遮蔽。人越来越屈从于这种物化的形式。

当然，卢卡奇在论述物化思想时，他还未读到马克思关于异化理论的探讨以及物化理论的建构。所以，他们两人的思想并不一致，或者说，卢卡奇的物化思想并不是从马克思那里来的。事实上，卢卡奇在《历史与阶级意识》中提出，物化理论是从马克思成熟时期的经济学出发的，直接参照了马克思的商品拜物教理论，但在理论实质上，影响他的却是马克斯·韦伯的"物化"理论。卢卡奇在建构物化理论的过程中，大量引用

---

① ［匈］格奥尔格·卢卡奇：《历史与阶级意识》，杜章智等译，商务印书馆1995年版，第287页。
② ［匈］格奥尔格·卢卡奇：《历史与阶级意识》，杜章智等译，商务印书馆1995年版，第67页。

了韦伯的观点，但是，他采取的立场却与韦伯相反。当卢卡奇站在批判资本主义立场上，否定地看待韦伯所谓的"合理化"时，他一方面在现实的方面肯定物化过程，另一方面却又在价值方面来否定它，在这一意义上回到了黑格尔式的同一，把生产的对象化直接视为物化。

在卢卡奇看来，物化是生产过程不可回避的东西，是"资本主义社会的人们受生产力奴役的情况"①。关于生产力奴役的观点的提出，卢卡奇把对资本主义的批判，提高到无以复加的高度。但如果这是正确的话，也意味着在资本主义社会中，解放本身亦是一个不可能的理想。卢卡奇的观点影响巨大，后来的西方马克思主义者，几乎全都面临一个问题：资本主义的异化的消除是可能的吗？在这个问题上，除了马尔库塞对"非压抑的文明"和弗洛姆对"健全的社会"作了一点乐观的可取的分析外，几乎全部西方马克思主义者，都是非常悲观地面对这个问题的。因为问题的提法决定了它的答案是不存在的。

虽然在《历史与阶级意识》中，卢卡奇并没有把马克思物化思想说清，事实也证明，他从人本主义价值前提伸张的"阶级意识"，也不是批判资本主义的有效途径。但是，他的理论的积极意义在于，促进了人们去关注马克思有关商品拜物教的理论。当卢卡奇接触到马克思的异化理论以后，他认识到，自己的主要问题是，把物化简单地等同于对象化，因为劳动的对象化是人的劳动的实现，而物化则仅仅是商品生产达到一定阶段的特殊产物。这也意味着，他本人不再需要专门去建构什么系统的异化理论了。当然，在这其中十分重要地包含着卢卡奇自己理论立场的改变。所以，卢卡奇并未把异化理论视为马克思主义哲学的核心。但无论如何，卢卡奇推动了后来异化理论的现代复兴，开启了后来法兰克福学派"启蒙的辩证法"之新的批判逻辑。

二 列斐伏尔对日常生活"全面异化"的批判

从西方马克思主义对发达资本主义异化问题的讨论看，他们已经把异化引向现代社会日常生活的方方面面。当然，就消除异化和伸张自由而言，他们把斗争的方向，也引向了文化和深层的心理分析。其中，列斐伏

---

① ［匈］格奥尔格·卢卡奇：《历史与阶级意识》，杜章智等译，商务印书馆1995年版，第120页。

尔提出了日常生活解放的问题，直接站到人之日常生存的自然前提上，展开对现代性日常生活的批判。

列斐伏尔把异化问题看成"马克思思想中的酵素"①。但是，列斐伏尔并不是简单地使用异化范畴的，在他看来，一方面，马克思主义的异化思想最终是以拜物教批判形式来体现的，它具有马克思早期人学所不具有的特征；另一方面，与他同时代的理论家（主要是存在主义），对"异化"范畴的抽象和思辨的使用，已经败坏了其理论力量，使之成为意识形态的一个部分。因此，他要求从社会关系入手，揭示现代人生活的根本矛盾，探究为何物成为了统治人自身的力量。

列斐伏尔认为，在现代社会中，大多数的人甚至是全部的人，对自己的生活，"并不很好地了解，或了解得不够"②。什么意思呢？换句话说，现代人的生活目标并不清晰，他们不知道为什么而生活，对于生活的性质和意义根本不清楚。他指出，人们日常生活的各方面都发生了"异化"，日常生活细节不再体现总体的意义。他称其为"生存的忘却"。这种生存的忘却是日常生活的全面异化，它与后来弗洛姆、马尔库塞仅仅定位在人的内在心理结构和意识形态方面的异化，具有一定的联系，也存在根本的差别。在某种意义上，他的理论更接近于，本雅明对日常琐碎的关注，因此他最后提出的文化革命，也是一种"新生活"运动。

列斐伏尔声称，他要"力求介绍一些马克思在那个时代的社会中从未遇到过的新因素"③。他认为，就现代性的危机而言，目前马克思主义已经落后于时代了。因此，他要求把批判的视角转向日常生活。在列斐伏尔看来，"日常生活"就是我们的具体的生活，它是每一个人的事。他认为，过去的哲学家们对日常生活不屑一顾，他们从某种宏大的理性规划出发，过于关注政治理性问题，把日常生活视为平庸和没有意义的事情。也就是说，传统的哲学对日常生活采取了一种否定的态度。而在列斐伏尔笔下，一味地反对抽象的本质关系上的颠倒，在真实的生活存在中，感觉不

---

① 张一兵、胡大平：《西方马克思主义哲学的历史逻辑》，南京大学出版社 2003 年版，第 167 页。

② 张一兵、胡大平：《西方马克思主义哲学的历史逻辑》，南京大学出版社 2003 年版，第 168 页。

③ ［法］昂利·列斐伏尔：《答法国〈世界报〉记者问》，转引自《国外社会科学动态》1983 年第 9 期，第 54 页。

到异化的实际存在，这才是真正可悲之处。

列斐伏尔说，我所接触到的东西越来越深刻，但它却是在最初的小事情中就包含着，于是日常生活的平凡事情就对我呈现出两个方面：一方面是个人的偶然小事，另一方面是比这件小事所具有的许多"本质"来说无限复杂而且更为丰富的社会事件。后者恰恰通过前者而实现出来，在这个意义上，人的日常生活小事蕴含着社会的本质。在列斐伏尔看来，正是从普通的、一般的事物中，会突然出现特殊的、非同一般的事物。他认为，社会关系的产生是在"广义的市场中，在日常生活中"①。"人"正是在小事中，被塑造和实现出来的，日常生活的"小事"比任何领域的事情，都更加的重要。他强调：人必须成为日常生活，否则人就什么也不是。

列斐伏尔指出，人们已经注意到资本主义社会本质关系的不合理，当马克思主义提出"消灭资产阶级和阶级对抗"，进而消灭私有制和生产中的资本主义关系时，这是一个非常重要的进步，然而从更深层的分析来看，这种社会主义还是"消极的定义"，因为它没有涉及具体日常生活的革命。他认为，资本主义最重要的不合理，也就是异化，是存在于日常生活之中的。异化正是被日常生活泛化所掩盖起来的，这也是异化本身的更高级的形式。在列斐伏尔看来，如果说在自由资本主义时期，工人只是出卖劳动和生存的基本行为，异化为一种非主体状态，那么现在，人的这种不自主和人性自由本性的沦丧，则泛化到个体生存的每一件小事上。也即是说，现代的异化已经是全面的颠倒。

列斐伏尔指出，在资本主义社会中，个人的日常生活已经被侵占了，成为资产阶级统治的新的全面控制，在日常生活的各个方面，人都是被操纵的，人丧失了自我，人已成为非人，人成为生活异化的牺牲品。而这种新的异化工具，大都是以符号和影像为核心，它们通过电台、电视和文字进行传播，非人的物占据人的日常生活，人成为虚假生活中的木偶。他称之为日常生活的恐怖主义。也由此，他提出，马克思主义必须是一场从日常生活开始的真正的革命。而这种最高意义的革命，是完全改变生活的，包括家庭关系和劳动。为此，列斐伏尔大声疾呼：让日常生活按照人的生

---

① ［法］昂利·列斐伏尔：《资本主义的幸存》，转引自《西方马克思主义译文集》，杨树等选译，中共中央党校科研办公室1986年版，第279页。

活本来应有的样子发生！让日常生活变成一件艺术作品！让人从一点一滴的真正的人的小事做起！

第二节 "虚假意识"助长人劳动的不体面

在从法兰克福学派走出来并成为其长期成员的思想家中，马尔库塞是最具乐观精神亦是对革命抱有最大热情的一位，他将对技术理性的分析提升到"本体论"层面，"单向度的人"鲜明地指证了发达工业社会集权主义的特征。而哈贝马斯则从更深的层面对科学技术统治进行了批判，从某种程度上回应了马尔库塞，其实质在于把经济和政治或者技术和民主区分为两个受不同理性原则支配的领域，从而在反对异化的同时保留生产力的纯洁性。

一 马尔库塞对丰裕社会"精神痛苦"的呐喊

马尔库塞在《单向度的人》（1964）中，表达了这样的论题：通过技术理性的支配性统治，当代工业社会成了单向度的社会，人成了单向度的人。在他看来，科学技术促进了生产力的发展，使得整个社会物质繁荣，满足了人们在物质方面的需要。但是人们的这种满足，是一种"虚假的满足"，是"痛苦中的快乐"。这主要表现在以下三个方面。

首先，人成了商品的奴隶。在西方发达的资本主义社会中，不仅统治者、资本家过着丰裕的物质生活，一般平民百姓的物质需求也基本上得到了满足。而且，工人和老板几乎没有什么两样，都能欣赏电视节目，都能游览旅游景点，都能享有剩余价值，"打字员打扮得和她的雇主的女儿一样妩媚动人"，"黑人也拥有盖地勒牌高级轿车"[1]。不过，我们要问：这种看似丰裕的物质生活，能给人带来幸福吗？马尔库塞认为并没有。他说，人的需要遭到了歪曲，人成了商品的奴隶。在马尔库塞看来，人的需求不仅仅是对物质的享受，人还有其他方面的需求，特别是精神上的需求。但是，在现实生活中，追求物质享受被作为了人的第一需要，也就是说，人实质上被降低为了一般动物。

而且，为了使整个社会制度延续下去，当代资本主义社会推行高生

---

[1] [美] 赫伯特·马尔库塞：《单向度的人》，张峰译，重庆出版社1988年版，第9页。

产、高消费的政策。他们通过电视、电台的宣传广告,来制造种种"虚假的需求",刺激人们争相购买各种产品,以实现"强迫性的消费",进而巩固资本主义社会制度。马尔库塞说,当人们有了两个喇叭的收录机后,就刺激人们去购买四个喇叭的,继而又引诱人们去购买六个喇叭的……总之它会想出新的花样,促使人们追求更新型的东西。在越来越多"虚假的需求"的迷惑下,人和物的关系颠倒了,人的生活的全部内容,变成了追求外在的物质欲望。人们把高档汽车、大屏幕电视、豪华住宅等作为自己生活的灵魂。人成了商品的奴隶,商品成了人的灵魂。人的全部生活,成了失去灵魂的生活,成了如动物般的生活。马尔库塞认为,人过的是一种"痛苦中的生活"。他特别强调,最令人悲哀的是,在这样的社会中生活的人,却往往感觉不到这种痛苦。但是,感觉不到并不等于不存在。一定意义上,这也充分说明,身处当代资本主义社会的人,是连痛苦都没有的最痛苦的人。

其次,人成了劳动的工具。在马尔库塞看来,在当代资本主义社会中,人们的劳动是异化劳动。在分析这个问题时,马尔库塞是把马克思的"劳动异化"论与弗洛伊德的"爱欲冲动"论结合起来进行研究的。他首先接受了马克思把劳动作为人的本质的思想,同时他又用弗洛伊德的"爱欲冲动"论进行补充。他认为,发泄爱欲冲动给人带来欢乐。他以此为基础,批判当代资本主义社会中人的劳动,是一种痛苦的而并非是作为人的本质实现的异化劳动,是一种压抑人的爱欲而并非是解放人的爱欲的劳动。

因而,真正有意义的劳动应该是这样的劳动。其一,这种劳动是不断肯定自己的劳动。但是,在当代资本主义社会中,机械化和自动化程度极大提高,"技术上的分工使人本身只起着一部分操作功能"[1],人只是从事一些单调的、重复的动作,人丧失了他的自主性和创造性,犹如机器上的小零件在起作用,成为生产线上的一种工具。这种劳动,从表面上看,非常轻松。但是,它把整个人(包括肉体和精神)变换成一种工具,使人完全屈从于机器。在马尔库塞看来,这种劳动使人的肉体受到损伤、精神

---

[1] [美]赫伯特·马尔库塞:《工业社会和新左派》,任立译,商务印书馆1982年版,第90页。

遭到摧残，它"并不能满足劳动者自己的功能、冲动和需求"[①]。其二，这种劳动应是以劳动者自身为目的的。马尔库塞指出，在当代资本主义社会中，人们都拼命地获取更多的物质财富，获取更多舒适又新奇的商品，劳动成了满足这些需要的手段。他认为，这种劳动是属于他人，压抑了人的爱欲，不是人的自我活动，导致了劳动者自身主体性的丧失。其三，这种劳动还应完全出于劳动者的自觉自愿。在当代资本主义社会中，统治者通过创造"虚假的需求"，引导人们消费更多的产品，从而达到强迫人们劳动的目的。这种强迫性，是人们感觉不到的。因为从表面上看，人们是完全出于个人的意愿。但实际上，是广告驱动人们去购买产品，驱使人们去劳动挣钱。在这种环境下，人已经没有别的选择，只能强迫自己去劳动。

再次，人与人之间的对立。马尔库塞认为，在资本主义社会中，人与人之间的尔虞我诈，已经相当的严重，已渗透到社会生活的各个方面，给人在精神上带来了痛苦。在马尔库塞看来，人有爱的本能和攻击的本能，两者能量总和不变，此长彼消。人也有与同类交往的欲求，一旦同他人对立，就会感觉到孤独和寂寞，甚至精神崩溃。他说，在当代资本主义社会中，人完全被追求物质享受的欲望所驱使，人的攻击本能占优势，极易同他人发生竞争和冲突，由是"惶惶不可终日"，甚至感到精神崩溃。

马尔库塞通过以上几个方面的分析，揭露了当代资本主义社会中，所存在的"物质丰裕、精神痛苦"的现象，他告诉人们，当代资本主义社会是个不合理的社会，是充满着异化的社会，而且对人的异化程度，比马克思所处的自由资本主义时代要严重的多，只是异化的方式有所不同。他告诉人们，在一个社会中，如果人们仅限于追求物质享受，那么，人就会畸形发展，就会变为丧失人性的人，这个社会也将变为一个"病态社会"。在这里，马尔库塞不仅从哲学的高度分析、批判了当代资本主义的异化现象，而且从哲学的高度论述了人生的价值和意义。

二 哈贝马斯对科学技术"合法统治"的祛魅

哈贝马斯认为，在当代资本主义社会，科学技术已成为第一生产力。随着国家政权在经济领域的渗透，以及对科学技术的管理和使用，使得科

[①] [美]赫伯特·马尔库塞：《爱欲与文明》，黄勇等译，上海译文出版社1987年版，第220页。

学技术逐渐成为一种统治力量，某种程度上代替了过去的政治统治。也就是说，科学技术获得了合法的统治地位。

哈贝马斯指出，国家政权在经济领域的渗透和干预，主要是在生产和交换领域进行的。它从公共生活的组织开始，进而使得科学和工艺相结合，并逐步延伸到社会的政治、经济、文化和意识形态的各个领域，成为一种全面性的压制和奴役人的手段。由是，科学技术的压制和奴役，代替了过去单纯的政治和经济的压制和奴役，也就是，对人民的统治已经从过去的外部的政治统治，转入到了人的生活及其心理的统治上去了。

在哈贝马斯看来，晚期资本主义社会中，国家的控制力量无限扩张，企业内部的科学技术管理不断加强，资本家已被驱逐出生产过程的管理之中，技术的统治已代替了过去的阶级统治，工人与资本家的矛盾悄然发生了变化，劳资纠纷和生产方式的冲突成为"次要的"，在很大程度上已被技术管理上的矛盾所取代。他认为，在发达资本主义社会中，由于劳动的机械化程度日益完备，标准化、程式化的追求越来越高，生产性工作和非生产性工作几乎没有了区别，出现了蓝领工人白领化、非生产性工人不断增加的趋势，马克思的"无产阶级"已沦为陈年古董，新的工人阶级一跃成为白领工人为主体的"有产者"了。这在一定程度上弱化了阶级冲突。

在哈贝马斯看来，在当代资本主义社会中，原有的统治权威在我们面前悄无声息地消失了，但是，却有另一只匿名的、隐蔽的强大之手在控制着整个社会。它是以基本常识、科学文化、健康心理、公众舆论、正规性等不同形式存在着。它没有强迫的压制，没有严苛的命令，有的只是一种温和的说服，甚至是某种形式的心照不宣。它甚至表现为科学和正义，似乎是所有人理智的体现。统治被美化为管理。科学理性支配着民众，成为社会的实际控制者。最可悲的是，人们已不知该反对谁了。

就哈贝马斯来说，他的首要工作就是，向他的接受者解释他们在对抗性的社会制度中所具有的地位，以及解释他们在这种社会状况中客观上能够意识到的诸种利益就是他们自身的诸种利益。哈贝马斯认为，在新的条件下，马克思所提的生产力和生产关系的范畴，已经不再存在，如果要对异化进行彻底的批判，就应该对社会结构进行新的区分。[①] 也就是说，要

---

① 参见［德］哈贝马斯《理论与实践》，郭官义等译，社会科学文献出版社2004年版，第34页。

对一个社会系统的制度框架或者社会生活的世界（社会生活的世界似乎包含在社会系统的制度框架中）和前进中的技术系统加以区分。从更深的层面看，这种区分，是为回应马尔库塞科学技术意识形态批判的需要而产生的，其实质在于，把经济和政治或者技术和民主区分为两个受不同理性原则支配的领域，从而在反对异化的同时保留生产力的纯洁性。

为解决这个问题，哈贝马斯基于青年黑格尔有关劳动和相互作用的见解，在自己与马克思之间作了一个非常复杂的对接。他把"劳动"解释为，以知识为基础的技术法则所控制的"工具行为"，认为与劳动并行的是"交往"，即使用符号的相互作用（也即语言交往）。在哈贝马斯看来，资本主义的问题出在交往层面，表现为交往的扭曲。由此，哈贝马斯重新定位了发达资本主义国家的技术与意识形态问题，并重新定位了发达资本主义批判的理论方向。

第三节　现代社会劳动不体面的"病理诊断"

在西方马克思主义者看来，日常生活中的人们正是在"魔幻世界"和"虚假意识"的双重控制及制约下，迟蔽了日常生活的本真面目，使日常生活处在无意识之中和被遮蔽状态，人们处在其中却浑然未觉。这无疑是现代社会出现的新的异化和不体面问题，而各种问题的集结点又最终落在了消费异化问题上。因此，他们疾呼呐喊，倡导让人的日常生活返回本真状态。

一　异化已成为"常态"

当代资本主义社会中的异化，已经完全超越了传统的形式和程度，不再是物质匮乏的某种不合理，也不再是那种本质与现实存在的直接冲突，它已经成为一种个体主观的变异体验。这种经验在某种意义上又是心理的。也就是说，人与客体相分离，人被动地体验世界和他自身。而这一点又可以从精神分析的角度进行阐释，把异化看作是一种病态心理的形式。

如果从弗洛伊德的"文明的压抑性"观点出发，可以得出，到目前为止的人类史是一部异化历史的结论。因此，在西方马克思主义看来，现代异化是与资本主义伴生的人类生存状况的矛盾，或现代社会的"常态病理"。从根本上说，现代异化表现为三个基本方面的矛盾。

第一，丰裕社会之匮乏。西方马克思主义者认为，现代资本主义社会已经看不到，马克思时代那种无产阶级的悲惨境地。经济问题已经不能激发他们对解放的兴趣，经济上的贫困也不再体现"异化"的形态。这个问题恰恰是，50年代西方主流经济学、社会学正面强调的"丰裕社会"的问题。在这种社会中，物质生产力达到了极高的水平，物质生活资料达到了极大的丰富状态。但是，就是在这样的社会中，却存在着普遍的匮乏。当然，这里的匮乏不是指商品或工具的匮乏。按照萨待的观点，匮乏是人与他的环境之间、人与人之间的张力关系。它包括物质的匮乏，也包括时间的匮乏，以及其他方面的匮乏。匮乏，在人类历史早期是绝对的；但是，在发达资本主义社会里则是相对的。原因当然是制度的不平等，出于这个原因，人才生存于存在主义所言的"荒谬"之中。

第二，自由之中的不自由。这种异化的现实表现就是，人们外在地体现为"快乐的自由的"生活状态，但是这种状态却不能让人真正地实现自由。也就是说，现代的异化已经侵入人的生活的全部，成为一种全面的生活方式，它已经渗透到人的心灵及个性，因而让人感到"比以前好得多"。在现实生活中，人受异化力量的操纵，人在满足了非自我的需要之后，面对物质丰裕的无所追求，形成了心理失落与极度空虚，产生了另种形式的"饥饿"和"忧患"。它们的形式是高级的，因为它们不带有任何的先前的所谓的"阶级压迫"，而且，签订雇佣劳动协议的自愿性也遮蔽了被统治、被剥削的一切关系。在这样物化的异化社会中，人的悲惨状态仿佛被消除了，仿佛人在物质享受中获得了他想要的一切。其实，人只是获得了某种虚假的、不现实的东西，人只是在那种物质消耗中，"创造了一个存在的世界，一个表面的世界，一个现象的世界，一个幻想的世界"[①]。人的异化，就这样被虚幻所深深掩盖，使得人自以为占有了自己的本质。人在虚幻中，自以为扬弃了异化。人在虚幻中，自以为获得了自由。但明显的是，人在这种虚幻中，却是更深地失去了真正的自我。

第三，"人对自己的不关心"。弗洛姆用这句话来概括现代社会的问题本质。如果说，上述两个方面是现代社会之物质生活的两个基本方面，

---

① [美]赫伯特·马尔库塞：《工业社会和新左派》，任立译，商务印书馆1982年版，第160页。

那这个问题恰恰就是现代人之心灵的异化表现。当然,在本体论意义上,弗洛姆把它归结为"人类状况",即人类生存的矛盾状况:作为自然的产物,一方面,人丧失了与自然的统一体性;而另一方面,人又不曾被赋予在大自然之外谋求新生的手段。人既是自然之子,又与自然对立着生存。如果从悲剧性方面讲,这就是海德格尔的"被抛性"。从这种"被抛性"看,现代人生活的各个方面都处于深刻的"分裂"[①] 之中。在资本主义制度下,积聚资本成为人的天职,一切都只是为了经济利益本身,而不是为了实现人的幸福;资本的多寡决定个人的重要性,"人总是一个服务于他自身之外的目标的齿轮"[②]。

显然,正是由于资本主义独特的生产方式,导致了个人成了实现经济目的的工具。在这种方式下的广告宣传、文化传播甚至典礼,无一例外地成为了折磨人的机制的一个部分。在"自由"的名义下,人丧失了任何的"整体感",所有的事情都变得零零碎碎、互不相关;人丧失了生活的目标和方位,犹如一部大机器上的小齿轮不停地运转。由此,整个西方马克思主义对异化的探讨,从以前的关注劳动者被剥夺,关注劳动本质的丧失,更多地转向人的心理变异和分裂。诚如马尔库塞在《单向度的人》中所揭示的,现代社会把人变成了物。人"在他们的商品中识别自身",在高档汽车、优质音响、豪华房屋中寻找自己的灵魂,"社会控制锚定在它已产生的新需求上"[③]。人都已经变成"空心人""没有个性的人"。

在西方马克思主义看来,当代的异化现象远比马克思原来所理解的复杂,因为现代社会生活的每个领域,都包含着它们各自的相互重叠的异化之网。异化隐藏在社会的每一个角落,它无处不在,无时不在,"渗透到人与自己的劳动、消费品、国家、同胞以及自身的关系之中"[④]。他们认为,那种以经济上贫困为基本特征的异化,只是一种"低等异化",而当代社会的异化,是异化的二次方,是异化的异化。他们这样描述当代社会

[①] 这种"分裂"可从两个方面来理解:一方面,一种有活力、有判断力和责任感的自我被逐渐孕育;另一方面,又使人变得孤独、彷徨,充满无足轻重感和软弱无力感。这种自由的窘迫,共同构成了现代工业文明的内在逻辑。
[②] [美]艾瑞克·弗洛姆:《逃避自由》,陈学明译,工人出版社1987年版,第149页。
[③] [美]赫伯特·马尔库塞:《单向度的人》,张峰译,重庆出版社1988年版,第9页。
[④] [美]艾瑞克·弗洛姆:《健全的社会》,孙恺祥译,贵州人民出版社1994年版,第124页。

的异化：一个被管理的世界①，人成了消费动物②，人与人变得冷漠与疏远③，人与人之自身相分离④，失去对抗力的艺术⑤。

诚然，日常生活解放关涉到了这些异化之常态，洞窥到了现代资本主义社会人之本质以及经济、政治、文化等的内在逻辑。在这些方面，喊出最彻底的口号的西方马克思主义哲学家，可能要算马尔库塞了。在马尔库塞眼中，在资本主义世界中，"人性几乎丧失殆尽，人沉沦为丧失了人的存在的现实性的抽象的劳动，他们和自己劳动的对象相分离，被自己当作商品出售"⑥。当他站在弗洛伊德精神分析的立场重新看待异化时，他更为尖锐地指出，"在这个世界上，人类生存不过是一种材料、物品和原料而已，全然没有其自身的运动原则"⑦。换句话说，他认为当代异化已经使意识的自主性丧失了可能。因此，他强调，要以新的感觉能力即"新

---

① 在西方马克思主义看来，现代社会成了"个人生活异常空虚并完全失去意义"的"自动装置"，人无异于档案中的数字，变成了物品，在一种所谓的科学程序中被这样摆弄来那样摆弄去。

② 在消费领域中，人们误以为自己是在独立自由地选择着商品，但实际上却被巧妙地操纵着购买特定的商品。人应该具有的独立的真正的消费活动，就异化为一种外在的虚假的行为。他的趣味受到控制，人格被异化了，彻底失去了自我意识，"他的自我价值取决于他自身之外的各种因素，取决于市场变幻莫测的估价"。结果是，人本身越来越成为一个贪婪的、被动的消费者，物品不为人服务，人却反而成了物品的奴仆。（[美]艾瑞克·弗洛姆：《健全的社会》，孙恺祥译，贵州人民出版社1994年版，第144页）

③ 按弗洛姆所言，在"人人为自己、上帝为大家"的利己主义原则支配下，爱的关系也变成了"一种两个抽象物、两个机器之间的相互利用的关系"。

④ 现代社会中，个人已不复存在，存在的只是一份份同质的商品。人人都是人力资源，差别在于经理市场与劳动力市场的差异，以个人所拥有的可兑现的技术、知识等来区别等级。这意味着"重新肯定人之死亡"。

⑤ 在西方马克思主义看来，当代异化不再是一种现实的"经济强制"，而是一种意识形态控制的心理异化，由于丧失了自己应该具有的心理上的真实感受和鉴别力，人们丧失了真实的需要和人格，因而也就丧失了作为人的本质的自由选择力。马尔库塞说，无论形式是什么，艺术总应包含着否定的理性，它应该塑造超越现状的形象，但是，依靠这第二次异化，艺术在方法上和异化的世界保持着距离，并创造出那个不现实的"表面的"世界，成为一种否定性，而文化中心正渐渐成为购物中心，艺术已被剥夺了对抗的力量，成为一种赞美和同化于社会的东西。

⑥ [美]赫伯特·马尔库塞：《历史唯物主义的基础》，转引自《西方学者论〈1844年经济学—哲学手稿〉》，复旦大学哲学系现代西方哲学研究室编译，复旦大学出版社1983年版，第96页。

⑦ [美]赫伯特·马尔库塞：《爱欲与文明》，黄勇等译，上海译文出版社2005年版，第73页。

感性"[1]来"改造世界"。在《爱欲与文明》中,他又提出了"大拒绝"[2]口号。一言概之,他要彻底地与富裕社会断绝关系。他认为,文化革命的目的,不仅仅是对艺术的重新评价,它将渗入到资本主义的文化基因以及经济基础和政治基础,将直接波及资本主义在个人身上的根子。

二 消费异化是"集合点"

在西方马克思主义看来,异化已侵入到人们日常社会生活的方方面面,特别是,它已经完完全全地侵入到了人们的消费领域。在人们的日常生活消费中,异化已经化作一种无形的巨大力量,统摄着人们的消费心理和消费行为,出现了消费异化。它一方面,使消费与人相背离;另一方面,使人受到消费的控制和奴役。而且,它深入地影响着政治与经济,成了维护资本主义制度的"帮凶"。一定意义上,消费异化已成为当代资本主义各种异化的集合点。

何为消费异化?在西方马克思主义看来,就是指消费背离了人们生存和发展之需要的本真目的,成为了满足"虚假需求"而进行的消费,人被消费所奴役和宰制。也就是说,消费由手段变成了目的,满足人之需要的功能退却了、异化了,消费被赋予了其他意义。一方面,人们把消费当成逃避现实痛苦与不幸的"避难所",当成对自己在劳动付出中失去自由的"补偿";另一方面,统治者为达到维护现存制度和现实利益之目的,使消费成为了操纵和控制社会的工具。

消费异化产生的根本原因是资本逻辑。在当代资本主义社会,生产力的发展促进了工人劳动状况的极大改善。但是,资本主义的剥削本质没有改变,工人的劳动仍是被剥削的工具。劳动仍然是被动的、外在的、单调

---

[1] 马尔库塞认为:"新感性,表现着生命本能对攻击性和罪恶的超升,它将在社会的范围内孕育出充满生命的需求,以消除不公正和苦难;它将构织'生活标准'向更高水平的进化。"([美]赫伯特·马尔库塞:《审美之维》,李小兵译,生活·读书·新知三联书店1989年版,第106页)

[2] 马尔库塞在《爱欲与文明》中,号召"为生命而战,为爱欲而战,为政治而战",他以"保卫生命"的原则,"拒绝使用富裕社会的死气沉沉的语言,拒绝穿戴整洁的服装,拒绝享用富裕社会的精巧物品,拒绝接受为富裕社会服务的教育",等等,以期共同拒绝生产那些现在用来反对人民而保护统治者的自由与繁荣的物质工具和思想工具。在这种文化的"大拒绝"中,马尔库塞本人的"总体的社会主义"在"文化革命"中获得了实现的形式,直指现代社会之艺术、文学和音乐、交流形式、风俗习惯等方面。([美]赫伯特·马尔库塞:《爱欲与文明》,黄勇等译,上海译文出版社2005年版,第8页)

的、乏味的。人们在劳动中，有时甚至感觉是一种苦役。人们在劳动中，还不是完全的自由。人们为了追求自由，在还无法真正摆脱劳动的前提下，注意力便转向了消费领域。购买和消费过程的"自由性"，似乎让人找回并实现了原有的自由本性。而消费领域正好具有这样的特性：无论你是谁，无论是老板还是工人，只要你有钱，只要你能消费得起，你就可以得到自己想要的任何东西。因此，在这里，人们通过消费，就感觉自己是一个积极的主体，而不再是一个被动的客体，就感觉自己的创造性和自由性又重新得到了展现。

西方马克思主义指出，人在劳动中是不自由的，受到科学技术以及机器设备的支配和控制，人是物的奴隶，人是痛苦的；而且，在日常生活中，人受到各种异化形态的规制，以及身体和心理的影响，人是被压抑、被摧残的。人们为了躲避这种现实的痛苦，却又落入了消费异化的漩涡，只是人似乎感觉不到自己的痛苦与不乐。弗洛姆嘲笑人的这种选择，他指出，异化的人没有幸福可言。在他看来，高兴了要消费，不高兴了也要消费，其实都是消费人自己的意识。对娱乐的消费，本质上就是在娱乐自己，消费自己的不幸意识。更可怜的是，消费成了人的地位和身份的象征。人开始对物品无度的索取和疯狂的占有，消费成了一种病态行为，消费被等同于人的幸福。

西方马克思主义认为，消费根本带不来自由与幸福。人们在心里觉得，只要我有钱，就可以随随便便地消费，爱买什么买什么，其实这只是表面现象。实际上，人的消费都受广告的影响，是按广告商以及厂商的意图在消费。消费受到控制，人在消费中也是不自由的。马尔库塞把这种消费称为"受操纵的消费"，人的自由自觉的存在，变为被控制和麻木被动的存在。弗洛姆看得更为深刻，他认为，人在闲暇时间里也是不自由的。人在"消费"球赛、电影、书籍时，情趣和需求也都是被安排、被煽动的，人缺乏主动性，不是主动地参与，而是被动地"吸收"，人在这种消费中已经失去了真正的自我。

在西方马克思主义看来，在当代资本主义社会，消费异化已渗透到政治、经济等领域的各个方面，人已无法逃避其影响。他们认为，有以下主要表现。

第一，消费异化造成了人们普遍的变态消费心理。在弗洛姆看来，消费异化强化了西方人原有的"接受型"心理倾向，在某种意义上，也就更加窒息了人的主动性和创造性。当消费成为了人的目的,喜新厌旧便成为人之常态,人将以获得最新奇物品为荣,从而也预示着不尊重劳动和人的创造性成果;而且,也容易使人们忘记了社会中还存在的那些衣食不济的人。人们越是热衷于消费,社会也就更加大量生产,一种往复的循环变得愈演愈烈。

第二,消费异化增强了人们对资本主义制度的依赖性。在资本主义社会中,厂商为了谋得更多利润,总是千方百计地生产出新奇诱人、五花八门的物品,并且铺天盖地的宣传广告冲击着人的视觉器官。在"虚假需求"与无限欲望的牵引下,人们便不断地购买、不断地消费、再不断地购买、再不断地消费。正如弗洛姆所说:"从而使我们依赖于这种膨胀的消费需求,依赖于那些可以满足我们需求的人和机构。"[①] 因此,大大增加了人们对"美好的"现存制度的依赖性。

第三,消费异化转移了人们对资本主义制度的不满情绪。在资本主义社会,人们所关心的只是产品是不是新奇,自己的消费欲望是否能够得到满足。对越来越多消费欲望满足的追逐,极大分散了人们对社会政治问题的注意力。因此,阿格尔断言:"对消费实行操纵和调节业已延长了资本主义制度的寿命。"[②] 他认为,统治者要维护其统治地位,其办法就是向个人提供源源不断的商品。

第四,消费异化瓦解了工人阶级的"革命"斗志。在马尔库塞看来,消费异化造成了一种普遍的"无关紧要"的心理。工人的消费欲望基本得到满足时,他们的反抗意识也就逐渐消减甚至消失了。既然在现存社会制度内,自己能够丰衣足食,甚至能够拥有与资本家一样的电视机、住宅、音响、汽车,工人便觉得再也没有革命的必要了。马尔库塞认为,消费异化把工人阶级"同化""融合"了,使他们失去了反抗意识,失去了革命斗志。列斐伏尔甚至断言,工人阶级"被替代"了,"消失"了!

[①] [美] 艾瑞克·弗洛姆:《健全的社会》,孙恺祥译,贵州人民出版社1994年版,第135页。

[②] [加] 本·阿格尔:《西方马克思主义概论》,慎之等译,中国人民大学出版社1991年版,第494页。

第五章

当代中国体面劳动的现实透视

新中国成立以来,特别是改革开放之后,中国开始走向世界,融入世界体系之中,从而社会发展进入了一个崭新的历史时期。不言而喻,当代中国仍将面临新的问题、新的情况、新的挑战。如马克思所言:"正像社会本身生产作为人的人一样,社会也是由人生产的。"① 社会与人的这种内在相关性表明,社会发展归根结底都是为了人并且通过人而使人不断完善。在这种意义上,当代中国的发展给劳动者的体面劳动带来何种前景,这是必须予以解答的重大问题。

第一节 当代中国体面劳动取得的成就

新中国成立以来,在全国各族人民的共同奋斗下,我国社会生产力大力提高,国家实力日益强盛,人民的物质生活水平不断提高,全面开创了社会主义现代化建设的新局面。在短短60多年间,中国从一个贫穷落后的国家,一跃而成为全球第二大经济体。中国人民不仅"站起来了""富起来了",也更加"强起来了"。老百姓成了国家的主人,过上越来越美好的日子,不断从体面走向更加体面。

一 "翻身做主人"让人劳动体面

毛泽东说过,旧中国人民头上压着"三座大山"②。随着新民主主义革命的胜利、土地改革的完成和没收官僚资本,彻底推翻了压在中国人民

---

① 《马克思恩格斯文集》第1卷,人民出版社2009年版,第187页。
② 毛泽东说的"三座大山"是指:帝国主义、封建主义和官僚资本主义。

头上的"三座大山",中国人民从此"站"起来了,人民翻身做了自己的主人,由被压迫的"不体面"开始走向"做主人"的体面。

(一) 推翻了帝国主义和封建主义的统治

中国长期以来是一个封建社会。在封建社会里,自给自足的自然经济占统治地位,农民阶级同地主阶级的矛盾是社会的主要矛盾。从19世纪中叶开始,在世界资本主义、帝国主义各国的侵略和压迫下,中国社会内部发生了深刻的变化,由封建社会逐步演变为半殖民地半封建社会。中国人民在帝国主义和封建主义双重压迫下,毫无政治权利,贫困和不自由的程度是世界上所罕见的。

中国人民为了推翻帝国主义和封建主义的统治,实现国家的独立和人民的自由,从鸦片战争起,中间经过与英法联军的战争、太平天国革命运动、中法战争、中日战争、戊戌维新、义和团运动,直到辛亥革命,斗争从未间断。1911年,孙中山领导的辛亥革命爆发,推翻了清王朝的统治,结束了几千年的封建帝制,建立了资产阶级民主共和国。但胜利的果实很快被北洋军阀所窃取,各派军阀为控制中央政府,扩大自己的地盘和势力,在帝国主义支持下进行激烈争夺,混战连年不断,民族危机日益加深,国家每况愈下,广大人民生活在水深火热之中。

从鸦片战争到辛亥革命的历史充分表明,在中国要完成反帝反封建的民主革命任务,必须有一个新的领导阶级和新的指导思想。而中国无产阶级就是这个阶级,马克思列宁主义就是这个思想。正如毛泽东所说:"十月革命一声炮响,给我们送来了马克思列宁主义。"[①] 可以说,十月革命促进了中国先进分子的思想转变,同时在十月革命和世界革命高潮的影响下,爆发了五四爱国运动,这成为中国新民主主义革命的伟大开端,促进了中国人民的觉醒。

1921年,中国共产党在上海成立。确立的奋斗目标是,"以无产阶级革命军队推翻资产阶级,由劳动阶级重建国家"。这个国家必须"采用无产阶级专政",其任务是:废除资本私有制,没收一切生产资料,如机器、土地、厂房、半成品等,归社会所有,直至消灭阶级差别。次年召开的中共二大,系统地分析了国际国内形势和中国社会性质,认为"加给中国人民(无论是资产阶级、工人或农人)最大的痛苦的是资本帝国主

---

① 《毛泽东选集》第4卷,人民出版社1991年版,第1471页。

义和军阀官僚的封建势力",因此,反对这两种势力是中国人民当前的首要任务,并提出建立"民主的联合战线"。①

中国共产党要实现民主革命纲领,战胜异常强大的敌人,必须同中国国民党合作,以建立广泛的革命统一战线。但是,国共两党合作的问题,在认识上和实践上都经历了异常曲折的过程。第一次国共合作进行的北伐战争,直接目标是推翻北洋军阀反动统治,由于国民党右翼势力的背叛,导致第一次国共合作破裂,但也给了帝国主义和封建主义以沉重打击。第二次国共合作促进了全国抗日民族统一战线的建立,主要打击对象是日本帝国主义和汉奸卖国贼,在民族危亡和民族大敌面前,国共都浴血奋战,谱写了可歌可泣的历史篇章。1945年,日本宣布无条件投降,中国人民彻底把帝国主义赶出了中国,推翻了帝国主义的统治。

(二)开启了全面建设社会主义的篇章

1949年,中华人民共和国宣告成立,这标志着新民主主义革命的胜利。但由于长期战争的破坏以及国民党反动派溃逃时的洗劫,当时国民经济面临崩溃的境地。"重工业生产比历史上最高水平下降了70%,轻工业下降30%,手工业下降43%,粮食下降25%,棉花下降48%,交通瘫痪,贸易阻塞,市场混乱,物价飞涨。"② 在城市存在着大批失业的工人、手工业者和知识分子,在农村还有成千万饥寒交迫的灾民。面对严峻形势,党的七届二中全会确定了主要任务:继续完成民主革命尚未完成的任务,彻底摧毁帝国主义、封建主义和官僚资本主义的政治基础和经济基础;恢复被战争破坏的国民经济,争取国家财政经济状况的基本好转,为有计划的社会主义建设和全面的社会主义改造创造条件。

1950年6月30日,中央人民政府根据全国解放后的新情况,颁布了《中华人民共和国土地改革法》,地主阶级封建剥削的土地所有制被废除,实行了农民土地所有制。《土地改革法》公布以后,在3.1亿人口的新解放区分期分批、有计划、有领导、有秩序地开展了土改运动。到1953年春,除新疆、西藏及台湾省外,全国基本上都完成了土地改革任务,农民也由此真正获得了解放。我国存在两千多年的封建土地所有制,从此被彻底地摧毁,地主阶级也被消灭,农民走向了互助合作的道路,开启了逐步

---

① 参见王渔《中共党史简编》,中共中央党校出版社1988年版,第25—28页。
② 王渔:《中共党史简编》,中共中央党校出版社1988年版,第298页。

走向体面的、有尊严的人生历程。

对于"官僚资本",中国共产党则在新民主主义经济纲领中提出,"没收官僚资本归新民主主义经济国家所有"。这经历了三个阶段:第一阶段是解放战争时期,主要没收了国家资本和公营企业;第二阶段是1950年镇压反革命运动,通过没收敌产的方式没收了属于国民党官吏所有的官僚资本;第三阶段是1951年清理公股、公产运动,将国营企业中民族资产阶级的股份和私营企业中的官僚资本、敌产清理出来。根据过渡时期总路线的精神,在总结建国三年来实践经验的基础上,进一步加强了对资本主义工商业的社会主义改造。到1956年,基本上完成了对生产资料私有制的社会主义改造,成功地实现了马克思主义经典作家提出的"剥夺剥夺者"的光辉设想,开启了全面建设社会主义的时期。

二 "丰衣足食"带给人劳动体面

党的十一届三中全会以来,中国人民在党的领导下,坚持走强国富民的改革开放之路,全面开创了社会主义现代化建设的新局面。在短短30多年间,中国从一个贫穷落后的国家,一跃而成为全球第二大经济体。辉煌的成绩,足以令国人骄傲,让世界点赞。正是改革开放的伟大设计,使得我国生产力水平大力提高,创造了丰富的物质财富和精神财富,百姓过上了丰衣足食的好日子,生活也越来越体面、愈来愈美好,开始了奔赴小康社会的伟大征程。

人均收入大幅度提高。1978—2011年,城镇居民人均年可支配收入从316元提高到21810元,农村居民人均年纯收入从134元提高到6977元,人均储蓄存款余额从22元提高到25505元。[①]

生活质量大幅度提升。中国人不再为温饱担忧,而是"为肥胖焦虑"。减肥已经成为城乡居民共同的紧迫而现实的问题,旅游也已经成为必需品了。1978—2011年,城镇居民人均国内旅游花费从接近于0元提高到878元,农村居民从0元提高到471元,2011年出国旅行者达6412万人次。[②]

---

① 参见国家统计局《中国统计年鉴1996》,中国统计出版社1996年版;国家统计局《中国统计年鉴2012》,中国统计出版社2012年版。

② 参见国家统计局《中国统计年鉴2012》,中国统计出版社2012年版。

居住、交通、通信条件大幅度改善。1978—2011 年，城镇居民人均住房建筑面积从 3.6 平方米提高到 32.7 平方米，农村居民人均住房面积从 8.1 平方米提高到 36.2 平方米；城镇居民每百户拥有家用汽车数量从 0 辆提高到 18.6 辆，农村居民每百户拥有生活用汽车数量从 0 辆提高到 5.5 辆；城市人均道路面积从 2.9 平方米提高到 13.8 平方米；电话普及率（含移动电话）从接近于 0 部提高到每百人 95.8 部，移动电话普及率从 0 部提高到每百人 73.6 部。[①] 这一切是 30 多年前的中国人连想都不敢想的。

城市公用设施快速发展。1978—2011 年，城市用水普及率从 81.0% 提高到 97.0%，燃气普及率从 13.9% 提高到 92.4%，人均公园绿地面积从 10.6 平方米提高到 11.8 平方米。[②]

文化、教育、卫生事业得到很大进步。1989—2011 年，电视节目综合人口覆盖率从 77.9% 提高到 97.8%；城镇每百户彩色电视机拥有量从 51.1 台提高到 135.2 台，农村从 3.6 台提高到 115 台。2000—2011 年，城镇每百户家庭计算机拥有量从 9.7 台提高到 81.9 台，农村从 0.5 台提高到 18.0 台。1978—2011 年，小学升学率从 87.7% 提高到 98.0%，高中升学率从 5.9% 提高到 86.5%。1978—2011 年，每万人医院、卫生院床位数从 19.3 张提高到 35.0 张，每万人职业医师数量从 10.7 人提高到 18.2 人。[③] 据世界银行统计，2009 年，出生时预期寿命，中国的男性为 72 岁、女性为 75 岁，接近发达国家的水平，高于转型国家和发展中国家。2008 年，每出生 10 万名活婴产妇的死亡率，中国为 38，尽管高于发达国家（如美国、英国、法国、德国），但低于其他一些国家（如俄罗斯、巴西、阿根廷、埃及、印度、印度尼西亚、孟加拉）。

建立了全新的社会保障体系。2011 年，中国参加城镇职工基本养老保险者达到 2.84 亿人，社会保险基金收入达到了 24043 亿元。[④] 1978 年

---

① 参见国家统计局《中国统计年鉴 1987》，中国统计出版社 1987 年版；国家统计局《中国统计年鉴 1996》，中国统计出版社 1996 年版；国家统计局《中国统计年鉴 2012》，中国统计出版社 2012 年版。

② 参见国家统计局《中国统计年鉴 1996》，中国统计出版社 1996 年版；国家统计局《中国统计年鉴 2012》，中国统计出版社 2012 年版。

③ 参见国家统计局《中国统计年鉴 1996》，中国统计出版社 2012 年版；国家统计局《中国统计年鉴 2012》，中国统计出版社 2012 年版。

④ 参见国家统计局《中国统计年鉴 2012》，中国统计出版社 2012 年版。

以来，中国使 2 亿农村人口摆脱了绝对贫困，赢得了全世界的赞许。2005年，每天生活费不足 2 美元的人口比重为 36.3%，远低于亚洲其他发展中人口大国。

基础服务设施得到大幅改善。机场数量从 1985 年的 86 个提高到 2011 年的 178 个，而且机场的规模和质量都得到了实质性改善。航空客运量从 1978 年的 231 万人次提高到 2011 年的 2.93 亿人次。[①] 2011 年高速公路里程达到 8.5 万公里，仅次于美国（8.8 万公里），位居世界第二。今日中国，还拥有全世界规模最大以及运营速度最高的高速铁路网。

根据世界银行发布的《2012 年世界发展报告》，2010 年按 PPP 衡量的国民总收入（GNI），中国为 101323 亿美元，相当于美国的 70%，是俄罗斯的 3.7 倍、英国的 4.5 倍、德国的 3.3 倍、日本的 2.3 倍、印度的 2.4 倍。2000—2010 年 GDP 年均增长率，中国为 10.8%，远高于转型国家（如俄罗斯为 5.4%）、发展中大国（如巴西为 3.7%、阿根廷为 5.6%、埃及为 5.3%）、老牌发达国家（如美国为 1.9%、英国为 1.6%、法国为 1.3%、德国为 1.0%、日本为 0.9%）、亚洲其他国家（如印度为 8.0%、印度尼西亚为 5.3%、孟加拉为 5.9%）。[②] 按此趋势，中国的经济总量超越当今世界头号大国——美国，也是"指年可待"的事情。

三 "共享发展"使人劳动更体面

党的十八大以来，以习近平同志为核心的党中央把"人民对美好生活的向往"作为奋斗目标，坚持不忘初心、继续前行，始终"以人民为中心"，把"共享"作为工作的出发点和落脚点，持续增加民生投入，保基本、兜底线、建机制，围绕更好保障和改善民生、促进社会公平正义，对深化社会体制改革和法律制度建设作出一系列重大部署，取得了明显成效，给人民带来了更多"获得感""体面感"。

一是经济进入新常态，城乡居民收入继续明显增加。2016 年 3 月 5 日，李克强总理在 2016 年政府工作报告中指出：全国人均可支配收入增

---

① 参见国家统计局《中国统计年鉴 1987》，中国统计出版社 1987 年版；国家统计局《中国统计年鉴 2012》，中国统计出版社 2012 年版。

② 参见世界银行《2012 年世界发展报告》，胡光宇、赵冰译，清华大学出版社 2012 年版，第 390—410 页。

长 7.4%，高于经济增速。① 保证城乡居民收入与经济同步增长，是党和政府对人民的一项重要承诺。党的十八大以来，城乡居民收入连续多年跑赢 GDP，保持较快增长，让群众更多更公平地共享发展成果。有报告显示，我国 2015 年的农民工总数为 27747 万，人均月收入 3072 元，比上年增长 7.2%。② 2020 年贫困地区农村居民人均可支配收入 12588 元，2013—2020 年年均增长 11.6%。③

二是低收入群体和困难群众生活明显改善。党和国家非常重视低收入群体和困难群众生活问题，不断加大扶持力度。2011—2014 年中央财政投入总计 13572 亿元。④ 据 2016 年 12 月 27 日发布的《中国扶贫开发报告 2016》显示：从 1981 年到 2012 年，全球贫困人口减少了 11 亿，同期中国减少了 7.9 亿，占全球的 71.82%；按照 2010 年的扶贫标准来看，我国农村贫困人口从 7.7 亿人（1978 年）减少到了 5575 万人（2015 年），减少了 71464 万人；同期农村贫困发生率，从 97.5% 下降到 5.7%，降低了 91.8 个百分点。⑤ 到 2020 年底，现行标准下 9899 万农村贫困人口全部脱贫，832 个贫困县全部摘帽，12.8 万个贫困村全部出列，区域性整体贫困得到解决，为世界减贫事业贡献了中国力量。⑥

三是基本医疗保险实现全覆盖，基本养老保险参保率超过 80%。协调推进了医疗改革、医保改革与医药改革，2016 年中央财政安排的城乡医疗救助补助资金达 160 亿元，城乡居民基本医保补助由每人每年 380 元提高到了 420 元，基本实现了医保全国联网和异地就医结算，分级诊疗试点扩展到了 70% 左右的地市，财政补助的基本公共卫生服务费从人均 40

---

① 参见新华网《2016 年政府工作报告（全文）》，http：//news. xinhuanet. com/fortune/2016 - 03/05/c_ 128775704. htm。

② 参见人民网《2015 农民工总量 27747 万人　外出务工者人均月薪 3359 元》，http：//society. people. com. cn/n1/2016/0428/c1008 - 28311721. html。

③ 参见国家统计局：《脱贫攻坚战取得全面胜利　脱贫地区农民生活持续改善——党的十八大以来经济社会发展成就系列报告之二十》，http：//www. stats. gov. cn/xxgk/jd/sjjd2020/202210/t20221011_ 1889191. html。

④ 参见光明网《农村扶贫开发：新进展、新举措与新问题》，http：//theory. gmw. cn/2016 - 02/26/content_ 19050713. htm。

⑤ 参见新华网《扶贫蓝皮书：我国 30 年减贫人口占全球逾七成》，http：//news. xinhuanet. com/politics/2016 - 12/27/c_ 1120197886. htm。

⑥ 参见国家统计局：《脱贫攻坚战取得全面胜利　脱贫地区农民生活持续改善——党的十八大以来经济社会发展成就系列报告之二十》，http：//www. stats. gov. cn/xxgk/jd/sjjd2020/202210/t20221011_ 1889191. html。

元提高到45元，促进了医疗资源向基层和农村流动。目前，全国31个省（区、市）均已建立城乡居民大病保险制度，城镇职工基本医疗保险、城镇居民基本医疗保险、新型农村合作医疗三项基本医疗保险参保（合）人数超过13亿人，参保率稳定在95%以上。①

四是持续增进就业和社会保障力度，织密织牢民生保障网。在财力紧张情况下，保障民生力度继续加大。政府推出"大众创业、万众创新"等多项新政策，有效解决了高校毕业生和就业困难群体的就业创业问题。一大批困难家庭圆了安居梦，共改造农村危房432万户，改造开工棚户区住房601万套，基本建成城镇保障性安居工程住房772万套。改善了贫困地区义务教育薄弱的学校办学条件，重点高校招收贫困地区农村学生人数又增长10.5%。提高了低保、优抚、企业退休人员基本养老金等标准。开展了养老服务业综合改革试点，推进了多种形式的医养结合。城乡社会救助体系建设和基本公共文化服务建设得到进一步加强。②

总之，党的十八大以来，以习近平同志为核心的党中央，坚持以人民为中心的发展思想，朝着共同富裕方向稳步前进，努力补齐基本民生保障的短板，实施一系列利当前、惠长远的重大举措，不断增进民生福祉，筑牢民生保障，使广大人民群众有了更多获得感、体面感。

第二节　当代中国体面劳动面临的挑战

改革开放使中国开始走向世界，融入世界体系之中，从而社会发展进入了一个崭新的历史时期。伴随着丰富的物质财富和精神财富，百姓过上了丰衣足食的好日子，生活越来越体面。但是，由于市场经济条件下劳动关系的嬗变与应对问题的制度缺失，在这些丰实与体面的背后，其实也有着一些不体面，诸如"重资本轻劳动"、劳动者报酬低、社会保障不完善，等等。深入考量当代中国的这种现实存在，在其背后其实有着必然的逻辑。

---

① 参加中国农民网：《党的十八大以来农村医疗保障体系建设成就综述》，http://www.chinafarmernet.com/index.php? c = show&id = 17776。
② 参见新华网《2016年政府工作报告（全文）》，http://news.xinhuanet.com/fortune/2016-03/05/c_128775704.htm。

一 劳动"失尊":"观念"影响着劳动

马克思认为,在资本主义社会,劳动表现为异化劳动,虽然劳动创造着财富,但人的能力与价值、尊严,在资本主义社会的异化劳动中,没有得到应有的尊重。随着生产力的不断发展和社会关系的革命,在共产主义社会,劳动已经不仅是谋生的手段,而且本身成了生活的一种需要,成为人的一种本质力量。马克思指出,共产主义是"那种消灭现存状况的现实的运动"①。共产主义是一个运动的历史进程。对于建设社会主义而言,也是如此。

对于我们这样一个社会主义大国,进行"现实的运动",就是要坚持自力更生、艰苦奋斗。毛泽东指出:"理想境界的实现还要靠我们的辛勤劳动。"② 中国社会主义建设史表明,实现国家富强和人民幸福,需要靠全体人民的共同劳动来创造。习近平强调,美好的梦想只有诚实劳动才能实现,发展的难题只有诚实劳动才能破解,"生命里的一切辉煌,只有通过诚实劳动才能铸就"③。可以说,解决中国一切问题的关键是发展,而发展最根本的是要靠劳动。

劳动是人类生存的前提和基础,是历史发展的基本动力,同时也是一个国家、一个民族繁荣的根本。对于劳动的重要性,古今中外很多思想家和优秀人物,皆有深刻的认识和体悟,如"劳动是财富之父"(威廉·配第)、"没有劳动就不可能有正常的人的生活"(卢梭)、"只有人的劳动才是神圣的"(高尔基)、"忧劳可以兴国,逸豫可以亡身"(欧阳修)等。可见,人们对劳动的重视历史悠长。

伟大的革命先驱李大钊先生指出:"我觉得人生求乐的方法,最好莫过于尊重劳动。一切乐境,都可由劳动得来,一切苦境,都可由劳动解脱。"④ 尊重劳动是中华民族的传统美德。几十年来,全国各级劳动模范、五一劳动奖章获得者数不胜数,石油铁人王进喜、淘粪工人时传祥、公交乘务员李素丽等等,得到了包括国家领导人在内的广大人民的爱戴礼敬,他们曾是无数人学习的楷模和榜样。然而,伴随着市场经济的发展,社会

---

① 《马克思恩格斯选集》第 1 卷,人民出版社 2012 年版,第 166 页。
② 《毛泽东文集》第 7 卷,人民出版社 1999 年版,第 226 页。
③ 《习近平谈治国理政》,外文出版社 2014 年版,第 46 页。
④ 《李大钊文集》第 2 卷,人民出版社 1999 年版,第 301 页。

上也出现了许多令人忧虑的轻视劳动的现象和导向，以致劳动"失尊"，劳动者得不到应有的重视和尊重。

其一，劳动光荣观念式微。自古以来，中华民族一直以勤劳勇敢著称于世，从《尚书》中"唯日孜孜，无敢逸豫"到《左传》中"民生在勤，勤则不匮"，从"天道酬勤"到"业精于勤"，无数的名言警句成为对"劳动光荣"这种伟大精神的生动写照。正是凭着这种可贵的精神，我们的祖先创造了光辉灿烂的中华文化，从古代的"四大发明"到现代的载人航天飞船，中华民族创造了一个又一个人间奇迹。"劳动最光荣"，曾经是时代的最强音和社会的主旋律，为社会树立了充满正能量的价值坐标。"劳动最光荣"，曾经激发了无数劳动者的生产积极性和劳动创造性，涌现出诸如王进喜、史来贺、袁隆平、许振超、陈立虎等许多可歌可泣的劳动模范。但是在今天，却没有了往日的感召力。看不起劳动、不愿劳动的人越来越多，有些少年儿童也瞧不起普通劳动者，长大后大多数希望当"白领"、明星、歌手等在如今社会显得"体面"的职业。然而，相反的是，"资本至上"的观念却深植人心，对资本的敬仰日渐强盛，甚至被奉为世俗社会的"上帝"。"宁愿在宝马车里哭，也不愿在自行车上笑""宁愿卖肾也要买个iphone7"……资本拜物教、商品拜物教日趋强劲，生动地展现了这一社会现象的实情。

其二，不劳而获思想涌动。勤劳和诚实是中华民族的美德，是一个人的基本道德要求。一个人，只有勤劳和诚实，才能赢得他人与社会的尊重；一个国家，只有辛勤劳动、诚实劳动占据社会的绝对主流，才能生生不息，拥有繁荣发展的不竭动力。"历览前贤国与家，成由勤俭败由奢"（韩愈），生动揭示了辛勤劳动对于成就国家和民族大业的重要性；"辛苦是获得一切的定律"（牛顿），深刻表明了辛勤劳动对于获得科学真理和实现人类价值的重要性。诚然，我们不能否认的是，在今天的社会，仍有人坚持通过自己的辛勤劳动，实现着自我价值，创造着社会财富，推动着社会进步。但是，我们也看到这样的景象：假冒伪劣越来越多，欺蒙拐骗层出不穷，短斤缺两日渐盛行，贪污腐化屡禁不止，权钱交易越发猖獗，权力寻租日益严重，等等。这些现象背后，其实都是不劳而获思想的具体表现。这严重打击了人们辛勤劳动的信心和意愿。

其三，劳动者主体地位不彰。在马克思主义看来，劳动者是劳动的主体，是社会发展的决定因素。离开了劳动者，劳动活动无法进行，社会财富也不能创造。劳动以及劳动者理应获得高度的尊重。但是在现实生活中，劳动者的主体性地位得不到足够的彰显。而且，劳动者的辛劳付出经常得不到足够的回报，劳动者的各项权利有时也得不到完全的保障，劳动者在劳动中找不到经济上和政治上的获得感，劳动者对劳动的价值和意义失去了信心和认可，导致劳动者自我认同的深刻危机，从而形成了逃避劳动、贱视劳动的不良心态。与此同时，一些"变质"官员依靠手中的公权力，大肆侵吞劳动者的劳动成果，极力展示所拥有的权力地位，不仅消解了劳动者对劳动及其价值的认同，而且严重破坏了整个社会的政治生态。此外，伴随社会等级意识的反弹，一些干部家臣化、政治依附化等官场乱象也日渐增多，普通劳动者向上流动的机会也越来越少，导致了社会阶层固化的进一步加剧。在这样的社会氛围中，劳动尊严自然会沦为苦涩的无语。

二 劳动"失权"："资本"宰制着劳动

马克思认为，劳动是人的生命活动。然而，在资本主义条件下，作为人的生命活动的劳动，被不断抽象化，资本雇佣劳动，劳动"失权"，臣服于"资本"，沦为资本增值的工具。在《雇佣劳动与资本》这一著作中，马克思指出，资本的实质在于，活劳动是替它"充当保存并增加其交换价值的手段"，而不在于它是"替活劳动充当进行新生产的手段"[1]。在马克思看来，资本绝不仅仅是一种"物"，而且还是一种"颠倒"的社会关系，它通过支配和控制雇佣劳动，来获取剩余价值。资本之所以是资本，就在于它能增值自身。

马克思指出，资本行使权力的真正起点是生产劳动。所以马克思强调，劳动的分工与结合、技术的发明与进步、机器的运用与更新，"都不会使工人致富，而只会使资本致富；也就是只会使支配劳动的权力更加增大"[2]。在他看来，"劳动的一切力量都转化为资本的力量"[3]。在资本主

---

[1] 马克思的原话是："资本的实质并不在于积累起来的劳动是替活劳动充当进行新生产的手段。它的实质在于活劳动是替积累起来的劳动充当保存并增加其交换价值的手段。"（《马克思恩格斯选集》第1卷，人民出版社2012年版，第346页）

[2] 《马克思恩格斯全集》第30卷，人民出版社1995年版，第267页。

[3] 《马克思恩格斯选集》第2卷，人民出版社2012年版，第778页。

义社会，资本让"一切固定的东西都烟消云散了"①，客体支配主体，"死劳动"支配"活劳动"，人发生异化。

马克思强调，资本逻辑构成了资本主义社会的深层逻辑。他认为，在资本主义社会，"资本是对劳动及其产品的支配权力"②，而且"不是一种个人力量，而是一种社会力量"③。在某种意义上，资本成了万物的尺度，进而在其强大的同一性控制力作用下，"抽象成为统治"。马尔库塞曾深刻指出："逻各斯表现为统治的逻辑。"④ 在马克思看来，资本同劳动的对立，是资本家和工人的对立。它无声地强制着工人从属于资本，保证了资本家对工人的统治与剥削。由此，资本成为统治一切的权力。所以马克思认为，只有扬弃资本，使人的生命活动摆脱资本的奴役，才能真正实现人的自由全面发展。

虽然马克思恩格斯生活的时代，与我们所在的时代相隔久远，但他们的经典论述仍然有着时代意义。对于当代中国，我们正处于发展中国家的工业化进程中，对资本的广泛利用有着毋庸置疑的"必要性"和"合理性"。但我们不得不承认，资本的本质偏好不会改变，劳动在与资本的对抗中，仍然是受排斥的弱者。而且，不同程度地存在着"重资本轻劳动"的倾向，特别是一些企业放任"雇佣劳动"本质意识的扩张和泛滥，让资本宰制劳动，导致劳动"失权"，以致社会劳动关系中时常响起不和谐的音符。

在现实社会中，一些企业在资本逐利本质的驱动下，直接或间接增加劳动时间、压低劳动报酬、软化劳动条件、淡化劳动安全等不良现象时有出现，乃至引发的劳动维权、工伤事故、人身死亡事件频频发生。在如此工作中，劳动者的权益得不到实现，生命得不到保障，劳动成了"过度劳动"，乃至"异化劳动"，劳动的美好在劳动者脸上悄然消逝。"劳动"最生动的意义，其实也被遮蔽了，劳动似乎已经腐朽，劳动者失去了生动的脸庞。

---

① 马克思的原话是："一切等级的和固定的东西都烟消云散了，一切神圣的东西都被亵渎了。"(《马克思恩格斯选集》第 1 卷，人民出版社 2012 年版，第 403 页)
② 《马克思恩格斯文集》第 1 卷，人民出版社 2009 年版，第 130 页。
③ 《马克思恩格斯文集》第 2 卷，人民出版社 2009 年版，第 46 页。
④ 马尔库塞的原话是："在此过程中，目的与手段似乎异位了：异化劳动时间占用了个人需要时间，从而也规定了需要本身。逻各斯表现为统治的逻辑。"([美] 赫伯特·马尔库塞:《爱欲与文明》，黄勇等译，上海译文出版社 2005 年版，第 84 页)

一是劳动时间长、劳动强度大。以富士康公司为例，郑州富士康公司的工作时间是早上 7 点半上班、晚上 7 点半下班，并且实行"13 休 1"的休假制度；而烟台富士康公司的工人更加辛苦，一天 11 小时站立工作，天天如此。① 流水线上的工作简单至极，但是胳膊一伸一蜷的动作，每四五秒就要重复一次，如同"机器人"，10 个小时工作下来，累计七八千次，感觉好像"自己的胳膊没有了"。② 现实的残酷遮蔽了"劳动"原有的意义，有些工人忍受不了这种残酷，选择了罢工、逃跑甚至跳楼自杀。据媒体报道，仅深圳富士康在 2010 年上半年就有 10 名工人跳楼自杀。③

二是安全装备及设施投入欠账大。2005 年辽宁孙家湾煤矿发生特大事故，共造成 214 人死亡、30 人受伤，直接经济损失 4968.9 万元。国家安监局负责人在谈到我国煤矿事故频发原因时指出，除了自然条件复杂、开采技术落后，主要原因在于对煤矿安全的投入欠账太大，他举例说仅国有煤矿的欠账就达 500 亿元左右；而煤矿工人的整体文化素质又相对较低，生产过程中违章、违规现象严重；特别是部分企业忽视安全，一味追求利润，超能力生产。④ 可见，解决中国煤矿安全问题仍然任重而道远。据报道，2016 年我国共发生各类生产安全事故 6 万起、死亡 4.1 万人。其中，发生较大事故 750 起、死亡 2877 人；发生重特大事故 32 起、死亡 571 人。2016 年共发生煤矿事故 249 起、死亡 538 人，其中较大事故 22 起、死亡 95 人。⑤

三是压低、克扣、拖欠工资现象时有发生。尤其到了岁末年底，农民工辛辛苦苦干了一年，可是却拿不到工资，很多人甚至走投无路，采取跳楼等极端形式来讨薪，不但对自己的人身安全是一种伤害，也造成了恶劣的社会影响。由此导致的群体性社会事件也屡见不鲜。据媒体报道，总理

---

① 参见证券日报《富士康高层短信召员工复工 员工每天 11 个小时站立工作》，http：//news.xinhuanet.com/fortune/2012 - 10/08/c_ 123792757. htm。

② 参见新京报《揭秘富士康：一个动作重复近万次感觉不到胳膊》，http：//finance.qq.com/a/20121129/001642. htm。

③ 参见历史上的今天《富士康"十连跳"事件发生》，http：//www.todayonhistory.com/5/21/FuShiKang-ShiLianTiao-ShiJianFaSheng.html。

④ 参见央视网《孙家湾矿难再次向我国煤矿安全敲响警钟》，http：//www.cctv.com/news/china/20050218/101944. shtml。

⑤ 参见新华网《去年全国发生各类生产安全事故 6 万起》，http：//news.xinhuanet.com/2017 - 01/16/c_ 1120322318. htm。

每年都要帮农民工讨要工资。欠薪的本质是什么？是对劳动权利的蔑视，是对劳动者的不尊重，是对劳动法的粗暴践踏。当然，近年来国家和地方政府出台了不少政策和措施，有力地缓和了这种恶劣局面。据媒体报道，安徽省自去年11月起在全省范围内组织实施"保障农民工工资支付攻坚行动"，共调解处理了工资纠纷2159件，查处拖欠工资违法案件1126件，责令支付农民工工资7.1亿元，涉及农民工8.97万人。[①]

当然，从经济学角度看，劳动"失权"最为突出的还是，劳动者的劳动报酬占GDP的比重（经济学上简称"劳动收入占比"）低，并且呈连年下降的趋势。据有关数据显示：我国的劳动收入占比自20世纪80年代中期开始持续下降。2007年降至39.74%，为历史最低点，比最高点的53.34%（1983年）下降13.6个百分点。劳动收入占比的大幅度下降，造成了"利润侵蚀工资"的现象。[②]

有研究发现，我国居民可支配收入占比从1996年开始逐年下降，而政府和企业却几乎都是逐年增加。以2005年为例，居民的初次分配占比下降了10.71个百分点，而政府、企业分别增加了3.17和7.49个百分点；居民的再分配占比下降了2.01个百分点，政府增加了3.17个百分点，企业略有1.16个百分点的降幅。由于生产税净额比例的上升，2005—2007年的居民可支配收入占比又降低了3%。[③] 此外，我国当前的《个人所得税法》，也不同程度地侵蚀着居民的劳动收入。据国税总局数据显示，2013年工资薪金所得占整体个税收入的62.7%。以劳动收入为主的工薪阶层，稳定地承担着缴纳个税的"主力军"角色，个税沦为"工资税"。[④] 可见，政府、企业在收入分配中占据绝对话语优势。

有研究表明，从"东中西三大地带"看，资本利用较多的东部地区，低于资本利用较少的中部和西部地区。2007年东部地区劳动收入占比为

[①] 参见人民网《安徽开展专项行动3月余为近9万名农民工讨薪7亿元》，http://politics.people.com.cn/n1/2017/0223/c1001-29100985.html。

[②] 参见安体富、蒋震《对调整我国国民收入分配格局、提高居民分配份额的研究》，《经济研究参考》2009年第25期。

[③] 参见白重恩、钱震杰、武康平《中国工业部门要素分配份额决定因素研究》，《经济研究》2008年第8期。

[④] 参见经济学家圈《劳动产权谁来保护——经济学界的灯下黑》，https://baijiahao.baidu.com/po/feed/share?context=%7B%22nid%22%3A%22news_3584610914739830805%22%2C%22sourceFrom%22%3A%22bjh%22%7D&fr=followcon&wfr=spider&type=news。

38.11%，低于中部地区 3.17 个百分点，低于西部地区 5.12 个百分点。2003—2007 年间（西部大开发之前），西部地区的劳动收入占比一直高于中部地区。①

劳动收入占比下降，严重侵蚀了劳动的"权力"，致使资产者地位不断上升，劳动者地位不断下降，造成收入差距不断拉大。另有学者按照马克思主义分析框架，从实证的角度得出结论："劳动收入占比下降带来了劳资冲突增加。"② 不过，令人欣慰的是，党的十八大报告明确提出了"两个倍增""两个同步"的战略③，这无疑为有效解决劳动收入以及由此引发的分配差距问题找到了正确的方向。

三 劳动"失本"："消费"支配着劳动

马克思认为，在资本主义制度下，人的特性被物的关系统治了，工人劳动者基本上成了机器的一部分。因此，马克思说："在现代世界，生产表现为人的目的，而财富则表现为生产的目的。"④ 显然，资本对利润的追求，决定了资本家必须不断地刺激和制造消费。现代资本主义社会是一个消费社会，已经"把人变成消费的机器，变成彻底的消费者"⑤，人总是以拥有和使用更多商品为目标。

鲍德里亚指出，在消费社会中，人们追求和崇尚的是过度的物质占有。人们通过大量占有和消费物质财富，来体现自己的社会地位和身份价值。当然，这种消费并不真正是人的需求，而绝大多数是"虚假的需求"。但是，这种颠倒的形式，在某种意义上，已经成为人们日常生活的"行为准则和美德"⑥，甚至"渗入了人们的思想，进入了伦理和日常的意识形态之中"⑦。

---

① 参见顾乃华《我国劳动收入占比时空特征研究：基于结构分析的视角》，《经济学家》2010 年第 12 期。

② 参见王兴华《论提高我国劳动收入占比的原因与困难》，《华东经济管理》2010 年第 10 期。

③ "两个倍增""两个同步"分别是指：国内生产总值倍增、城乡居民收入倍增，以及城乡居民收入水平和经济增长同步、劳动者报酬和生产率提高同步。

④ 《马克思恩格斯选集》第 2 卷，人民出版社 2012 年版，第 739 页。

⑤ 陈学明、吴松、远东：《痛苦中的安乐：马尔库塞、弗洛姆论消费主义》，云南人民出版社 1998 年版，第 115 页。

⑥ ［法］让·鲍德里亚：《消费社会》，刘成富等译，南京大学出版社 2001 年版，第 72 页。

⑦ ［法］让·鲍德里亚：《消费社会》，刘成富等译，南京大学出版社 2001 年版，第 74 页。

由于人对物质财富的过分追求,加之"丰裕社会"消费意识形态的侵袭,"消费"成为人的第一需要,人陷入了"消费主义"[①]的迷雾,劳动失去了人之为人的根本。就其本质来说,消费主义就是物质主义,是以满足人类无休止的欲求为特征的。消费主义使人"越来越成为一个贪婪的、被动的消费者……成了物品的奴仆"[②],成为没有思想和精神的躯壳。消费主义危害人本身,使人失去了对生活意义的追求。

在当代中国,伴随着改革开放的历史进程,西方社会的文化价值思潮乘机而入,而市场经济的发展又带来物质产品的极大丰富,在西方消费主义思潮的影响下,人们难免要跌入"消费主义"话语的规约之下,以致过度追求物质消费,过度追求享受和快乐,而追求消费和享受似乎也已被市场意识所制度化甚至图腾化。由是,在中国人的现实生活中就涌现出了代表各种身份认同的消费表现形式。

一是"炫耀性消费"[③]。按照凡勃伦的观点,荣誉准则与竞争本能,是促使人们追求炫耀性消费的根本原因。在他看来,人们正是通过消费一定量的商品或服务,才使得自己的支付能力能够可视化,在这种可视化中,人们实现了与他人做歧视性对比的目的,而在某种意义上,这种歧视性的对比,则有效地保护和提高了人们的尊严,进而巩固并提升了自己在社会上的地位和声望。炫耀性消费,其核心在于"炫耀性",也就是说,炫耀性既是其行为的目的,又是其行为的结果。通俗地说,可以把炫耀性消费理解为一个有大把时间的有钱人,通过消耗贵重、高额的商品来实现其炫耀目的的行为过程。

---

　① 消费主义(consumerism),起始于19世纪末20世纪初的以大众消费为主要特征的西方社会,它追求和崇尚过度的物质占有和消费,并以此作为幸福生活和人生的根本目标,从而在现实生活中通过大量地消耗物质财富和自然资源,以炫耀性、奢侈性、符号性消费方式来体现社会地位、身份和人生价值的一种价值观念、生活态度及其行为实践。消费主义使人们不再把消费只当作满足日常生活需要的一个必要环节,而是要将其当作人生的根本意义之所在。
　② 陈学明、吴松、远东:《痛苦中的安乐:马尔库塞、弗洛姆论消费主义》,云南人民出版社1998年版,第115页。
　③ 美国经济学家凡勃伦(Thorstein B. Veblen)在1899年发表的《有闲阶级论》中提出了"炫耀性消费"(conspicuous consumption)的概念,堪称社会科学领域的经典。其实,在凡勃伦之前,加拿大经济学家John Rae(1796—1872)首次应用了"炫耀性消费"的概念,但是对这个概念进行深入分析并使得该概念得到社会科学领域广泛的关注则是由凡勃伦推动的。[Edgell, Stephen, Tilman, Rick, John Rae and Thorstein Veblen on Conspicuous Consumption. History of Political Economy, 1991 (23)]

经过几十年的发展，凡勃伦所论述的这种炫耀性消费，在中国社会的富裕、高收入阶层中的一些人群中，表现得分外的突出，时不时上演各种令人炫目的消费"盛宴"闹剧或丑闻，刺激社会普通阶层的脆弱神经。名表、名狗、豪车、豪宅、私人游艇、私人飞机、超级婚礼、超级生日……为了比拼自己的富有，他们使出了各种手段，比拼烧人民币的有之，比拼吃黄金宴的有之，比拼买飞机游艇的有之。据媒体报道，在东南沿海部分富裕的农村，婚丧嫁娶、民俗节庆的铺张浪费令人瞠目，一桌村宴上万元，一座墓地逾三亩，一个村大操大办，光吃喝一年就能吃掉几百万元，一个镇能吃掉近亿元。① 再看黄晓明 Angelababy 的超豪华婚礼，花费达 2 亿多元，婚车队伍里光劳斯莱斯和奔驰就有几百辆。他们的消费，是炫耀性的、标榜性的，是为了地位和身份。他们要借此种消费，区别与他人的不同，让人觉得只有这样消费的一群人才能这样消费，进而标榜自己的社会地位。

二是"奢侈性消费"②。经济学家厉以宁曾对炫耀性消费与奢侈性消费的概念做过区分，他认为，奢侈性消费是部分个人或家庭的专利，是个人的消费占用或消耗了过多社会资源的消费。奢侈性消费不仅滋生"拜金主义"等不良社会习气，而且容易诱发社会矛盾，引发社会冲突，也容易引发权钱交易等违法犯罪行为，不利于社会的和谐与稳定。不过，他也认为，在奢侈性消费中，也有一部分是人们用于炫耀目的的，所以有时也等同于"炫耀性消费"，但大部分还是用于个人享受，因而两者又不能完全等同。

当下中国社会，奢侈性消费主要是通过特定的群体，对各种奢侈品③的购买、消费表现出来。据《羊城晚报》报道，在上海举行的国际顶级私人物品展，三天的成交额就达 2 亿元，接待的富豪逾 7000 人，他们九成以上是来自中国内地。据负责人介绍，这些富豪大部分是珠宝商或房地

---

① 参见新华网《令人瞠目的"斗富之风"：宁穷一年，不穷一天》，http://news.xinhuanet.com/2014-04/08/c_1110150323.htm。

② 奢侈的概念可以追溯到古希腊时期，"奢侈"一词来源于拉丁文"luxury"，原意是指"极强的繁殖力"，也可以理解为极强的"感染力""传播力"和"延展力"，这种极强的繁殖力通过"奢侈生活""奢侈品"和"奢侈态度"等形式表现出来。

③ 奢侈品在国际上通常被认为是一种超出人们生存与发展需要范围的，具有独特、稀缺、珍奇等特点的消费品，是一种非生活必需品。目前，国际公认的"奢侈品"主要包括：高档服装、珠宝首饰、高档化妆品、豪华汽车和游艇等。作为非生活必需品，奢侈品是一个相对的概念。

产老板,其中太原、深圳、无锡等地的富豪甚至是组团前来。[1] 从世界奢侈品协会公布的报告,我们可以看到,除去私人飞机、豪华游艇与豪华汽车的消费,2011 年中国的奢侈品消费已达 126 亿美元,是全球总额的 28%,中国已成为全球最大奢侈品消费国家。[2] 2013 年中国奢侈品消费总额达 1020 亿美元,占全球消费总额的 47%。[3] 这种炫富似的消费行为,甚至传染了一些并不富裕的,尤其是年轻人的消费心理和消费行为,使这些并不富裕的人,陷入奢侈消费的"集体无意识"虚幻梦境而不能自拔。

在中国这样一个刚刚建成小康社会、并不富裕的国家,炫富性消费和奢侈性消费,更多的还只是少数富裕阶层的消费行为。对于那些没有经济实力而盲目追求的人而言,则是出于某种虚荣、炫耀的心理作祟,是一种非理性的消费行为的表现。无论是从整个国家的经济发展水平与层次,还是就人均占有的各种自然资源,或者是大多数国人的消费能力而言,中国还承受不起这股"消费风暴"。很大的因素是,国外商家的推广、广告的狂轰滥炸、媒体的追捧和社会舆论的推动一起导致的结果,更深层的原因是,消费主义意识形态已经在当代中国社会抢滩登陆。这种近似疯狂的消费行为,烘托出来的是,一种异化的消费心理和不成熟的消费市场,昭示的是,富裕阶层在财富、社会地位上都高人一等的优越感。

归根结底,人们就是在这样的消费中寻找着自我认同。乔治·瑞泽尔说得一针见血:"当我们消费物品的时候,我们就是在消费符号,同时在这个过程中界定我们自己。"[4] 在他看来,人们之所以选择某种产品来消费,并不仅仅是因为它的使用价值,而考虑最多的则是,这种消费品或消费方式,是否能够充分展现人的个性,体现人的品位,甚至是生活风格。人就是通过这种特定的消费,来表明自己与他人的异质性,进而获得自我的满足以及自我的认同。由于人都有归属的需要,都希望获得特定群体的认同与吸纳,因此,他们通过选择类似的消费品种类,或选择与这个群体

---

[1] 参见中国网《国际顶级私人物品展:七千富豪 3 天花掉 2 亿元》,http://www.china.com.cn/chinese/news/1008051.htm。

[2] 参见中国财经报网《中国奢侈品年消费总额跃居全球第一》,http://www.cfen.com.cn/old_7392/xwdyz/201201/t20120119_2062702.html。

[3] 参见海外网《中国去年买走全球 47% 奢侈品:境外门店配中文服务员》,http://huaren.haiwainet.cn/n/2014/0221/c232657-20307206.html。

[4] [美] 乔治·瑞泽尔:《后现代社会理论》,谢立中等译,华夏出版社 2003 年版,第 110 页。

类似的消费方式，来表明自己与这个群体的同质性，从而获得身份、地位的社会认同感。可见，正是由于对自我身份同质与异质的探索与追求，使得人们将消费作为了最主要的手段，成为了建构和维持其身份认同的重要元素，特别是，成为了建构经济性身份、实现阶层向上流动的工具。由此，人们也就成为了消费主义忠诚的实践者。

第三节　当代中国体面劳动的牵绊因素

研究当代中国的体面劳动，当然要从中国的现实国情出发，这是毋庸置疑的。但这种研究必须突出"当代"的特点。体面劳动在当代中国实践的最大特点，就是受价值观的多元碰撞、资本霸权的制约以及人的自我认同迷失等多重影响。

一　观念更新引发了价值观的多元碰撞

马克思指出，人是社会关系的总和。社会关系存在的地方，就有人的存在。人在肯定和维系其生命存在的过程中，必定要体现个人与社会的一定关系，展现出人的类意识和群体意识。马克思指出："意识一开始就是社会的产物。"[①] 人就在这种类群体活动中，逐渐将对自身的肯定和维系的那种形式，积淀为一种内在的精神渴求和模式，进而凸显出个体及其群体的富有生命的底色，为人类的全部行为实践确定动机和目的。这即是人的思想观念。它是纷繁复杂的社会生活在人的精神世界的内化。它以动机的形式支配着人类的行为实践。[②]

诚然，改革开放带来了社会的巨大进步，人的思想观念也不断开放和更新。但随之而来的，便是价值观的多元碰撞，这一定程度上，也带来了人的价值评判的偏差。其典型表现是：一些人疯狂追崇"明星"，却对自身成就没有荣耀感；各种腐败的当事人常常只有后悔，却没有羞耻感；而存在于社会中的"不以为耻，却以为荣"事情屡见不鲜。

关于中国社会当前价值观现状，一个不争的事实是：社会价值观出现

[①] 《马克思恩格斯全集》第3卷，人民出版社1960年版，第34页。
[②] 思想观念对人类行为的牵导是双重的。一方面，它能使人类美好的理想转化为现实，另一方面也能使美好的理想化作泡影；一方面，它能使人类的现实朝着特定的美好理想转化，另一方面，却也能违背人类的意愿扭曲人类的现实生活。

了多样化的态势。事实上，目前我国有三种价值观形态同时并存。其一，以集体为本位的价值观，这是与计划经济体制相适应的；其二，重功利、重才能的价值观，这是随着市场经济的发展而形成的；其三，极端利己主义、绝对功利主义的价值观，这是在西方文化影响下所形成的。价值观多样化使人们原有的价值观内容，得到了进一步的拓展、深化和丰富，使人们的价值观评价标准，得到了进一步补充、调整和完善，进而使人们对于人或事物的评价，变得更加多层次、多角度和多维度。因此，它有积极的一面。同时，价值观的多样化也造成了多种不同性质价值观的并存，比如拜金主义与为人民服务的并存，个人主义与集体主义的并存，等等。不同价值目标的并存，在很大程度上，冲击了人们对社会主导价值观的认同，势必会使一部分人感到"无所适从"，由此造成了"价值虚无"乃至价值失范的现象。所以，它也有消极的一面。

毋庸置疑的是，价值观对人的道德观、人生观、世界观产生一定影响。那么，价值观多元的双面性特征，也必然决定了它将产生正负两方面的影响。也就是说，它不仅有积极向上、与时俱进的一面，也有消极不良、腐败堕落的一面。其中，负面影响最突出的一个表现，就是在某些情况下，一些人开始对美与丑、是与非、善与恶变得混淆不清，荣辱观发生了某些偏差甚至畸变，对于和自己无关的事情，总是采取事不关己、高高挂起的冷漠态度，辛勤劳动、诚实守信、艰苦奋斗等观念逐渐淡漠，甚至将其看做是不合时宜的"傻帽"行为，而见利忘义、损人利己、好逸恶劳的思想却越来越浓厚，甚至将其看作是"人的天然本性"。更为严重的是，有少数人为了拥有特权与显赫地位，走向了违法乱纪、挥霍浪费、骄奢淫逸的不归路；有一些青年学生也变得缺少远大志向，只看到眼前，不思量未来。

维持一个社会的和谐有序，需要有鲜明的价值导向。作为一个人，也是如此。树立正确的劳动观，就是人的一种正确的价值导向。劳动观是人生观的一个重要方面，它是对劳动的根本看法。当然，人的劳动观总是受一定社会的风格、习惯和传统的影响的。不同的社会制度下，不同的民族或地区内，人们对劳动的看法也不尽相同。我们知道，中华文明上下五千年，有着十分悠久的道德传统，也有着丰富的道德资源。比如说，在如何对待义与利、公与私、美与丑、苦与乐等方面，就为我们现代人提供了一些基本的道德参照。正确处理好这些矛盾关系，就预示着树立了正确的人生观和价值观。中华民族的传统美德，是社会主义劳动观的深厚根基。中华民族博大精深的道德文化，推动我们社会的道德进步和发展，是我们民族走向世界的精神动力与智力支持。当然，树立正确的劳动观需要把传统美德与时代精神紧密结合起来。"以辛勤劳动为荣、以好逸恶劳为耻"，是我国传统美德的重要组成部分，也是当代精神的根本展现，它包含了热爱劳动、尊重劳动者等基本道德理念，需要我们进一步发扬光大。

综上所述，受经济全球化及市场经济发展的影响，人们的思想观念不断更新、变化，对劳动的认识和理解也随着变化，但最根本的是，绝对不能丧失起码的劳动道德底线。每个人都可以自由选择自己的生活方式，但不论怎样自由，做人的底线绝对不能突破。诚然，社会主义市场经济也需要继承传统的劳动美德，进而树立起现代的劳动理念。如果在现实社会中，人们的是非美丑界限模糊，对荣辱不分，价值取向变得扭曲，甚至以耻为荣，丧失了对真善美与假恶丑的辨别力，那么，必定将造成好逸恶劳、假冒伪劣、坑蒙拐骗、见利忘义等现象的泛滥。所以，让人们知道什么该反对、什么该坚持、什么该抵制、什么该倡导，引导大家正确明辨是非善恶美丑的界限，已经成为一项紧迫而重大的现实课题。

二 全球化扩张增强了资本的霸权地位

"全球化"[①] 这个概念，提出并流行于 20 世纪 80 年代。它的思想学术传统，可追溯到马克思甚至黑格尔。黑格尔把思辨的对象定位在广阔的历史空间，提出了"世界历史"的概念，他以此来描述人类文明的发展，也即是他称之为"绝对精神"[②] 的发展。

黑格尔的"世界历史"概念，得到了马克思恩格斯的肯定。他们首先抛弃了黑格尔的唯心主义历史观，并在此基础上，创生了他们自己的唯物史观。他们认为："历史向世界历史的转变，不是'自我意识'、世界精神或者某个形而上学幽灵的某种纯粹的抽象行动，而是完全物质的、可

[①] "全球化"（globalization）一词，最早是在 1985 年由 T. 莱维特在他的一篇文章"市场全球化"中首先提出的。他用这个词形容 20 世纪 60 年代以来国际经济的巨大变化，即商品、服务、资本和技术在世界性生产、消费和投资领域中的扩散。

[②] 在黑格尔看来，"绝对精神"在民族历史中表现为"民族精神"，在世界历史中表现为"世界精神"，"世界历史"就是"世界精神"的发展和实现的过程。（参见 [德] 黑格尔《历史哲学》，王造时译，上海书店出版社 2001 年版，第 451 页）

以通过经验证明的行动。"① 也就是说,是生产力,亦即是物质的、科技的力量,推动了全球一体化的发展。在他们看来,全球历史的形成是资本力量作用的结果。他们指出,资本主义的任务就是"建立世界市场(至少是一个轮廓)和以这种市场为基础的生产"②。

由此,马克思恩格斯提出了他的"世界历史"理论。他们不仅看到了现代工业文明在全球扩展的态势,而且还深刻把握了世界市场的形成趋势,及其由这种趋势所造成的全球性联系。他们认为,大工业的发展"首次开创了世界历史……消灭了各民族的特殊性"③。在他们看来,物质的生产是如此,精神的生产也是如此。在《共产党宣言》中,马克思恩格斯写道:一切民族都被吸引到这种西方资产阶级文明中来了。由是,"使东方从属于西方"④。他们揭露了这种扩张的本质。他们认为,资产阶级的文明是伪善的,野蛮是他们的本性,他们的一切行为都是为了获取更多利益。当然,他们也指出了资本主义扩张的一些积极作用。

显然,无产阶级离不开世界历史。马克思指出:"无产阶级只有在世界历史意义上才能存在。"⑤ 某种意义上,马克思设想的社会主义,其实是世界历史的社会主义,它是经济全球化条件下的社会主义。也就是说,实现社会主义的基本前提,是要有一个开放性的世界。因此,社会主义要直面全球化的发展,不仅不应逃避这种普遍发展和普遍交往,而且应当主动迎接并自觉驾驭这种全面生产。

19世纪末20世纪初,随着第二次技术革命的发生,全球化生产的程度进一步提高,一个全球性的经济体系逐步形成。当然,是以资本主义为主导的世界经济体系。由此,各国之间的经济联系变得更加紧密。在布哈林看来,这种世界性经济体系,把所有国家"纳入了资本主义交换分工体系之中"⑥。在世界整体联系越来越紧密的过程中,列宁指出:"社会主义共和国不同世界发生联系是不能生存下去的。"⑦ 为此,他认为,社会

---

① 《马克思恩格斯选集》第1卷,人民出版社2012年版,第169页。
② 《马克思恩格斯全集》第29卷,人民出版社1972年版,第348页。
③ 《马克思恩格斯选集》第1卷,人民出版社2012年版,第194页。
④ 《马克思恩格斯选集》第1卷,人民出版社2012年版,第404—405页。
⑤ 《马克思恩格斯选集》第1卷,人民出版社2012年版,第166页。
⑥ [苏]尼古拉·伊万诺维奇·布哈林:《世界经济和帝国主义》,蒯兆德译,中国社会科学出版社1983年版,第1页。
⑦ 《列宁专题文集 论社会主义》,人民出版社2009年版,第387页。

主义应当同资本主义紧密联系起来。伴随着生产的国际化和资本的国际化，第二次世界大战后，全球化发展到新的更高阶段，即经济全球化时代。

在经济全球化的时代，国家与国家间的依存度和依赖度更强。社会主义中国亦是如此。能否融入全球经济体系，已成为中国社会主义现代化建设的关键。邓小平审时度势、高瞻远瞩，在继承马克思列宁思想精髓的基础上，提出了对外开放的理论。邓小平指出："任何一个国家要发展，孤立起来，闭关自守是不可能的。"① 因此，他强调，中国应加强国际交往，"不要给自己设置障碍，不要孤立于世界之外"②。

同马克思和列宁的时代一样，当今的经济全球化，仍然是由资本主义国家所主导的。邓小平说："对外开放，资本主义那一套腐朽的东西就会钻进来的。"③ 但是，社会主义的力量更大，社会主义能够自我完善、自我抵御，从而有助于坚持社会主义。对外开放不会把中国导向资本主义。改革开放30多年的实践证明，邓小平的预言无疑是正确的。全球化已经并且将继续对世界产生巨大影响，它使得我们"日常生活的观念、价值、视角、态度、形象、人格和我们接受的信息都在稳定地扩展着"④，使得整个世界的时间和空间遭受了挤压。

全球化给当代中国带来了新的发展机遇，也提出了严峻的挑战，诸如在生产方式、文化制度和价值观念上的冲击等。其中，最为突出的一点就是，全球化扩张增强了资本的霸权地位，"资本"取得了霸权话语，资本产权得到极大强化，而劳动产权越来越被弱化，导致"劳动"失权而臣服于"资本"。这是影响当代中国体面劳动进程的根本因素之一！

我们知道，全球化本质上是现代性的全球性扩展。那么，在这种全球性扩展中，必然会有文化的侵入，在某种意义上，也必然将迫使现有文化重新建构。毋庸置疑的是，这种重构肯定不是田园牧歌式的，必定有好的结果，也有坏的结果，甚至是让人痛苦的结果。但是，这个过程，我们无法抗拒。我们唯一能做的，便是以积极的态度去应对它。唯有如此，我们

---

① 《邓小平文选》第3卷，人民出版社1993年版，第117页。
② 《邓小平文选》第3卷，人民出版社1993年版，第202页。
③ 《邓小平文选》第2卷，人民出版社1994年版，第409页。
④ Joseph E. Davis, *Identity and Social Change*, Transaction Publishers, New Brunswick, 2000: 137.

才有可能驾驭全球化的潮流。正视这一点，勇于创新，积极进取，中国才能在全球化进程中争得"共赢"的结果。

三 消费主义造成了人的自我认同迷失

歌德说，世界历史的唯一真正的主题，是信仰与不信仰的冲突。我们都知道，信仰并不是一种僵死的精神现象，它是实实在在的现实生活的内化，它具有巨大的社会功能。信仰要运作，要发展，要发挥它的功能，也必然决定了有信仰冲突的发生。冲突有多种多样的理解，就信仰冲突而言，是指原有信仰的全面失落和崩溃。也就是说，人们原有的良好而固定的信仰，由于外部环境和自身因素的影响，出现了困惑、怀疑和动摇，甚至全面的抛弃，而与此同时，新的信仰却还没有或者无法完全的确立。信仰冲突并不可怕，我们须要勇敢地正视它。

历史的变迁，社会的转型，信仰冲突总是与影相随。目前，中国社会正处于社会转型期。在这个转型期，由于市场经济打破了人们先前的固有认识，使得人们一时感到无所适从，造成了思想上的不完全适应，进而引发了不同程度的信仰迷失与冲突。而这种迷失与冲突，却又不仅仅是纯政治或纯经济层面上的，更为严重的是，在某种程度上，它已经渗入到思想文化选择层面，也就是说，在某种意义上，它已经深入到了"为人之本"的深度了。这时，又必然将影响到人生的最高价值取向，影响到人类生存的终极意义。这种影响和联系，又必然地从人之初开始反思，从而在更深厚的历史背景上，对人类历史上的多种文化选择做反复的比较和审视。

我们无法否认，市场经济促进了生产力的极大发展，创造了丰厚的物质文化基础。应当说，它的确是一场巨大的历史进步。但我们更无法否认的是，在市场经济的浪潮中，作为个体的人，虽然解脱了由于经济发展低下所带来的困境，解脱了因某种原因造成的某种程度上的政治纽带的束缚，获得了"积极的自由"。但是，人们却似乎忘记了，那些束缚"正是过去给予他安全感和归属感的那些纽带"。而现在，人们已没有了安全感和归属感，"人不再生活在一个以人为中心的封闭世界里"[①]，物的世界占据了人的生活全部。人们自由、独立、竞争，其实也意味着人们孤独、疏离、无助。市场不仅给人成功的希望，也给人失败的威胁。人的生活不再

---

① [美]艾瑞克·弗洛姆：《逃避自由》，陈学明译，工人出版社1987年版，第87页。

有稳定的根基。一切都是个变数，一切都是个未知。我们现在所面临的，不正是这种感受和体验吗？又有谁能说，这是一种体面和幸福呢？

而且，在世界历史的现代化进程中，中国是一个后发展国家。与发达国家相比，中国的现代化必然有巨大的时代落差。发达国家的现代化，是在西方工业文明方兴未艾之际开始的，而中国的现代化，则是在向现代工业文明转型中开始的。这种错位给中国现代化带来了极其复杂的影响，使原本历时性的以序更替的文明发展进程，在融入世界体系之后，突然转变为共时性的存在，而且是两种不同社会制度形态的共存。而中国又是以几十年经济发展迟缓为代价，带着计划经济的斑斑痕迹进入市场经济的现代化进程的。这就是说，从经济发展的角度看，中国的转型期实质上，还是一种以市场经济为主体的、多种体制并存的社会发展阶段。

在这种复杂的历史条件下，文化出现某种困惑甚至混乱，也是一种自然的必然。由此，导致了多元文明的文化对中国人精神世界的冲撞和挤压。一种是传统农业文明的文化，它是以人与自然的自在或原始为内涵的；一种是现代工业文明的文化，它是以人本精神和理性技术为内涵的；一种是后工业文明的文化，它以消解自我和压平价值为内涵的。在这时代的文化和信仰的困惑面前，原有认同基础的解构，使得人们失却了生活着的意义感，而此时，西方新自由主义、消费主义等文化观念，如洪水猛兽般浸袭和影响着中国人的精神信仰世界，以此造成了人的"自我价值感、自我意义感的丧失"①，乃至自我认同上的失落与冲突。进而，人们陷入了"消费主义"的迷雾，"消费"成了人的第一需要，劳动变成了满足"消费"的手段，失去了最生动的意义。

由是，消费似乎成了人们劳动的目标和生活的宗旨。特别是在市场经济取代计划经济之后，由于铺天盖地的商业广告的影响，人们的消费观念和消费行为开始改变，加之西方消费主义意识形态地不断侵入，中国人的日常消费实践已完全坠入了"消费"话语的规约之下。也正是在这种消费实践中，以及为了此种消费实践而拼搏的过程中，人们逐渐构建着自己既模糊又清晰的身份认同。在亨廷顿看来，人的身份及其对身份的认同需要经过一个构建的过程，"人们是在程度不等的压力、诱因和自由选择的

---

① [美] 罗洛·梅：《人寻找自己》，冯川等译，贵州人民出版社1991年版，第45页。

情况下，决定自己的身份"①。而在"消费主义"意识形态的影响下，消费就被看作是塑造自我认同的一种"原材料"，一种自我认同得以表达、传播和显示的符号和象征。

诚然，在当代中国，消费仍是人生存和发展的需要，但是，它也被赋予了某种特定的内容和意义。消费成了人们建构自我认同的一种手段。费瑟斯通认为，当市场进一步发展壮大，产品生产将更加多样化，技术能力差异性也将变化，"随着市场分化的加速，不同阶级之间的消费一致性程度也有所降低"②。消费种类及消费行为，将成为区分或者展现不同身份的标志。有学者指出，一个人的收入状况及消费行为，与他自身的身份认同有着必然的联系，"收入是阶层认同的源泉，消费则是阶层认同的显现"③。可见，消费不仅可以表达自我认同，而且还能以此获得社会认同。由是，一个现实情境就是，越来越多的人，开始选择他自己所期待，或者特定群体所期待的某种消费方式，并以这种特定的消费方式和消费行为，来展示自己与其他人的不同，并将自己归属于某特定群体，进而凸显出自己的某种地位和价值，以获得所期待的相应的社会身份认同。

---

① ［美］塞缪尔·亨廷顿：《我们是谁：美国国家特性面临的挑战》，程克雄译，新华出版社 2005 年版，第 21 页。
② ［英］迈克·费瑟斯通：《消费文化与后现代主义》，刘精明译，译林出版社 2000 年版，第 126 页。
③ 王宁：《消费社会学：一个分析的视角》，社会科学文献出版社 2001 年版，第 78 页。

第六章

当代中国体面劳动的未来路向

人类对劳动的认识是不断深化的。"人类的社会发展大致经历了从奴役劳动到谋生劳动,再从谋生劳动向体面劳动的转化,最后再走向未来的自由劳动。"[①] 体面劳动作为全球性目标,其核心在于给予劳动者人格上的尊重,使劳动者在劳动中确证自己的自由存在本质,感受生命的价值和意义。当代中国,如何在正确判断历史发展进程的基础上构建体面劳动的未来发展之路,这不仅是一个现实问题,也是一个理论问题。马克思主义者要做的不仅是"解释世界",更要"改造世界"。正如毛泽东所说:"辩证唯物论的认识运动,如果只到理性认识为止,那末还只说到问题的一半。"[②] 本书试图在此前论述的基础上,完成问题的另一半。

第一节　弘扬劳动精神是体面劳动的思想基础

人无精神不立,国无精神不强。劳动精神是中华民族的一种宝贵精神财富。中华民族自古以来就热爱劳动、崇尚劳动,以辛勤劳动、刻苦耐劳闻名于世界民族之林。中华文明的持续发展、生生不息,得益于劳动精神的代代相传、与时俱进。在市场经济条件下继续弘扬源远流长的劳动精神,是我们面临的一项重要课题,也是促进体面劳动发展的一个观念依循。

[①] 何云峰:《从体面劳动走向自由劳动——对中国"劳动"之变的再探讨》,《探索与争鸣》2015 年第 12 期。

[②] 《毛泽东选集》第 1 卷,人民出版社 1991 年版,第 292 页。

一 热爱劳动是中华民族的传统美德

习近平总书记强调,"要教育孩子们从小热爱劳动",[①] 通过劳动磨炼意志、播种希望、收获果实。热爱劳动是中华民族的传统美德。

(一) 劳动是人类最基本的实践活动

劳动是人类特有的、最基本的社会实践活动。劳动创造了人类自身。恩格斯在《劳动在从猿到人转变过程中的作用》中,明确指出"劳动是整个人类生活的第一个基本条件",认为"在某种意义上不得不说:劳动创造了人本身"[②]。按照恩格斯的观点,在古猿的进化中,主要是劳动逐渐创造了人。同时,劳动不是单个人的活动,它从一开始就是社会的劳动,人们必须结成一定的生产关系,以一定的方式互相交换其劳动,才能进行改造自然的生产活动。由此,构建组成了人类社会。无论是人类自身的产生,还是人类社会的生存发展,都离不开劳动这一人类特有的、最基本的社会实践。

(二) 劳动是创造社会财富的源泉

关于财富,人们有不同的理解。有人将物质财富称作财富,有人将自然财富看作财富,有人将人为财富当成财富。在经济学上,财富是特指社会财富,它不同于我们日常用语中广义的财富。一般来讲,我们说财富,实际就是指财富的社会形式,也即指特定意义上的社会财富。人们从事经济活动的直接目的和根本动机就是财富。

明确地将经济学上的财富称为社会财富的是马克思。马克思批判地继承了前人的研究成果,站在古典经济学劳动价值论基础上,创造了劳动二重性学说,构建了科学的劳动价值论,真正解决了社会财富的来源问题。在马克思看来,社会财富是一个统一体的二重性物。社会财富表现为使用价值和价值。它是一定生产关系下的劳动产品,也是一种生产关系的物化形式。不同生产领域的各种形态的具体劳动,创造社会财富的使用价值;整个生产领域中的劳动者的抽象劳动,创造社会财富的价值。在此基础上,马克思形成了科学的财富理论。马克思认为,社会财富本质上是经济

[①] 人民网:《习近平在庆祝"五一"国际劳动节暨表彰全国劳动模范和先进工作者大会上的讲话》,http://cpc.people.com.cn/n/2015/0429/c64094-26921006.html。

[②] 《马克思恩格斯选集》第3卷,人民出版社2012年版,第988页。

运动的成果，是人类劳动的产品，是劳动者创造的对人有使用价值的劳动产品。高尔基指出，世界上最美好的东西都是由劳动创造出来的。其实，我们生来就是一群劳动者，是劳动让我们创造出了这个七彩世界，是劳动让田野处处瓜果飘香。

（三）劳动是中华民族创造辉煌的动力之源

中华民族历来就是一个热爱劳动的民族。"民生在勤，勤则不匮"，勤劳创造了中华民族的辉煌文明。长期以来，人们尊重劳动、辛勤劳动，充分肯定劳动的价值和意义。

正因为中华民族有热爱劳动的高尚品格，才使得世世代代的劳动人民辛勤地劳动，才使得中华民族开垦了疆土大漠，美化了壮丽山河。正因为有了劳动人民的辛勤劳动，才创造出了中华民族悠久的历史、灿烂的文化和进步的制度，才使得中华民族屹立于世界民族之林。也正因为有了劳动人民的辛勤劳动，才为人类创造了四大发明、万里长城、兵马俑等许多骄傲和奇迹，才使得中华文明延续五千余年而不衰。可以说，没有中华民族世代相传的热爱劳动的美德，中华民族令世人瞩目的历史篇章就不可能书写。正是中华儿女的辛勤劳动，创造了昨日华夏的灿烂文明，铸就了今日中国的辉煌成绩。

李大钊先生指出，劳动是幸福快乐的源头，是拯救一切痛苦的良药。他说："人生求乐的方法，最好莫过于尊重劳动。一切乐境，都可由劳动得来，一切苦境，都可由劳动解脱。"[①] 尊重劳动、热爱劳动，是人生的至高追求，也是人生的至上境界。人在劳动中，不仅得到快乐，而且消解烦恼。当今世界的发展，离不开知识，离不开人才，离不开创造。而知识、人才、创造，都离不开劳动者的劳动。没有了劳动，知识不能成为知识，也形不成力量；没有了劳动，创造只能化作泡影，也会失去方向。社会的一切发展和进步，最终都要靠人的劳动来实现。习近平强调，劳动是一切成功的必经之路。他号召，全社会都要"牢固树立热爱劳动的思想、牢固养成热爱劳动的习惯"[②]。

[①] 《李大钊文集》第2卷，人民出版社1999年版，第301页。
[②] 新华网：《习近平向全国广大劳动者致以"五一"节问候》，http://news.xinhuanet.com/politics/2014 - 04/30/c_ 1110494875. htm。

二 尊重劳动是社会主义的基本要求

什么是社会主义[①]？社会主义的基本特征，应是更加注重人与人的和谐。和谐的社会结构，要求尊重劳动和劳动者。尊重劳动是社会和谐的基础，是社会进步的源泉。社会主义要尊重和保护一切有益于人民的劳动，努力形成劳动光荣、劳动伟大、劳动美丽的时代新风，不断增强全社会的创造活力和发展动力。

（一）尊重一切有益于人民和社会的劳动

在社会主义社会，劳动只有分工不同，没有高低贵贱之分。习近平总书记指出："在我们社会主义国家，一切劳动，无论是体力劳动还是脑力劳动，都值得尊重和鼓励。"[②] 要尊重普通工农业群众的劳动，因为他们是社会劳动的主力军，他们所从事的劳动是基础劳动；要尊重经营管理者的劳动，因为经营管理出生产力，经营管理是推动经济发展的重要因素，他们从事的劳动是复杂劳动；要尊重科技工作者的劳动，因为科学技术是第一生产力，科学技术日益成为推动经济社会发展的决定性因素，他们从事的劳动是创新劳动；要尊重第三产业的劳动，因为这种新形式的劳动对国民生产总值的贡献率越来越高。总之，在社会主义社会，一切劳动都应该得到承认和尊重。

但是，在社会生活实践中，一个很明显的事实就是，人们尊重劳动的观念时常发生一些偏差。比如说，有的时候，有些人认为，脑力劳动不创造商品价值，因此片面重视体力劳动，而轻视脑力劳动。而有的时候，有些人认为，劳心者治人，劳力者受治于人，脑力劳动才是高尚的，因此又反过来片面重视脑力劳动，而轻视体力劳动。

实际上，马克思早就指出，创造商品价值的都是人类劳动。在马克思看来，人类最初的劳动是统一的，没有脑力与体力之分。伴随私有制的产生，社会分工的出现，脑力劳动与体力劳动才逐渐相对分开，由此，也就有了越来越明显的脑力劳动与体力劳动之区别。但是，从某一项目的整个

[①] "社会主义"（socialism），是从"社会的"（social）这个词演变而来的。英文的"社会的"（social），在拉丁文中具有"交际的""社交的"含义。思想先驱者用"社会主义"（socialism）这个词来概括未来社会的特征，说明社会主义要比过去任何一个社会更加注重人与人的和谐。

[②] 人民网：《习近平在庆祝"五一"国际劳动节暨表彰全国劳动模范和先进工作者大会上的讲话》，http://cpc.people.com.cn/n/2015/0429/c64094-26921006.html。

生产过程来看，二者又必须紧密结合。例如，盖一栋高楼，就既有脑力的支出，又有体力的耗费。如果只有脑力劳动者提供图纸，那只是纸上的房屋；如果只有体力劳动者添砖加瓦，高层建筑也盖不起来，即使勉强盖起来，也是会倾覆的。

诚然，不论任何形式的劳动都应得到承认和尊重。但是，现实中仍有一个令人不解的事实是，有时候不同形式劳动的报酬却存在着很大不同。在这里，我们有必要区分一下"有贡献"与"贡献大小"。无可否认的是，体力劳动和脑力劳动都创造价值，都是有贡献的，只不过它们的简单或复杂程度不同。脑力劳动属于复杂劳动，它的付出往往是简单劳动的多量倍加，某种意义上，它创造更多的价值，贡献大一点。由于复杂劳动贡献量大，它获得的报酬就多。所以，按贡献大小取得不同报酬，是合理的。但劳动的性质是一样的，都是创造社会财富，为社会主义现代化建设做贡献，因此都应该得到尊重。而绝不能以报酬的多少，作为衡量某项劳动尊卑贵贱的标准。

（二）尊重劳动是激发全社会创造力的基础

我们党和国家一直高度重视并尊重劳动。党的十六大首次提出，要把"四个尊重"[①]作为一项重要政策方针。党的十六届四中全会，更加突出"四个尊重"的重要性，将其作为增强全社会创造活力的前提。党的十八大以来，以习近平同志为核心的党中央，也多次反复强调"四个尊重"的重要性。"四个尊重"的核心是尊重劳动。尊重劳动是基础和根本，只有懂得尊重劳动，才能真正尊重知识、尊重人才、尊重创造。

在社会主义社会，以工人、农民、知识分子等为主体的劳动者，是推动经济社会发展的根本力量。是否尊重大多数劳动者的劳动和创造，关系到社会主义现代化建设的发展。尊重劳动集中体现在劳动成果的分配上。劳动是创造价值的源泉，是财富形成的最重要因素，没有劳动的投入，任何生产要素都不能发挥作用。但是，从目前来看，劳动要素在收入分配中的地位，还未能得到充分的体现。最有力的例证[②]就是，我国劳动收入占

---

① "四个尊重"，即"尊重劳动、尊重知识、尊重人才、尊重创造"。
② 如前所述，从20世纪80年代中期以后，中国的劳动收入占比开始持续下降。截至2007年，中国劳动收入占比已经由1983年最高点的53.34%下降到2007年最低点的39.74%，降幅高达13.6个百分点。劳动收入占比的大幅度下降，意味着资本收入占比的大幅度增加，造成了"利润侵蚀工资"的现象。

GDP 的比重，一直低于资本等要素所占比重，并且呈连年下降的趋势。

显然，理顺分配关系事关广大群众的切身利益，事关劳动者劳动积极性的有效发挥。因此，我们要认真贯彻按劳分配为主体、多种分配方式并存的分配制度，要始终坚持生产要素按贡献参与分配的基本原则，努力使劳动者的根本利益得到最大程度的实现。要努力在方针政策、劳动报酬、福利待遇制度等方面不断提高劳动者的地位，使广大投身于社会主义现代化建设的普通劳动者，获得应有的合理的劳动报酬和劳动保障，切实感受到劳动的光荣和价值，使全社会形成人人热爱劳动、人人辛勤劳动的良好风尚，这不仅能够为和谐社会的发展提供强大的经济实力，而且有利于形成一个团结稳定的政治局面，为社会的和谐奠定一个坚实的基础。

（三）尊重劳动是社会主义道德的重要内容

劳动是人类生存和发展的基础。它的背后隐藏着深刻的社会关系和道德关系。所有制形式和分配关系的不同，决定着人们对劳动的态度的差异。鄙视劳动是私有制社会道德的典型特征，而尊重劳动则是社会主义道德的重要内容。

劳动是人生存发展的基本条件。劳动改变着人和自然的关系，并且形成了人们之间的道德关系。劳动是人们道德生活的基础。马克思认为，劳动具有鲜明的道德意义。在他看来，对劳动抱什么态度，是衡量人们道德水平的重要尺度。但是，在不同的历史发展阶段上，不同阶级由于所代表的社会关系的性质，和所处的社会地位不同，因而，对劳动的态度以及对劳动的道德意义的看法或观点，也就大相径庭。在社会主义社会，劳动者是社会的主人。因此，劳动者劳动的性质也发生了根本的变化：劳动者破天荒地第一次不是为剥削者劳动，而是为社会同时为自己而劳动；劳动产品不再成为剥削者剥削和压迫劳动者的工具，而是用来扩大再生产、增加社会财富、满足人们不断增长的物质文化生活的需要；劳动再也不会被认为是痛苦的事情，而是在一定程度上，成为创造和发展自己的光荣豪迈的事业；劳动不仅成为公民的义务，而且也是一种权利，等等。劳动者的地位和物质文化生活方面的这种变化，使得劳动者从被迫地为剥削者劳动，转变为自觉地为社会的需要和个人的需要，而进行创造性的劳动。

我们知道，在社会主义社会，一切劳动，不论是脑力或体力，也不论简单或复杂，它们都是以不同的方式去建设社会主义物质文明和精神文明、推动社会进步的。因此，"劳动光荣"就成为人们生活中共同的道德标准。评价一个人的荣誉和地位的尺度，也不再取决于他对财产的占有状况、传统门第或职业上的差别，而是看他是否诚实地为社会主义而劳动，以及对社会主义事业贡献的大小。谁的劳动多，质量好，贡献大，谁就能得到最高的荣誉，就会受到社会的尊敬。

三　辛勤劳动是当代中国的鲜亮底色

"民生在勤，勤则不匮。"勤劳是中华民族的优良传统。习近平反复强调，要"辛勤劳动""一勤天下无难事"。习近平指出："实现中华民族伟大复兴的中国梦，要靠各行各业人们的辛勤劳动。"[①] 辛勤劳动是我们的劳动本色，是基本的劳动精神。

（一）坚决摒弃好逸恶劳的思想

习近平总书记指出："全社会都要以辛勤劳动为荣、以好逸恶劳为耻，任何时候任何人都不能看不起普通劳动者，都不能贪图不劳而获的生活。"[②] 然而，在社会现实生活中，我们总是会看到：有少数劳动者，他们不想付出、只想索取，不想流汗出力、只想一夜暴富，总是梦想某一天能中个彩票大奖；有少数青年就职者，只想多拿钱、少干活甚至不干活，天天钻营如何拍马屁溜须傍人腿，学习并奉行所谓的"职场秘诀"；有少数领导干部，枉置人民所赋予的权力，当官不为民做主，只想自己大肆敛财，奉行"当官不发财，请我都不来"的腐败理念。这些现象，充分体现了"好逸恶劳"的本质。弘扬劳动精神首先要摒弃好逸恶劳的思想。

好逸恶劳的思想，从本质上讲是一种少奉献、多索取，甚至不奉献、只索取的懒汉懦夫思想，是与社会主义道德格格不入的剥削阶级思想。改革开放以来，人们的物质生活水平提高了，所处的生活环境也发生了变化，一定程度上也影响了人们对劳动的认识和评价。比如说：一些人喜欢轻松的劳动、厌恶繁重的劳动，追求工资高的劳动、拒绝工资低的劳动，认为脑力劳动是高尚的、体力劳动是低贱的；还有一些人把衡量人生价值的标准，定位在拥有多少财富、担任什么领导、享受什么待遇上。不可否认的是，他们也承认劳动的重要，但是，在他们的内心里，劳动是分为等

[①]　习近平：《在知识分子、劳动模范、青年代表座谈会上的讲话》，《人民日报》2016年4月30日第2版。

[②]　人民网：《习近平在庆祝"五一"国际劳动节暨表彰全国劳动模范和先进工作者大会上的讲话》，http://cpc.people.com.cn/n/2015/0429/c64094-26921006.html。

级的、是有高低之分的。其实,作为劳动者,我们无论在什么岗位,都应该爱岗敬业,做好自己的工作。三百六十行,行行出状元。劳动给社会创造财富,使个人价值得以实现,也让劳动中的每一个人感受到充实和快乐。

当然,对于那些困难群众,我们要通过健全完善各项制度,切实保障他们的基本生活。习近平强调:"各级党委和政府要关心和爱护广大劳动群众……要切实维护广大劳动群众合法权益,帮助广大劳动群众排忧解难。"[1] 同时,要高度重视提高劳动者素质,积极引导群众树立劳动光荣的观念,摒弃好逸恶劳的思想。

(二)在劳动中发挥积极主动性

社会主义的劳动道德,要求每一个有劳动能力的人,都应该把辛勤劳动看作是自己应尽的神圣职责,用主人翁的态度、革命的精神,勤勤恳恳、兢兢业业地从事劳动。这种积极主动的劳动精神,表现了一种忘我的献身精神,标志着人类历史上对劳动认识的根本改变,成为社会主义社会道德评价的重要价值尺度。我们不应仅把劳动当做个人的谋生手段,更应把劳动看作是对国家应尽的职责和义务。我们要充分发挥高度的自觉性,努力为社会创造更多物质财富和精神财富。

毛泽东认为,热爱社会主义劳动,首先要热爱自己的本职工作。早在新民主主义革命时期,毛泽东就高度赞扬白求恩那种热爱本职工作、"对工作极端负责"的精神。在社会主义制度下,虽然有着劳动分工,存在不同的劳动形式,但是,不论体力还是脑力,不论农业还是工业,都是社会主义事业不可缺少的一部分。邓小平就此指出,"只是社会分工的不同。从事体力劳动的,从事脑力劳动的,都是社会主义社会的劳动者"[2]。这些思想对于清除剥削阶级鄙视体力劳动和体力劳动者,对于调动知识分子的积极性,在全社会形成尊重知识、尊重人才的良好社会风尚,改变我国脑力劳动者数量、结构落后的现状,具有重要的意义。

社会主义要创造出比资本主义更高的劳动生产率,就必须激发劳动者的劳动积极性。在社会主义制度下,劳动有极大的刺激性,它首先具有物质刺激性,在这种情况下,劳动被看作是获得个人幸福的手段;它还具有

---

[1] 习近平:《在知识分子、劳动模范、青年代表座谈会上的讲话》,《人民日报》2016年4月30日第2版。

[2] 《邓小平文选》第2卷,人民出版社1994年版,第89页。

道德刺激性，劳动的着眼点在于，追求社会利益与个人的社会意义。能否满足人们的这些需要，是衡量社会主义社会道德水平的重要尺度。为此，要积极为劳动者创造良好的条件，比如，创造合适的劳动岗位，保证合理的劳动时间，提供应有的环境设备，促使劳动者以主人翁的道德责任感，以诚实的劳动态度，积极主动地进行劳动。每个有劳动能力的公民，都应充分认识到自己在国家中的主人翁地位，并自觉自愿地进行积极劳动。

第二节 建立劳动产权是体面劳动的制度保障

在马克思看来，价值是劳动创造的，财富是劳动与生产要素结合形成的。劳动者创造了财富，必然对财富拥有"当然的"所有权，这种所有权应该在具体的财产关系上有所体现。只有拥有这种完全的所有权即产权，人才能真正占有劳动成果，才称得上真正体面、充分自由。劳动产权就是要保证劳动者的剩余索取权，进而从根本上保障劳动者的各项合法权益。对于当代中国而言，建立劳动产权应是促进体面劳动进程的一种合理性设想。

一 劳动产权是劳动者的"天然权利"

"产权"[①]，即财产权利，用英语表达即 property rights 或 property right。property 是个多义词，具有产权、所有权、所有制等多种意思[②]。产权是一个复杂的体系，它具有丰富的内涵。法学上，"是指一种通过社会强制而实现的对某种经济物品的多种用途进行选择的权利"[③]，是一种人对物的权利，或者说是一种物权。经济学上，"是指由物的存在及关于它

[①] 产权作为人们之间围绕财产而建立的经济权利关系，具有两重性：一方面，从它是人们因对财产行使一定的经济职能，形成某些经济利益关系看，是一种经济关系，属于客观存在的经济基础的范畴。另一方面，从它获得法律承认和保护，具有法定权利的形式看，又是一种法权，属于上层建筑的范畴。本书的研究是从产权关系的前一个方面进行的。（参见吴宣恭《产权理论比较：马克思主义与西方现代产权学派》，经济科学出版社2000年版，第49页）

[②] 产权与所有权的关系是理解产权的关键。首先，产权与所有权都可来自英文 property right，但产权在此具有更宽泛的定义，产权等于广义的所有权。所有权（ownership）着重说明由财产所引起的人与物的关系，是对财产归属问题的权利规定；产权则着重说明由财产所引起的人与人之间的行为关系，包含了比所有权更宽泛的意义。（参见吴宣恭《产权理论比较：马克思主义与西方现代产权学派》，经济科学出版社2000年版，第10页）

[③] 《新帕尔格雷夫经济学大辞典》第3卷，经济科学出版社1992年版，第1099页。

们的使用所引起的人们之间相互认可的行为关系"①。一般意义上，产权就是人们围绕一定的财产而发生和形成的责、权、利关系。

什么是"劳动产权"？本书指的是"以劳动作为价值尺度和价值实体的社会财产的所有权、使用权、支配权和收益权"②，亦即是，劳动者对于自己创造的财富，拥有财产权或收益的权利。

当然，"劳动产权"与"劳动力产权"是不同的。一般来讲，使用"劳动力产权"概念的研究者，虽也试图说明，劳动者对于其创造的财富，应该拥有财产权，即所谓的"劳者有其股"，但是，劳动力指的是劳动者的劳动能力，是潜存于劳动者身上或头脑中的东西。正如马克思所说，劳动力如果不使用，就是无。在整个人类社会中，可能只有在典型意义上的奴隶社会里，劳动者才失去了对于自己劳动力的产权形式。劳动力只有与生产资料结合，才能创造财富。但是，财富作为价值，是劳动力使用的结果，是积累下来的劳动，而不是积累下来的劳动力。积累下来的劳动力，只能是一堆尸体或机器残骸，如果不是在特定的意义上，就不能称其为财富。关于"劳动力产权"的说法，可能与西方经济学的"人力资本"概念有关。在此不再赘述。

其实，"劳动产权"这一概念，最早是由英国哲学家约翰·洛克③首次提出的。在其著作《政府论》中，他首先提出了"劳动财产权"的概念。在他看来，处于原始自然状态的土地及其产物，任何人都可以利用或拥有它，没有人具有可以排斥他人的权力。但是，如果有人在这块土地上使用了自己的体力，或者说对它施加了劳动，这个人就具有了排斥他人使用这块土地的权力，他就对这块土地享有所有权。④ 很明显，洛克表达了

---

① [美] R. 科斯、A. 阿尔钦、D. 诺斯：《财产权利与制度变迁》，刘守英等译，上海三联书店、上海人民出版社1994年版，第204页。
② 李惠斌：《劳动产权概念：历史追溯及其现实意义》，《马克思主义与现实》2004年第5期。
③ 约翰·洛克 (John Locke, 1632 – 1704)，17世纪英国哲学家。洛克主张政府只有在取得被统治者的同意，并且保障人民拥有生命、自由和财产的自然权利时，其统治才有正当性；他相信只有在取得被统治者的同意时，社会契约才会成立，如果缺乏了这种同意，那么人民便有推翻政府的权利。洛克的思想对于后代政治哲学的发展产生巨大影响，他的著作也大为影响了伏尔泰和卢梭，以及许多苏格兰启蒙运动的思想家和美国开国元勋。他的理论被反映在美国的独立宣言上。代表著作有：《论宽容》《政府论》《人类理解论》。
④ 洛克的原话是："只要他使任何东西脱离自然所提供的和那个东西所处的状态，他就已经掺进他的劳动，在这上面加进他自己所有的某些东西，因而使它成为他的财产。"（[英] 约翰·洛克：《政府论》下篇，叶启芳等译，商务印刷馆1964年版，第19页）

这样的意思：劳动者通过自己的劳动，所创造的物品或财富，应当属于劳动者自己。这即是他的"劳动财产权"之含义。

洛克的思想极大地影响了后来的法国启蒙思想家卢梭①。卢梭以洛克的"劳动财产权"为理论支撑，对财产所有权进行了深入研究。他以人的生存需要和劳动作为讨论的基点，认为人的需要产生占有，而占有的合理性来自劳动。在《论人类不平等的起源和基础》中，他指出，一个人要把原非自己创造的东西据为己有，那只能是因为他在这个东西上添加了自己的劳动。他认为："只有劳动才能给予耕种者对于他所耕种的土地的出产物的权利，因而他也给予他对土地本身的权利。"② 如果说，卢梭还是比较隐晦地阐释了劳动产权的话，那么，与他同时代的英国古典经济学家亚当·斯密，则就显得较为明朗一些。斯密说："劳动所有权是一切其他所有权的主要基础。"③ 他甚至是以绝对的结论表达了这样的态度，劳动所有权"是最神圣不可侵犯的"。

在黑格尔那里，如同他的哲学体系一样，他的劳动所有权的观念，也是以"倒立"的形式出现的。黑格尔指出："人把他的意志体现在物内，这就是所有权的概念。"④ 他认为，所有权就是个人自由意志对物的支配。他强调，人的自由意志必须通过"外在的形式表现出来"。一是对自然物的直接的身体把握，二是对自然物进行加工、定形、再造，三是给物施加一定的区别于他人的标志。显然，黑格尔的这些外在形式不是别的，就是劳动。

马克思看到了黑格尔思想中的这种倒立和颠倒。马克思指出："劳动

---

① 让-雅克·卢梭（Jean-Jacques Rousseau，1712–1778），法国18世纪伟大的启蒙思想家、哲学家、教育家、文学家，18世纪法国大革命的思想先驱，启蒙运动最卓越的代表人物之一。在哲学上，卢梭主张感觉是认识的来源，坚持"自然神论"的观点；强调人性本善，信仰高于理性。在社会观上，卢梭坚持社会契约论，主张建立资产阶级的"理性王国"；主张自由平等，反对大私有制及其压迫；认为人类不平等的根源是财产的私有，但不主张废除私有制；提出"天赋人权说"，反对专制、暴政。在教育上，他主张教育目的在培养自然人；反对封建教育戕害、轻视儿童，要求提高儿童在教育中的地位；主张改革教育内容和方法，顺应儿童的本性，让他们的身心自由发展，反映了资产阶级和广大劳动人民从封建专制主义下解放出来的要求。代表著作有：《论人类不平等的起源和基础》《社会契约论》等。

② ［法］让-雅克·卢梭：《论人类不平等的起源和基础》，李常山译，商务印书馆1962年版，第123页。

③ ［英］亚当·斯密：《国民财富的性质和原因的研究》上卷，郭大力等译，商务印书馆1972年版，第115页。

④ ［德］黑格尔：《法哲学原理》，范扬等译，商务印书馆1961年版，第52、59页。

是价值的实体和内在尺度。"① 在这个意义上,马克思把劳动当作是价值或社会财富的同义词。马克思也看到了这样的事实:在资本主义制度下,资本家控制的资本支配了劳动,劳动和社会财富发生分裂,劳动成了异化劳动,形成了社会财富与劳动者的对立。马克思非常同情劳动者的遭遇,他希望改变这种资本主义的生产方式,希望通过共产主义的行动,改变人的劳动异化状态,实现"人的自我异化的积极的扬弃"②,使人的劳动本质得以复归。当然,"这种复归是完全的、自觉的而且保存了以往发展的全部财富的"③。

我们知道,马克思并没有满足于他的哲学意义上的批判。后来,正像我们现在所看到的,马克思在晚年则潜心于对政治经济学的研究。他写下了鸿篇巨制《资本论》,提出了著名的"剩余价值理论"。当然,马克思并没有明确提出或使用"劳动产权"这一概念,但他对资本、工资、利润等的分析论述中,却蕴含着丰富的劳动产权思想。可以说,"马克思是第一位有产权理论的社会科学家"④。在马克思看来,物的要素是由人的要素转变和创造的。价值产生于劳动创造。社会财富是劳动与生产要素结合的产物。他认为,"私有财产的关系就是劳动、资本以及两者的关系"⑤,私有财产的主体本质是劳动。

马克思认为,劳动者和生产资料是生产的因素,"必须使它们结合起来"⑥。但是,在资本主义条件下,劳动者与其生产资料是分离的,劳动者成为了商品,被资本家作为纯粹的劳动力对待。劳动所有权表现为价值的一部分。由此,劳动者的劳动产品,就变为异于其自身的存在物,"作为不依赖于生产者的存在物,同劳动相对立",而且,劳动者生产得越多,"越受他的产品即资本的统治"⑦。马克思说,自由是人类追求的目标,"自由见之于活动恰恰就是劳动"⑧。如果劳动者被他的劳动产品所统

---

① 《马克思恩格斯选集》第2卷,人民出版社2012年版,第244页。
② 《马克思恩格斯全集》第42卷,人民出版社1979年版,第120页。
③ 《马克思恩格斯全集》第42卷,人民出版社1979年版,第91—92页。
④ S. Peiovich, Karl Marx, *Property Rights School and the Process of Social Change*, Karl Marx's. Edited by J. C. Wood, Vol IV, London: Croom Helm, 1988: 240.
⑤ 《马克思恩格斯全集》第42卷,人民出版社1979年版,第110页。
⑥ 《马克思恩格斯全集》第24卷,人民出版社1979年版,第44页。
⑦ 《马克思恩格斯全集》第42卷,人民出版社1979年版,第91页。
⑧ 《马克思恩格斯全集》第46卷下册,人民出版社1980年版,第112页。

治，非劳动者又占有他的劳动成果，那自由就是空话。

马克思在《资本论》中，表达了这样的观点：只有拥有完全的劳动产权，人才能真正占有劳动成果，才能有充分自由。劳动者的地位，建立在劳动产权基础之上。按照马克思的观点，分配权是产权的实现，劳动产权落实的核心是分配权利的落实。因此，公正的分配，意味着劳动者创造的剩余价值，应该由所有劳动者共同分享，而不应该只是由资本所有者独自分享。

二 劳动产权的核心是"剩余索取权"

如前所述，劳动产权是劳动者最基本的权利，其核心是剩余索取权。剩余索取权，也就是劳动所有者对生产创造的剩余部分（产出大于投入的部分）拥有索取权。我们知道，马克思的劳动产权理论[①]，是建立在公有制基础上的，它要求劳动者获得收益权或剩余索取权，进而从根本上保障劳动者的各项合法权益。

（一）劳动产权的基本理论前提是劳动创造剩余价值

在马克思看来，剩余价值是剩余劳动时间的凝结，是物化的剩余劳动。他指出："剩余价值都只是来源于劳动在量上的剩余，来源于同一个劳动过程。"[②] 马克思在劳动价值论基础上，构建他的剩余价值学说，深刻地揭示了劳动过程与资本积累和增值过程的内在联系，为劳动者对其创造的财富享有独立的产权地位提供了科学的依据。

按照马克思的观点，劳动者创造了财富，就对财富拥有"当然的"所有权，而且，这种所有权应该在具体的财产关系上有所体现。确立劳动产权，正是从法律上具体明确劳动生产者本来应该享有的合法权益。因此，确立劳动产权，也就是把马克思关于劳动创造价值的理论，具体地落实到社会主义财产关系上。

在资本主义私有制条件下，劳动力作为生产要素之一，通常被承认其

[①] 总体来讲，马克思的劳动产权理论内容主要包括三个方面：其一，劳动是个人财产的源泉；其二，劳动产权的实现形式是划分社会制度的主要标志；其三，劳动产权是实现个人自由的基础。（参见韩喜平、姜国权《马克思与市场社会主义两种劳动产权理论比较》，《学习与探索》2006年第1期。）

[②] 《马克思恩格斯文集》第5卷，人民出版社2009年版，第230页。

商品属性,"被并入资本,从劳动过程一开始就表现为属于资本的活动出现"①,因而,也就使得劳动生产者,没有也不可能有独立的产权地位。然而,在社会主义国家,公有制的确立和劳动者地位的转变,从根本上改变了劳动力的性质,即广大生产者对社会所提供的劳动,已不再是单纯的劳动力商品的出售,而是一种人力资本的投入。在生产过程中,劳动者一方面为全社会创造财富,另一方面也在为自身创造财富。从这个意义说,在社会主义全民所有制企业里,劳动者与企业或国家的关系,实际上是一种合作关系。这种新型的社会主义经济关系的建立,为劳动创造价值的理论在财产权利上体现,提供了现实的社会基础。

过去,在传统的计划经济体制下,由于单纯的共有产权形式,劳动者的地位虽然改变了,劳动力已不再是被出售的商品,但每一个劳动者通过国家平均占有生产资料,他们的所有者权益体现在计划性工资分配,以及由国家统包的社会福利和社会保障上,工人除了按等级领取工资外,其生老病死也由国家包下来,因而不存在明确劳动生产者个人产权的问题。

但是,随着计划经济向市场经济的转变,国家与企业、职工之间的经济关系发生了重大变化。首先是按照产权明晰化的要求,作为出资者的国家与作为劳动生产者的职工,划分为相对独立的利益主体。其次是国家不再包揽职工的福利和社会保障,职工的住房、医疗、就业、教育以及养老等,由国家单方面负担转变为个人、企业和国家共同负担,而且,国家主要是从提供全社会基本保障的角度承担起责任。再次是劳动用工制度和工资制度的改革,使就业和劳动报酬逐步市场化,职工与国家共同承担风险。在这样一种情况下,以劳动创造价值的理论为依据,建立劳动者的劳动产权,从财产关系上确认劳动生产者的所有者权益,已成为一种客观的要求。

建立劳动产权的核心,是以劳动贡献确立劳动者的产权主体地位,从根本上改变目前"国家-企业"的二重产权主体结构,建立以"国家-企业-劳动者"为主体的三重产权结构。由于劳动者的劳动产权,是建立在劳动创造价值的理论基础上,因而它只限于国家所投资本的增值部分。从理论上说,这一部分财产是由体现物化劳动的资本与活劳动相结合而形成的,其中既包含了出资者的权益,又包含了劳动生产者的权益,应

---

① 《马克思恩格斯选集》第2卷,人民出版社2012年版,第848页。

该由出资者和劳动生产者双方共同占有。

(二) 贯彻按劳分配原则必须涉及剩余利润分配的问题

按劳分配是马克思所设想的社会主义公有制条件下、以计划经济为基础的分配原则，是我们目前面临的一个新课题。确立劳动者的劳动产权，将有助于把按劳分配原则引入现代企业的财产制度，从而改变企业财产关系中单纯的按资分配倾向，探索一条市场经济与社会主义按劳分配原则相结合的路子。

长期以来，我们把按劳分配原则，始终局限在个人消费品的分配领域，并不涉及整个财产制度。这种限制，是在单纯的公有制和市场经济体制下，以整个国家作为一个统一的利益主体前提的。市场经济的变化发展，导致了多种经济成分并存，以及社会利益主体的分化。各个利益主体之间的分配，首先是由财产关系决定的，财产制度事实上已成为分配问题的核心。离开了财产的分配，就不可能从根本上体现分配的实质。特别是随着社会资源配置的市场化，在利益机制的驱动下，个人掌握的资金向生产领域转移，事实上已不存在个人消费品分配的严格界限。从这个意义上说，在市场经济条件下贯彻按劳分配原则，首先面临的问题就是，必须突破工资及其辅助形式的局限。

社会主义市场经济条件下，按劳分配究竟应该分什么？这不仅是一个理论问题，而且是直接关系到社会主义公平正义的重大现实问题。目前我们所说的"按劳分配"，主要是指工资和奖金分配。然而，从理论上说，工资只是劳动力再生产的基本费用，就像使用资金要付出利息一样，使用劳动力也要付出工资，这些费用都包括在生产成本之中。问题是扣除成本之外的利润应该归谁所得？也就是说，在支付了使用资金、劳动力以及其他生产要素的费用之后，还有一个剩余分配问题。因此，在社会主义市场经济条件下，贯彻按劳分配原则必须涉及剩余利润的分配问题，否则，按劳分配的公平原则就得不到彻底的体现。而确立劳动产权，正是从财产关系上为劳动者参与利润分配提供了基本依据。因此，有学者认为，劳动产权制度是对剥削关系的一种化解，是对劳动者和资本所有者各自利益的双向保护，同时也为遏制权力寻租提供了可能。[1]

针对目前企业财产关系中单纯的按资分配倾向，以及市场经济条件下

---

[1] 参见李惠斌《劳动产权理论及其意义》，《马克思主义与现实》2013年第3期。

按劳分配面临的新问题，建立劳动产权关键要解决两个问题：第一，从企业自身创造的财产中（职工创造的剩余利润的增值部分），划出一部分归职工所有，以劳动贡献为依据，确立职工股权，让企业的职工真正拥有自己的财产，成为名副其实的所有者。第二，在明确职工的劳动股权基础上，改变目前出资者"独享利润"的分配模式，建立出资者和生产者各得其所、"共享利润"的分配模式。也就是说，企业创造的利润在扣除了"企业应提""国家税金"之后，再由出资者和生产者根据各自的股份，共同分配扣除"资本利息"和"劳动工资"之后的所余利润。这一分配模式，使分配与贡献和效益直接挂钩，体现了权益对等性和利益一致性。

（三）建立劳动产权有助于充分调动劳动者的积极性

社会生产力的发展，离不开人的努力，离不开广大劳动者的积极性和创造性。党的十八届五中全会提出，到2020年，国内生产总值和城乡居民人均收入比2010年翻一番，国民素质和社会文明程度显著提高，农业现代化取得明显进展……[①]这是"全面建成小康社会"新的目标要求。但如果我们不从根本上解决人的问题，不把广大劳动者真正调动起来，全力以赴地投入到改革和建设中，这一要求就会落空，目标就难以达到。从这一意义上说，承认劳动者的所有权地位，建立劳动产权以及共享利润机制，是调动劳动者积极性、促进生产力发展的重要举措，也是全面深化改革的重要内容。

劳动产权是劳动者在经济上和政治上，体现主人翁地位的基础和保证。建立劳动产权，有利于确立产权激励机制和约束机制，从财产关系上调动劳动者的积极性和主动性。经济关系的基础是所有制。在社会主义国家，公有制的建立使劳动者成为社会财富的所有者，从而为劳动者的主人翁地位提供了根本保证。但是，仅仅停留在这一点上是不够的，还必须从经济上体现广大劳动者的所有者权益，使政治上的主人翁地位与经济上的所有者权益有机结合起来。目前，对国有企事业单位来说，劳动者主人翁地位主要表现在政治意识上，在经济上缺乏具体的体现，这种状况在市场经济条件下必然导致劳动者主人翁意识淡漠。而政治是经济的集中表现，

---

① 参见新华网《授权发布：中国共产党第十八届中央委员会第五次全体会议公报》，http://news.xinhuanet.com/politics/2015-10/29/c_1116983078.htm。

经济上的所有者权益得不到具体落实，政治上的主人翁地位也就难以真正确立。建立劳动产权，是落实劳动者所有者权益的基础，它从财产关系上为劳动者的主人翁地位奠定了基础，使劳动者的政治经济地位有机地统一起来。

谁都无法否认，正是因为有了劳动者的活劳动，企业才得以创造出剩余利润。也就是说，劳动者至少应该与非人力资本的投资决策者具有同等地位。劳动者也应是企业的主人。劳动产权的建立，有利于从企业的经营发展高度，调动劳动者的主动性。目前，企业的民主管理大都采取职代会的形式，由于缺乏产权利益机制，职工民主管理的积极性主要倾向于福利和待遇问题。作为企业的主人，职工参与民主管理的首要要求是，关心企业的生产、效益和发展，从这一要求来看，目前以职工代表大会主要形式的民主管理，只能属于一种低层次的民主管理，离主人翁地位的要求尚有较大的差距。而建立劳动产权，使每一个职工凭借自己的劳动贡献，在企业的财产中都拥有一定的股份，并依此参与利润分成，成为企业的股东，有助于引导职工更多地关心企业的生产、效益和发展，提高企业民主管理的层次，进而促进整个社会生产力的发展。

社会主义的根本目的，是消灭剥削和实现共同富裕。只有在社会主义社会，按劳分配制度才能得以真正实行。社会主义制度的进步性和优越性，也决定了劳动者的劳动产权能够得以充分实现。从根本上说，建立劳动产权，保障劳动者的剩余索取权，不仅有利于推动生产力的发展，而且从长远角度看，还有利于促进劳动者体面劳动，最终实现共同富裕。

三 劳动产权的实现具有现实可能性

在现代历史条件下，建立劳动产权主要是指让劳动者在现代企业内部，获得一部分剩余控制权和剩余索取权。也就是说，使劳动要素和资本要素一样，也获得相应的股权，也能分享相应的利润。某种意义上，劳动产权是对资本主义制度的一种真正的改造。它不仅是对资本的合理规制，还是对劳动及劳动者的真正尊重。它超越了以保护劳动力所有权为主要目标、以保护劳动者社会保障福利权为主要内容的民主社会主义运动。劳动产权理应成为当代社会主义运动的主流和方向。因此，有学者指出，劳动产权作为劳动者的基本权利，"应该在宪法文本中有充分明确的表述……

并在法律上得到政府的保护"[①]。

　　显然，在当前条件下，我们无法也不可能完全消除资本产权。我们要建立劳动产权，必须解决的，就是如何软化或弱化资本产权的问题。资本产权与劳动产权，两者看起来，针尖对麦芒，各不相让。其实，它们也存在着相互融合的必然性和可能性。王江松教授在其著作《劳动哲学》中，就曾对"资本产权与劳动产权的对立和统一"作过专门论述[②]。

　　毋庸置疑，当今时代，无论是从全球视野看，还是从中国现实看，劳动与资本的对抗开始日渐消减，其合作的程度也越来越高。一定意义上，已经大大提高了劳动产权与资本产权统一的可能性。据报道，约六成的美国人拥有一定的股权，新加坡则几乎全民持股。几乎所有发达国家都在推动员工持股计划。我国有些著名企业也开始推行员工持股计划，比如华为公司，虽然员工持有公司的股份是"虚拟受限股"，并非真正意义上的股东，但他们都享有分红权和股份增值权。这些情况，一方面看，它是资本的社会化和普遍化，另一方面看，也说明劳动开始获得了产权。这似乎就是当年马克思的一种认识。他当时认为，股份公司是资本主义内部资本的一种自我扬弃。

　　一个现实是，我们今天的劳动与资本的关系，变得愈加复杂多样。传统意义上的工人开始分化，比如普通工人、技术工人、中高层管理者、风险劳动者、风险管理者等。所谓"工资劳动者"的范畴变化了。因此，他们的报酬就不再仅仅是工资收入，由于也不同程度地参与企业股权分配，进而获得一定剩余利润。当然，从资本的角度来看，他也不再仅仅是传统意义上的资本所有者了。食利者阶层、职能资本家、证券投资者、风险投资家、共享投资家等，也雨后春笋般涌现出来了。可见，以前那种传统的分配方式，也就是"劳动得工资、资本得利润、土地得地租"，早已经不能满足现实的需要了。因此，完善或寻找新的分配方式，就显得愈加紧要和必须。

　　我们无法否认，在现实条件下，资本产权具有毋庸置疑的必要性和合理性。也就是说，在当前乃至未来相当长的历史发展阶段，资本产权仍将

---

　　① 曹天予：《劳动产权与中国模式：当代马克思主义在挑战中发展》，社会科学出版社2006年版，第25页。

　　② 王江松：《劳动哲学》，人民出版社2012年版，第370—380页。

发挥它积极的作用。那么，建立劳动产权，也就只能是在资本产权与劳动产权的二者结合中，在资本与劳动的相互雇佣中得以实现。这或许是当前最为合理的一种选择。如何使资本与劳动相互雇佣呢？其实，从目前取得的成就和经验来看，大约有如下三种具体模式。

一是利润分享制。它是由美国经济学家马丁·魏茨曼在其《分享经济》一书中提出的。他的基本做法是，把工资制度改变为分享制度，即把工人的工资与某种反映厂商经营的指数相联系，从而确定了工人与资本家在厂商收入中各占多少。这实际上，是潜在地承认了工人的剩余索取权。在美国，大约有 50 万个利润分享计划，涉及 1/5 的非农就业人口，实行的银行大约占总数的 40%。① 法国自 1959 年就开始颁布相关法规，"强制性的利润分享"是其一大特色。② 到 1990 年，利润分享制覆盖了 1400 万法国职工，约占职工总数的 60%。③ 在我国，深圳蛇口工业区曾于 1988 年试点推行，取得了一些宝贵经验，但是由于当时某些思想误区，一直被边缘化，直至被全盘否定。④

二是劳资共决制。它是德国工人民主参与企业管理的一大特色，也是德国市场经济中起主导作用的企业制度。它主要是通过劳资双方的"伙伴式"对话关系，来解决彼此间的利益对立，以化解劳资矛盾，实现劳资和谐。劳资共决的内容范围广泛，如劳方工资、劳动条件、劳动环境、福利保障等，甚至还涉及企业发展和利润分配等问题。这种典型的劳资相互雇佣的模式，促进了德国经济社会的发展，对西方其他国家也很有影响。

三是员工持股制。它最早是由美国著名的公司法律师路易斯·凯尔索提出的。主要是以提供资本信贷的形式，使员工获得企业的一定量股票，赋予员工投资者和劳动者的双重身份，形成一种所谓"利益共享、责任共担"的权责利结构，进而促进职工参与生产和管理的积极性。这种模式是以个体形式获得公开的产权。它被美、日、德等发达国家广泛推行，有相当数量的企业仿效，并呈现出国际化大趋势，我国也从 20 世纪 80 年代开始逐渐实践。到 1997 年，美国有 53% 的上市公司授予其全部职工以

---

① 参见翁天真《利润分享与劳动分红》，中国劳动出版社 1995 年版，第 164 页。
② 参见翁天真《利润分享与劳动分红》，中国劳动出版社 1995 年版，第 180 页。
③ 参见何秉梦《劳动价值论新论》，社会科学出版社 2003 年版，第 232 页。
④ 参见翁天真《利润分享与劳动分红》，中国劳动出版社 1995 年版，第 105—111 页。

股票期权；到1996年，全美直接和间接持股的人数占全部成年人口的43%。① 撒切尔夫人在其任期内，主张打造"股东国家"，使英国拥有股票的人从200万增加到1200万。② 目前，我国一些上市企业启动的员工持股计划，就是采用的这种模式。据报道，目前北京、上海等近20个省市已明确表示，要积极推进国企员工持股试点，并且设定了改革时间表。③

总体来说，以上三种模式，有效地推进了资本产权与劳动产权的结合，使得资本与劳动相互雇佣成为一种可能，从更深层次上解决了剩余价值或剩余利润分配的问题。当然，随着人类思想的不断解放，以及人类智慧的不断发展，也必将有更多更好的模式产生和发展起来。

第三节　重构劳动认同是体面劳动的价值指领

劳动创造了人及其人的本质。唯物史观认为，劳动群众是历史创造的主体。一定意义上，这把劳动者的地位和价值提升到了前所未有的高度。之于劳动者来说，只有充分认识这一点，才能真正确证自我存在，获得自我认同，实现自我价值，真正实现体面劳动。

一　劳动认同是对"自我存在"的确证

在现代汉语中，"认同"④ 的意思就是"认可、赞同"，它指向一种自觉的情感和行为的趋同。在西方，"认同"是精神分析学派自我防御机制中的概念，最早是由詹姆斯的"自我"⑤、弗洛伊德的"本我、自我、超我"⑥、库利的"镜中我"⑦ 等概念转换而来的。所以，心理学上的认同，主要指个体在感情或态度上体认与模仿他人。在社会学中，认同是指

---

① 参见何秉梦《劳动价值论新论》，社会科学出版社2003年版，第233—234页。
② 参见董崇山《劳动社会主义》，经济科学出版社2004年版，第230页。
③ 参见新华网《近20个省份明确要推进地方国企员工持股试点》，http://news.xinhuanet.com/politics/2017-03/30/c_129522020.htm。
④ "认同"的英文为identity，其源于拉丁文idem，意指the same，即"同样的"。
⑤ [英] 威廉·詹姆斯：《心理学原理》，田平译，中国城市出版社2003年版。
⑥ [奥] 西格蒙德·弗洛伊德：《自我与本我》，张唤民等译，上海译文出版社2011年版。
⑦ [美] 查尔斯·库利：《人类本性与社会秩序》，包凡一等译，华夏出版社1989年版。

社会成员产生的一致性的信仰和感情。在涂尔干①看来，认同是一种"集体意识"②。在哲学维度上，认同表征人的意义的来源，其核心是价值认同，它是对自我价值的表达以及自我价值实现的谋求。

所谓"劳动认同"，是指个体对劳动在情感上和价值观上的重要性认识。有学者认为，它是"对劳动活动和劳动社会关系所具有的价值认同和行为趋同，并因此获得生命的意义和存在感"③。我们知道，劳动是具体的、现实的，不是抽象的、空无的。它必然要生成一定的劳动活动方式和社会生产关系。人们对这些生产方式和劳动关系的观念认同和行为趋同，其实也就是劳动认同。因此，对这些关系的认同问题，也必然成为了劳动认同的重要组成部分。劳动认同的根本目的，是劳动者对自我存在方式的确证，以及对自我价值的实现。

首先，劳动认同涉及对现有人与自然关系的认同。马克思指出："人创造环境，环境也创造人。"④ 人与环境的关系，是在劳动中形成的。劳动是"人和自然之间的物质变换的过程"⑤。人在通过实践活动改变和占有自然物质的过程中，也同时改变着人的自身，劳动使人的身体结构和生理机能，更适合于人类的劳动生活。在马克思看来，人与自然的关系，是不断发展变化的。人与自然的联系日益广泛，人的自然生存状态逐步改善。只有以劳动实践，去获取基本的生活资料，人才能保证生命的延续。

其次，劳动认同包含对现有社会劳动制度的检审。劳动是现实具体的人的活动，体现人与人之间的关系。人们的劳动总是离不开一定的劳动关系。马克思说："为了进行生产，人们相互之间发生一定的联系和关

---

① 埃米尔·涂尔干，又名埃米尔·杜尔凯姆（法语：Émile Durkheim，1858 – 1917），也有人译为迪尔凯姆。是法国犹太裔社会学家、人类学家，与卡尔·马克思及马克斯·韦伯并列为社会学的三大奠基人。他把社会事实确定为社会学的研究对象，阐述了社会事实之间存在的结构、功能和因果的关系，制定了一系列社会学研究的实证规则，充实了此前空疏的社会学方法论，实现了孔德提出的建立实证主义社会学构想。他运用统计方法对自杀现象的研究，用人类学资料对澳大利亚土著居民的宗教研究，是社会学理论和经验研究相结合的范例，从而结束了西方社会学理论研究和经验研究长期脱节的状况。涂尔干的学术思想和研究方法，深刻影响了社会学的发展。主要著作有《自杀论》及《社会分工论》等。

② ［法］埃米尔·涂尔干：《社会分工论》，渠东译，生活·读书·新知三联书店2000年版，第42页。

③ 毛勒堂、卓俊峰：《劳动认同：危机与重建》，《思想理论教育》2015年第5期。

④ 《马克思恩格斯选集》第1卷，人民出版社2012年版，第172页。

⑤ 《马克思恩格斯选集》第2卷，人民出版社2012年版，第169页。

系。"① 人们以某种方式结合起来，共同活动和互相变换其活动。也只有在这些关系和联系中，人们才会有与自然界的关系，也才会有生产的可能。也正是在这种劳动关系中，人们开始分工合作，形成了一整套的生产、分配、交换、消费等经济关系。而经济关系是社会关系的基础。因此，社会关系最根本的基础，就是人们的劳动关系。人们的劳动活动是在一定社会制度安排中展开的。

再次，劳动认同包含对现有利益分配关系的反思。马克思认为，任何劳动"都是个人在一定社会形式中并借这种社会形式而进行的对自然的占有"②。人们在劳动中形成了一定社会关系。这种关系不是外在于人的，它内生于人的劳动之中。马克思说："个人之间进行交往的条件是与他们的个性相适应的条件。"③ 这些条件生产出物质资料和社会关系，即人与人之间的经济关系、政治关系和思想关系。每一个现实中的人，都不能脱离社会关系，"他在社会意义上总是这些关系的产物"④。人的社会关系总是随着劳动生产力的发展而发展，生产劳动越发达，经济交往就越广泛，人们之间的社会联系也就越来越紧密。其核心是利益关系。

最后，劳动认同内含着对自我现有劳动及生存状况的追问。人在劳动中创造了物质世界，创造了人自身及人的意识。人通过劳动，发挥出了自身的内在潜力，"并且使这种力的活动受他自己控制"⑤。马克思认为，人的劳动是人自己的意志。人在劳动中实现自己的目的，将观念变为一种物质形态的结果。人的意识与劳动是相伴而生的。它包括对劳动目的的设定、对劳动成果的喜悦以及对祖先的追忆和祭祀等。人们通过劳动获取生活资料，人们通过劳动参与社会活动，人们通过劳动实现做人真理。劳动对劳动者而言，还具有政治学和哲学的意义。

二 劳动认同是纾解"消费主义"的途径

劳动创造了人及其属人的世界。劳动是国家繁荣的根本、企业壮大的前提、个人发展的基础。劳动认同对于国家、企业、个人，都具有重要的

---

① 《马克思恩格斯选集》第1卷，人民出版社2012年版，第340页。
② 《马克思恩格斯全集》第46卷上册，人民出版社1979年版，第24页。
③ 《马克思恩格斯选集》第1卷，人民出版社2012年版，第203页。
④ 《马克思恩格斯全集》第23卷，人民出版社1972年版，第12页。
⑤ 《马克思恩格斯选集》第2卷，人民出版社2012年版，第169页。

作用。在我们的社会中,劳动认同也曾经是一种常态。但是,在今天的现实社会中,它受到了极大挑战。一定意义上,劳动认同已经陷入了失落。

毋庸置疑,"我们生活在一个消费者社会中"①。消费已成为人的"第一需要",消费主义已成为人们的风尚和信仰。消费主义规约着人的心理和行为,"消费至死""娱乐至死"似乎已根深蒂固。消费更多、占有更多,成了人们证明成功与非凡的标识。人们在消费中,安置生命的意义,确证自我的存在价值。我们无法否认,当消费主义充斥在我们的现实生活,当享乐主义占据了我们的思想空域,消费认同必然市场广泛,那么,人们对劳动的认同,无疑会被排挤到灰暗的角落。

消费主义使消费行为本身成为一种目的。消费原本是满足人自身的基本生活需要。而如今,消费却成了一个人经济能力的象征,成了一个人文化品位的证明,成了实现某种自我认同的手段。人们在消费活动中,表征自身工作的好与坏,体现收入的高与低。人们在消费活动中,实现着自己所谓的人生价值。消费似乎也具有了生产能力,它生产着人的地位和身份,生产着人的价值与尊严。消费主义使人迷醉于对物质的需要,也使消费本身成为人的一种精神需要。人们在琳琅满目的商品追逐中,辨认着一个物质主义的自己。人们在豪华汽车、高档音响、多层别墅的享受中,发现着自己久违的灵魂。但是,消费主义所带来的一切,本质上都是虚无缥缈的。它并不能真正构筑人的精神家园,也不能真正彰显人的生命存在意义。因而,它必然使人陷入无边的虚无主义。

消费主义无法给人带着真正的幸福。它允诺的幸福的普遍性,根本不可能实现。人们在消费主义中,也找不到梦寐以求的自由与平等。而真正使人幸福的条件,应该是"那些被三个源泉覆盖了的东西——社会关系、工作和闲暇"②。如果人们只是实现了一种满足,那他还不能算是绝对的富有和幸福。幸福应该是三者的统一。很显然,在消费社会中,人们的社会关系和闲暇生活,总是被满足物欲的工作所挤压。人们的社会关系是物与物的关系,人们的存在空间是物的空间,人们的闲暇时间是物的时间。在消费社会中,我们物质丰裕、收入倍增,但我们也变得更加"穷困潦

---

① [美]汉娜·阿伦特:《人的境况》,王寅丽译,上海人民出版社2009年版,第91页。
② [美]艾伦·杜宁:《多少算够:消费社会与地球未来》,毕聿译,吉林人民出版社1997年版,第22页。

倒"。我们没有真实的社会关系，没有真正的自己的时间，有的只是越来越多的商品。也就是说，物质生活越富足，精神生活就越贫困。没有了精神生活，幸福又从何谈起？而且，"消费是上瘾的；每一件奢侈品很快就变成必需品，并且又要发现一个新的奢侈品"①。消费无法使人真正得到满足。可以说，消费和幸福的任何联系，都是相对的。因此，拨开"消费主义"的迷雾，消减"消费主义"的影响，显得愈发重要。

按照马克思主义的观点，劳动认同是纾解"消费主义"的主要途径。劳动认同是对劳动及其劳动价值的认同。在某种意义上，劳动认同就是让"劳动成为第一生活需要"。马克思认为，劳动是"个人在一定社会形式中并借这种社会形式而进行的对自然的占有"②。在马克思看来，人通过劳动，产生一定社会关系。人通过劳动，创造物质生活世界。人通过劳动，创造人自身及其人的意识。人通过劳动，肯定自己的生命存在及意义价值。他强调，劳动的根本目的，不在于创造物质财富，而在于丰富人的精神内涵。换言之，人在劳动中，获得了对自身劳动活动及其关系的重要性认识，形成了对自我价值的一致性体认和确证，进而获得生命的意义和存在感。

劳动是人之为人的根本。人在劳动中，彰显自身人格、尊严或荣誉。人在劳动中，实现自我价值和自我认同。一个人的自我价值，就是在劳动中实现自己的本质力量，对象化自己的思想、意志和情感的时候，既满足了他人和社会，也满足了自己。自己的劳动和活动满足了自己，这就是人的自我价值的实现。劳动的过程，既是创造物质和精神财富的过程，也是实现自己本质力量和思想情感的过程。人在劳动中，创造了物质和精神财富，实现了对社会和个人的双重满足，满足社会的那部分价值，是人对社会的价值，是一个人的社会价值；自己的活动和劳动满足自己的那部分价值，是个人对自己的价值，是人的劳动和活动对个体自我的价值，即自我价值。可见，劳动是人的愿望的满足和实现人的价值的根本形式，因为满足了自己的愿望、意志和情感，人才会感到幸福。在这个意义上，我们认为，劳动是人的第一需要，劳动着的人是快乐的人。

---

① ［美］艾伦·杜宁：《多少算够：消费社会与地球未来》，毕聿译，吉林人民出版社1997年版，第21页。

② 《马克思恩格斯全集》第46卷上册，人民出版社1979年版，第24页。

总体来讲，劳动认同既具有批判性又具有反思性。劳动认同关涉对劳动活动方式的认同，包含对劳动关系的反思，内含对劳动制度的评判，意蕴对劳动价值的追问。其核心是对劳动的价值认同。本质上，是人对自我存在方式的确证，以及自我价值的实现。劳动认同是对人的劳动的本质的复归。从这个意义上讲，劳动认同也是纾解"消费主义"的一条重要途径。

三　劳动认同需要捍卫劳动者的主体地位

劳动认同的主体是劳动者。劳动者对劳动及其劳动价值的认同，要以自身主体地位的彰显为前提。因此，重拾劳动者的信心和尊严，重建劳动认同及其劳动价值认同，努力捍卫劳动者的主体地位，就成为一个迫切的理论课题和现实任务。

（一）相关认同理论的启示

从认同理论本身看，有微观、宏观以及中观层面的思路差异。斯特莱克认为，人们在社会结构中所拥有的位置及其象征意义，决定并强化着人的角色认同。[①] 关于认同的内部动力和控制问题，伯克认为，认同之所以影响行为是因为角色的意义赋予被行动主体认同进而构建了认同控制模型，即自我的意义标准、具体情境中自我意义的输入、自我意义和意义输入的比较、比较之后个体行为输出构成反馈。[②] 汉斯的情感控制模型认为，自我认同的确定是由自我情感意义上的满足所形成的，对意义的评定可以从E-valuation（估价）、Potency（效能）、Activity（活力）三个维度来进行。[③]

与微观层面的符号互动论不同，宏观层面则更多关注的是认同受群体、环境等的影响。泰弗尔强调社会认同与个体认同之间的关联性，"个体倾向于保持该群体成员身份，或者追求获得新的群体成员身份"[④]，认为个体想获得社会认同的动机，包括提高自尊、满足归属感和个性需求、减少无常感或提高认知安全感、寻找存在的意义四个方面，他提出的认同

---

① Sheldon Stryker, *Symbolic Interactionism*: *A Social Structural Version*, Baker & Taylor Books, 1980.

② Peter J. Burke, *Advances in Identity Theory and Research*, Springer-Verlag, New York: LLC, 2003, p. 195.

③ Heise, David R., *Understanding Events*: *Affect and The Construction of Social Action*, Cambridge University Press, 1979.

④ Dominic Abrams and Michael A. Hogg (ed), *Social Indentity Theory*: *Constructive and Critical Advances*, New York: Havester Wheat sheaf, 1990, pp. 1 – 6.

变迁策略是：个体流动、社会创造性、社会竞争。① 而中观作为一个连接体，既可以向微观探寻个体的自我认知层面，亦可以向外扩展至社会的宏观结构层面。西蒙斯认为，在集体行动和社会动员过程中，身份是潜在组成部分，它既是动员的目标，又是参与动力。② 科特和列维尼提出了结构-行动框架综合理论，他们认为身份可分自我身份、个体身份、社会身份三个层面，身份、行动、文化三者勾连。③ 克里斯蒂娜认为，在整个机制运行中，可通过身份意识明确化、凸显类别的降低和主导身份的转型、共同身份的形成、身份协商等渠道来扭转冲突、促进认同。④

在现代阶段，由于文化多元主义影响，认同从一元变成了多元，因而认同变为一场建构、控制、承认和解构的斗争。⑤ 这一困境的解决，既是个体层面的也是制度层面的，既是社会的也是政治的。⑥ 卡斯特强调认同是意义的来源，认为面对全球化、资本市场力量、网络、信息主义，认同呈现出在话语实践中多方力量的参与推动、抗拒、规划、转变、寻求新认同的多元特征。⑦ 在后现代思潮的批判下，它的战斗力在于"解构与消解"⑧。因此，认同建构于话语实践之内，应该关注认同被建构的意识形态和霸权语境。

这一点，西方马克思主义学者做了大胆探索。霍克海默、阿多诺继承了马克思对劳动认同及生产力探讨的思路。他们认为，启蒙非但没有摧毁神话，却让自身成了神话。人在工具理性的捆裹下，越来越失去了他的自

---

① Tajfel, H., Turner, J. C., "The social Indentity theory of intergroup behavior", In: Worchel S., Austin W. (eds), *Psychology of Intergroup Relations*, Chicago: Nelson Hall, 1986, pp. 7 – 24.

② Bend Simon, *Identity in Modern Society: A Social Psychological*, Blackwell Publishers, 2003, p. 35.

③ Charles G. Levine, James E. Cote, *Indentity, Formation, Agency, and Culture: A social Psychological Synthesis*, Publisher: Psychology Press, USA, 2002.

④ Korostelina, Karina V., *Social Identity and Conflict*, Palgrave MacMillan, 2007, p. 147.

⑤ [加] 查尔斯·泰勒：《承认的政治》，载汪晖等主编《文化与公共性》，生活·读书·新知三联书店1998年版。

⑥ [英] 安东尼·吉登斯：《现代性与自我认同》，赵旭东等译，生活·读书·新知三联书店1998年版。

⑦ [美] 曼纽尔·卡斯特：《认同的力量》，曹荣湘译，社会科学文献出版社2006年版，第5页。

⑧ Hall, Stuart, Professo, and Du Gay, Paul, Dr., *Questions of Cultural Identity*, Sage Publications, 1996.

由。在他们看来，科学技术的发展，导致了工具理性的泛滥，进而造成了人的自我异化。但是，哈贝马斯不认同霍克海默等人对马克思劳动范式的分析，他指责马克思只是把生产力"作为'反思经验中的进步机制'，从而'把反思龟缩在劳动中'"①。他认为，人际间应靠交往行为，达成理解、建立共识。交往行为的形成，需要批判性地自我反思，以及制度结构的压力解除。他提出，要提倡交互主体间的规范共识，加强社会的自我调节和规范整合，建立生活世界。

后来，霍耐特跟随了哈贝马斯的这一交往理论转向。但是，他认为马克思的劳动概念，已经"把生产活动解释成主体间的承认过程"②。霍耐特提出三种承认形式：爱、权利和团结，并将自信、自尊和自重作为相应的实践自我关系。他认为，这三种承认形式对于个人完整性和尊严的形成起到重要作用。霍耐特在"为承认而斗争"的伦理互动中，揭示了社会冲突的道德逻辑。在他看来，争取承认而斗争的动力，主要在于蔑视与反抗的情感经验。我们承认他人、认同他人，进而获得相互承认，形成自我认同和实践自我关系。在某种意义上，霍耐特弥补了哈贝马斯理论中缺乏动机的缺陷。

（二）重构劳动认同的现实路向

劳动是人类幸福和财富的源泉。习近平指出："幸福不会从天而降，梦想不会自动成真……必须依靠辛勤劳动、诚实劳动、创造性劳动。"③一切劳动的真正实现，都需要通过劳动认同表现出来。劳动认同不仅是对自我存在方式的确证，更是对劳动者主体地位的捍卫。劳动认同并不是通过简单的理论说教和喊口号就能实现的。劳动认同内含着守护劳动者尊严、公平分配财富、成就人的自由等丰富内涵。因此，重构劳动认同需要弘扬和践行"劳动正义"④价值理念和原则。

---

① 欧力同：《哈贝马斯的"批判理论"》，重庆出版社 1997 年版，第 47 页。
② ［德］阿克塞尔·霍耐特：《为承认而斗争》，胡继华译，上海人民出版社 2005 年版，第 152 页。
③ 《习近平谈治国理政》，外文出版社 2014 年版，第 44 页。
④ 马克思恩格斯在批判资本主义雇佣劳动关系的基础上，深入揭示了不合理的劳动存在方式和非正义的社会劳动关系，提出了唯物史观关于追求合乎人性的劳动存在方式和构建正义的社会劳动关系的构想，现实地促进了劳动者的解放和自由。"劳动正义"，是基于人的生命尊严和终极价值之观照，对作为人的基础存在方式的劳动活动和作为社会关系基础的劳动关系所进行的合理性哲学反思和合目的性价值追问。劳动正义作为对人的劳动存在方式和社会劳动关系的正义检审，实质是对劳动者利益和主体地位的价值捍卫，因而是重建劳动认同的重要思想资源和价值支撑。

马克思认为，利益乃人之本性。利益总是与人相关联，人离不开利益的满足。这意味着，满足劳动者的利益，对重构劳动认同有决定性作用。经济利益是人最根本的利益。经济利益关涉到如何分配的问题。也就是说，劳动认同与利益分配存在紧密联系。利益能否得到保障、分配是否公平，都关系到劳动认同以及劳动认同程度的高低。因此，重构劳动认同必须构建合理的利益分配机制，以满足并保障人们的基本经济需求。

我们是社会主义国家，广大劳动人民是国家的主人。国家的一切权力，都是人民赋予的。如果人民赋予的权力被亵渎，为人民服务的宗旨遭矮化，官本位意识和特权意识浓厚，劳动者的主人翁地位被虚化，劳动者的主体身份得不到真正认可和确认，那么，劳动认同也只能是镜中花、水中月。也就是说，劳动认同包含着对劳动者政治地位和政治权力的认同。因此，重构劳动认同需要加强法治建设，保障人民政治权力和政治地位，捍卫劳动者的根本利益和主人翁地位。

在我们的现代化建设中，合理利用资本是必不可少的。由于资本的本质属性，加之资本霸权对商业文化的操控，"成功"的概念似乎已被彻底改写。福布斯富豪、最人气明星等"有钱人"，被塑造成了现代成功人士的典范，越来越被人们所羡慕和追捧。城市环卫工人、建筑工人、家庭保洁员等"没钱人"，被塑造成了现代失败人士的典范，越来越被人们所轻视和鄙视。人们的价值追求，逐渐被引导到对豪宅、名车、富豪、明星、金钱的关注上，出现了价值迷失和扭曲。同时，社会中官本位意识仍然浓厚，权力崇拜、等级观念具有强大的影响力，越来越多的人，把当官看做人生价值追求。商业文化的扭曲、官本位意识的滥觞，使平凡劳动者和普通老百姓，没有了成就感、成功感和尊严感。这又如何能够让劳动者达到自我认同和对劳动的认同呢？因此，政府应该加强对媒体的监管，科学引导社会舆论，更多更好地宣传平凡劳动者的不平凡故事，在全社会形成一种尊重劳动、崇尚劳动的良好社会文化氛围，进而提升人们对劳动的认同感和认同度。

毋庸置疑的是，劳动者的劳动，总是在一定条件和环境中进行的。人的劳动离不开劳动条件和社会环境。劳动条件的好坏，工作环境的好坏，不仅关系到劳动者的劳动能否顺利进行，更关系到劳动者的尊严和自由。当劳动者在高危低劣、粗暴强制的环境中劳动时，其实他是痛苦的、无奈的，甚至绝望的，他的劳动其实已经失去了价值，他已经失去了起码的人格尊严。那么，劳动者对劳动的认同、对劳动价值的认同都会变得弱化乃至虚化，劳动者也就失去了自觉践行的信心和勇气。最后的结果就是，劳动认同沦落为苦涩的摇头和无奈的沉默。因此，重构劳动认同，还要不断改善和创造安全、舒适、合乎人性的劳动环境，营造良好的企业文化，构建和谐的劳动关系，维护和保障劳动者的尊严和价值。

梁启超认为，人是为生活而劳动，也是为劳动而生活。习近平强调，劳动是财富和幸福的源泉，"努力让劳动者实现体面劳动、全面发展"[①]。让劳动者实现体面劳动是党和政府的目标所在。就是让劳动者在劳动中获得尊严、实现自我。在当代语境下，就意味着让劳动者能够更多更公平地分享经济社会发展的成果，使他们的生活质量和生活水平都得到较大提高，过上更加幸福、美好的生活。

那么，在现阶段，重构劳动认同即是从更深层次上关注和改善民生，充分的就业机会、公正的制度安排、完善的保障机制是必然与应然之选择。[②] 具体来讲，就是要为劳动者创造更多工作岗位，完善就业创业联动机制，消除就业障碍和就业歧视；构建合理的收入分配机制，提高劳动报酬在初次分配中的比重，完善再分配调节机制，建立公共资源出让收益合理共享机制；建立公平的社会保障制度，整合养老保险和医疗保险，实现城乡统筹和平等共享，完善最低生活保障机制，健全社会救助体系和保障性住房制度。此外，还应不断增强劳动者主体地位，注重提高劳动者的素质能力，鼓励劳动者"组织起来，切实维权"，为劳动者自由创造提供更为广阔的空间。

---

① 《习近平谈治国理政》，外文出版社 2014 年版，第 46 页。
② 参见杜德省《体面劳动的价值旨趣及当代省思》，《学术论坛》2014 年第 3 期。

结　　语

体面劳动作为全球性目标，是一种时代精神和价值取向。当代中国处于并且还将长期处于社会主义初级阶段，在这一特殊的历史阶段中，人们的劳动仍然还是一种谋生的手段。也就是说，我国尚处于明显的谋生劳动阶段。谋生劳动有着鲜明的特点，也就预示着，各种劳动异化现象还将大量地存在。异化劳动跟社会主义的本质要求，是不相吻合的。习近平多次强调："努力让劳动者实现体面劳动、全面发展。"[①] 体面劳动已成为我们党和政府的发展共识，也成为当下学界研究的热点问题。本书通过在当代中国的现实语境中，"激活"马克思的思想资源，进一步透析并理解了当代中国体面劳动的现实境遇，为未来中国找到了一条走向体面劳动的幸福之路。

马克思在其著作中，对异化劳动进行了深刻批判。他认为，私有制导致了异化劳动的出现。他主张消灭私有制，复归人的劳动本质。他提出，扬弃异化劳动，让劳动者自由劳动。劳动者只有自由劳动，才能真正发挥自己的聪明才智，实现自我价值。在他看来，在生产资料私有制的情况下，劳动者没有办法改变自身被剥削和被压迫的命运，只有拥有自由劳动才可以改变命运。他强调，劳动者只有团结起来，打破生产资料的私有制制度，才能彻底改变人剥削人的生产方式，才能实现劳动的解放。劳动的解放即人的解放。人的本质是自由自觉的活动。劳动最终要回归到人的本质层面。只有"活"劳动，才真正体现劳动存在的意义。劳动的"活"取决于劳动者本身。亦即是说，劳动者只有对自身清醒认识，才能明白人

[①] 人民网：《习近平在庆祝"五一"国际劳动节暨表彰全国劳动模范和先进工作者大会上的讲话》，http://cpc.people.com.cn/n/2015/0429/c64094-26921006.html。

生价值和劳动尊严。

尊严，是人类一直追求的基本精神需求。它是超越于其他一切价值之上的价值。正如康德所说："超越于一切价值之上，没有等价物可代替，才是尊严。"[①] 尊严是世间没有可比性的价值，它体现了人具有的存在意义。人享有天然的尊严权利。任何时候、任何条件下，人都不应失掉尊严。人不应成为他人或自己的工具。人是自身的目的。尊严的维护，不在于别的，就在于消除一切奴役和歧视的条件。唯有如此，人才能成为真正的人，人才能享有普遍的尊严。

某种意义上，社会主义消除了那些制度条件。人摆脱了人的奴役。但我们也要看到，在社会主义初级阶段，由于劳动的谋生性，不同劳动阶层尤其是"一线劳动者"的尊严，还或多或少地受到不同程度的损害，加之受多元价值观碰撞的影响，尊重劳动的思想观念式微，某种程度上劳动变成了不体面劳动。让广大劳动群众实现体面劳动，是我们党和政府的目标所在。也就意味着，让劳动者在劳动中获得尊严、实现自我。因此，需要人人树立劳动光荣的意识，弘扬劳动精神和劳模精神，形成尊重劳动、尊重劳动者的社会氛围，让每一位劳动者都感受到生命的意义和劳动的价值。

让劳动者实现体面劳动，是一个系统工程。它关涉到观念、制度、价值等层面的实现。在当代中国语境下，归根结底，就是要切实维护好广大劳动群众的根本利益。亦即是，要切实保障和改善民生，努力解决好最现实的利益问题。习近平指出："要切实维护广大劳动群众合法权益，帮助广大劳动群众排忧解难。"[②] 也就是说，要努力使经济社会发展成果，更多更公平地惠及全体劳动群众，让劳动群众在劳动中感受到尊严感、获得感、实现感。

诚然，就当代中国体面劳动而言，我们不仅需要"激活"马克思的思想资源，在马克思的思想视域中准确把握当代中国的现实存在，而且更需要站在马克思主义胸怀天下、情系劳动人民的崇高立场上，构建既符合中国现实又蕴含理论深度与厚度的未来实践路向。这关涉历史与现实、理

---

① ［德］康德：《道德形而上学原理》，苗力田译，上海人民出版社 1986 年版，第 87 页。
② 习近平：《在知识分子、劳动模范、青年代表座谈会上的讲话》，《人民日报》2016 年 4 月 30 日第 2 版。

论及实践，涉及方方面面，内容既丰富又庞杂。虽然，论题写作已竭尽全力，但本书研究只能说是一个小小的开端，绝不是业已完成了的论题。当中，仍有许多尚未回答、不好回答与无法回答的问题，或许只能留待日后逐步完善并改进了，同时也期待着学界对此论题的共同关注和努力。

也或许，在不久的未来，每个人都将实现体面劳动、全面发展！

参考文献

一 经典著作

《马克思恩格斯选集》（第1—4卷），人民出版社2012年版。

《马克思恩格斯文集》（第1、2、5、6、7、8卷），人民出版社2009年版。

《马克思恩格斯全集》（第1、2、3、16、18、20、23、24、25、26第一册、26第三册、29、30、31、32、40、42、45、46上册、46下册、47卷），人民出版社1956，1957，1960，1964，1964，1971，1972，1979，2001，1972，1974，1972，1995，1998，1974，1982，1979，1985，1979，1980，1979年版。

马克思：《1844年经济学哲学手稿》，人民出版社2000年版。

马克思：《资本论》（第1—3卷），人民出版社2004年版。

《列宁选集》（第1—3卷），人民出版社2012年版。

《列宁专题文集论社会主义》，人民出版社2009年版。

《李大钊文集》（第2卷），人民出版社1999年版。

《毛泽东选集》（第1、4卷），人民出版社1991年版。

《毛泽东文集》（第7卷），人民出版社1999年版。

《邓小平文选》（第2、3卷），人民出版社1994，1993年版。

《习近平谈治国理政》，外文出版社2014年版。

二 学术著作

白刚：《瓦解资本的逻辑》，中国社会科学出版社2009年版。

曹天予：《现代化、全球化和中国道路》，社会科学文献出版社2003年版。

曹天予：《劳动产权与中国模式：当代马克思主义在挑战中发展》，社会科学文献出版社 2006 年版。
常凯:《劳权论:当代中国劳动关系的法律调整研究》,中国劳动社会保障出版社 2004 年版。
常卫国:《劳动论:〈马克思恩格斯全集〉探义》,辽宁人民出版社 2005 年版。
陈承明:《政治经济学通论》,上海财经大学出版社 2005 年版。
陈静:《体面劳动视角下城镇非正规就业群体的劳动权益保障研究》,西南财经大学出版社 2015 年版。
陈少峰:《正义的公平》,人民出版社 2009 年版。
陈先达:《走向历史的深处:马克思历史观研究》,中国人民大学出版社 2006 年版。
陈志刚:《全球化与现代性的超越》,重庆出版社 2011 年版。
陈立新:《历史意义的生存论澄明:马克思历史观哲学境域研究》,安徽大学出版社 2003 年版。
陈学明、吴松、远东:《痛苦中的安乐:马尔库塞、弗洛姆论消费主义》,云南人民出版社 1998 年版。
丁开杰:《社会排斥与体面劳动问题研究》,中国社会出版社 2012 年版。
董崇山:《劳动社会主义》,经济科学出版社 2004 年版。
方世南、曹峰旗、王海稳:《马克思恩格斯弱者权益保护思想》,上海三联书店 2012 年版。
丰子义:《发展的呼唤与回应:哲学视野中的社会发展》,北京师范大学出版社 2009 年版。
顾海良、张雷声:《马克思劳动价值论的历史与现实》,人民出版社 2002 年版。
顾伟康:《信仰探幽》,上海人民出版社 1993 年版。
贾可卿:《分配正义论纲》,人民出版社 2010 年版。
韩庆祥:《全球化进程中的人》,河南人民出版社 2011 年版。
何秉梦:《劳动价值论新论》,社会科学出版社 2003 年版。
黄云明:《马克思劳动伦理思想的哲学研究》,人民出版社 2015 年版。
黄慧珍:《信仰与觉醒:生存论视域下的信仰学研究》,人民出版社 2007 年版。
黄仁宇:《现代中国的历程》,中华书局出版社 2010 年版。

蒋锦洪：《经济发展中的人本诉求研究》，上海辞书出版社 2007 年版。
刘进才：《劳动伦理学》，华东理工大学出版社 1994 年版。
刘永佶：《劳动主义》，中国经济出版社 2011 年版。
刘元文：《相容与相悖：当代中国的职工民主参与研究》，中国劳动社会保障出版社 2004 年版。
刘志英：《社会保障与贫富差距研究》，中国劳动社会保障出版社 2006 年版。
林燕玲：《体面劳动：世界与中国》，中国工人出版社 2012 年版。
鲁品越：《资本逻辑与当代现实：经济发展观的哲学沉思》，上海财经大学出版社 2006 年版。
李惠斌：《企业劳动产权概论》，中央编译出版社 2006 年版。
李文阁：《回归现实生活世界》，中国社会科学出版社 2002 年版。
欧力同：《哈贝马斯的"批判理论"》，重庆出版社 1997 年版。
彭五堂：《马克思主义产权理论研究》，上海财经大学出版社 2008 年版。
青连斌：《公平分配的实现机制》，中国工人出版社 2010 年版。
荣兆梓：《通往和谐之路：当代中国劳资关系研究》，中国人民大学出版社 2010 年版。
孙伯鍨、张一兵：《走进马克思》，江苏人民出版社 2012 年版。
孙伯鍨：《探索者道路的探索：青年马克思恩格斯哲学思想研究》，南京大学出版社 2002 年版。
孙亮：《马克思主义哲学研究范式：一个批判性构建》，知识产权出版社 2013 年版。
万俊人：《道德之维：现代经济伦理导论》，广东人民出版社 2000 年版。
王江松：《劳动哲学》，人民出版社 2012 年版。
王伟光：《利益论》，人民出版社 2001 年版。
王文臣：《论马克思哲学的劳动概念与历史唯物主义》，上海社会科学院出版社 2013 年版。
王宁：《消费社会学：一个分析的视角》，社会科学文献出版社 2001 年版。
翁天真：《利润分享与劳动分红》，中国劳动出版社 1995 年版。
吴忠民：《社会公正论》，山东人民出版社 2004 年版。
吴宣恭：《产权理论比较》，经济科学出版社 2000 年版。
问清鸿：《体面劳动调控论》，武汉大学出版社 2013 年版。

郗戈：《超越资本主义现代性：马克思现代性思想与当代社会发展》，中国人民大学出版社2014年版。

徐小洪：《冲突与协调：当代中国私营企业的劳资关系研究》，中国劳动社会保障出版社2004年版。

许政：《西学东鉴：西方马克思主义评介》，中国社会出版社2007年版。

信卫平：《公平与不平：当代中国的劳动收入问题研究》，中国劳动社会保障出版社2004年版。

夏明月：《劳动伦理研究：和谐劳动关系与和谐社会构建》，人民出版社2012年版。

俞吾金：《被遮蔽的马克思》，人民出版社2012年版。

俞吾金、陈学明：《国外马克思主义哲学流派新编》（西方马克思主义卷），复旦大学出版社2002年版。

杨楹：《马克思生活哲学引论》，人民出版社2008年版。

杨以雄：《体面劳动评价与激励机制》，东华大学出版社2013年版。

袁贵仁：《马克思主义人学理论研究》，北京师范大学出版社2012年版。

邹诗鹏：《生存论研究》，上海人民出版社2005年版。

张静：《身份认同研究》，上海人民出版社2006年版。

张曙光：《人的世界与世界的人：马克思的思想历程追踪》，河南人民出版社1994年版。

张一兵：《马克思历史辩证法的主体向度》，南京大学出版社2002年版。

张一兵：《回到马克思：经济学语境中的哲学话语》，江苏人民出版社1998年版。

张一兵、胡大平：《西方马克思主义哲学的历史逻辑》，南京大学出版社2003年版。

郑忆石：《马克思的哲学轨迹》，华东师范大学出版社2007年版。

［以］阿维沙伊·马加利特：《体面社会》，黄胜强等译，中国社会科学出版社2015年版。

［德］阿克塞尔·霍耐特：《为承认而斗争》，胡继华译，上海人民出版社2005年版。

［美］艾瑞克·弗洛姆：《在幻想锁链的彼岸》，张燕译，湖南人民出版社1986年版。

［美］艾瑞克·弗洛姆：《逃避自由》，陈学明译，工人出版社1987年版。

［美］艾瑞克·弗洛姆：《健全的社会》，孙恺祥译，贵州人民出版社1994年版。

［美］艾伦·杜宁：《多少算够：消费社会与地球未来》，毕聿译，吉林人民出版社1997年版。

［法］埃米尔·涂尔干：《社会分工论》，渠东译，生活·读书·新知三联书店2000年版。

［英］埃里克·霍布斯鲍姆：《如何改变世界：马克思和马克思主义的传奇》，吕增奎译，中央编译出版社2014年版。

［英］安东尼·吉登斯：《现代性与自我认同》，赵旭东等译，生活·读书·新知三联书店1998年版。

［苏］尼古拉·伊万诺维奇·布哈林：《世界经济和帝国主义》，蒯兆德译，中国社会科学出版社1983年版。

［美］查尔斯·库利：《人类本性与社会秩序》，包凡一等译，华夏出版社1989年版。

［美］丹尼尔·贝尔：《资本主义文化矛盾》，赵一凡等译，生活·读书·新知三联书店1989年版。

［奥］西格蒙德·弗洛伊德：《自我与本我》，张唤民等译，上海译文出版社2011年版。

［德］尤尔根·哈贝马斯：《理论与实践》，郭官义等译，社会科学文献出版社2004年版。

［德］黑格尔：《精神现象学》，贺麟等译，商务印书馆1979年版。

［德］黑格尔：《法哲学原理》，范扬等译，商务印书馆1961年版。

［德］黑格尔：《历史哲学》，王造时译，上海书店出版社2001年版。

［美］汉娜·阿伦特：《人的境况》，王寅丽译，上海人民出版社2009年版。

［美］汉娜·阿伦特：《马克思与西方政治思想传统》，孙传钊译，江苏人民出版社2007年版。

［美］赫伯特·马尔库塞：《工业社会和新左派》，任立译，商务印书馆1982年版。

［美］赫伯特·马尔库塞：《单向度的人》，张峰译，重庆出版社1988年版。

［美］赫伯特·马尔库塞：《爱欲与文明》，黄勇等译，上海译文出版社

2005 年版。

[美] R. 科斯、A. 阿尔钦、D. 诺斯：《财产权利与制度变迁》，刘守英等译，上海三联书店、上海人民出版社 1994 年版。

[匈] 格奥尔格·卢卡奇：《历史与阶级意识》，杜章智等译，商务印书馆 1992 年版。

[美] 罗洛·梅：《人寻找自己》，冯川等译，贵州人民出版社 1991 年版。

[德] 马克斯·韦伯：《民族国家与经济政策》，甘阳译，生活·读书·新知三联书店 1997 年版。

[德] 马克斯·韦伯：《新教伦理与资本主义精神》，于晓等译，陕西师范大学出版社，

[英] 纳索·威廉·西尼尔：《政治经济学大纲》，蔡受百译，商务印书馆 1977 年版。

[美] 马歇尔·伯曼：《一切坚固的东西都烟消云散了：现代性体验》，张辑等译，商务印书馆 2003 年版。

[美] 曼纽尔·卡斯特：《认同的力量》，曹荣湘译，社会科学文献出版社 2006 年版。

[英] 迈克·费瑟斯通：《消费文化与后现代主义》，刘精明译，译林出版社 2000 年版。

[美] 乔治·瑞泽尔：《后现代社会理论》，谢立中等译，华夏出版社 2003 年版。

[法] 让·鲍德里亚：《消费社会》，刘成富等译，南京大学出版社 2001 年版。

[法] 让-雅克·卢梭：《论人类不平等的起源和基础》，李常山译，商务印书馆 1962 年版。

[德] 孙志文：《现代人的焦虑与希望》，陈永禹译，生活·读书·新知三联书店 1994 年版。

[法] 托马斯·皮凯蒂：《21 世纪资本论》，巴曙松等译，中信出版社 2014 年版。

[英] 威廉·詹姆斯：《心理学原理》，田平译，中国城市出版社 2003 年版。

[美] 约翰·罗尔斯：《正义论》，何怀宏等译，中国社会科学出版社 2009 年版。

［英］约翰·洛克：《政府论》（下篇），叶启芳等译，商务印书馆 1964 年版。

［英］亚当·斯密：《国民财富的性质和原因的研究》（上卷），郭大力等译，商务印书馆 1972 年版。

三　学术论文

安体富、蒋震：《对调整我国国民收入分配格局、提高居民分配份额的研究》，《经济研究参考》2009 年第 25 期。

曹兆文：《体面劳动的生产性：概念与实现途径》，《广州大学学报》（社会科学版）2011 年第 9 期。

曹凤月：《体面劳动与工作环境人性化》，《中国劳动关系学院学报》2008 年第 6 期。

陈治国：《关于西方劳动观念史的一项哲学考察——以马克思为中心》，《求是学刊》2012 年第 6 期。

代利凤：《国内体面劳动研究进展和述评》，《辽宁行政学院学报》2010 年第 6 期。

丁越兰、周莉：《中国情境下多层面体面劳动测量指标体系研究》，《经济与管理》2013 年第 10 期。

杜德省：《体面劳动的价值旨趣及当代省思》，《学术论坛》2014 年第 3 期。

杜德省、蒋锦洪：《体面劳动：走向当代的马克思劳动观》，《云南社会科学》2014 年第 2 期。

付长珍、王成峰：《从生产自身到发展自身——西方劳动观念的变迁及其启示》，《上海师范大学学报》（哲学社会科学版）2016 年第 1 期。

郭正模：《"体面劳动"理念的本质是合约性和谐劳动关系的全面构建》，《决策咨询》2015 年第 3 期。

郭海龙：《体面劳动的哲学审视》，《安徽大学学报》（哲学社会科学版）2012 年第 3 期。

顾乃华：《我国劳动收入占比时空特征研究：基于结构分析的视角》，《经济学家》2010 年第 12 期。

韩喜平、姜国权：《马克思与市场社会主义两种劳动产权理论比较》，《学习与探索》2006 年第 1 期。

贺来：《马克思的哲学变革与价值虚无主义课题》，《复旦大学学报》2004年第6期。

贺天平、刘欣、李华君：《体面劳动：新生代农民工面临的问题及对策》，《山西大学学报》（哲学社会科学版）2012年第2期。

贺汉魂、王泽应：《马克思体面劳动观的伦理阐析》，《道德与文明》2012年第3期。

贺汉魂、王泽应：《马克思体面劳动观的伦理意蕴及其现实启示探析》，《当代经济研究》2012年第3期。

赫雅书、刘金福、李燕：《关注尊严层面的民生问题》，《长白学刊》2011年第2期。

何云峰：《从体面劳动走向自由劳动——对中国"劳动"之变的再探讨》，《探索与争鸣》2015年第12期。

黄云明：《体面劳动的主体伦理观念前提》，《河北大学学报》（哲学社会科学版）2013年第2期。

蒋阳飞、杨晓虎：《体面劳动的伦理内涵和道德诉求》，《伦理学研究》2010年第6期。

罗敏：《幸福三论》，《哲学研究》2001年第2期。

罗燕、李溢航：《劳动者素质对体面劳动实现水平的影响——基于广州、深圳、中山三地企业的数据调查》，《华南师范大学学报》（社会科学版）2014年第3期。

李惠斌：《劳动产权概念：历史追溯及其现实意义》，《马克思主义与现实》2004年第5期。

李惠斌：《劳动产权理论及其意义》，《马克思主义与现实》2013年第3期。

李朝阳、罗家兴：《中国现代化进程中的体面劳动研究》，《吉首大学学报》（社会科学版）2011年第2期。

李秀梅：《经济全球化与"体面劳动"》，《北京行政学院学报》2005年第4期。

林燕玲：《体面劳动在中国的阐释和实践》，《北京市工会干部学院学报》2011年第1期。

梁高峰：《对雇佣劳动的再认识——从现代科技革命到社会发展，从雇佣劳动到体面劳动》，《社科纵横》2007年第5期。

吕红、金喜在：《实现"体面劳动"的意义及制度性障碍》，《东北师大学报》（哲学社会科学版）2010年第3期。

吕杰：《体面劳动与人的发展》，《江汉大学学报》（社会科学版）2011年第4期。

陆婷：《体面劳动与人的自由发展》，《理论界》2013年第8期。

毛勒堂、卓俊峰：《劳动认同：危机与重建》，《思想理论教育》2015年第5期。

毛冠凤、刘伟、宋鸿：《体面劳动感知研究：量表编制与检验》，《统计与决策》2014年第14期。

邱侬、邱炜煌：《"体面劳动"呼唤发展运用劳动价值论》，《求实》2010年第11期。

任雪萍、黄志斌：《马克思恩格斯对资本主义劳动异化的哲学批判》，《马克思主义研究》2010年第11期。

佘云霞、刘晴：《推行体面劳动的全球趋势》，《江汉论坛》2008年第10期。

唐鑛：《体面劳动的薪酬基础：效率、公平与劳资双赢》，《中国劳动关系学院学报》2013年第1期。

谭泓：《马克思劳动伦理观的当代阐释》，《中共中央党校学报》2015年第1期。

王兰芳、徐光华：《体面劳动离我们有多远？》，《安徽大学学报》（哲学社会科学版）2008年第4期。

卫兴华、武靖州：《实现劳动者"体面劳动"的三重机制》，《华南理工大学学报》（社会科学版）2011年第1期。

肖巍、钱箭星、杨寄荣：《关于实现体面劳动的几个问题》，《思想理论教育》2015年第5期。

肖巍：《"体面劳动"及其实现进路》，《复旦学报》（社会科学版）2010年第6期。

熊来平：《体面劳动的哲学思考》，《井冈山大学学报》（社会科学版）2011年第6期。

严新明：《公平与安全——从劳动的社会和自然层面看"体面劳动"的实质》，《中共天津市委党校学报》2010年第6期。

喻包庆：《体面劳动及其实现路径》，《江汉论坛》2012年第2期。

周建群:《实现体面劳动的路径选择——基于马克思劳动价值论的视角》,《福建师范大学学报》(哲学社会科学版) 2010 年第 6 期。

郑兴明:《增加劳动报酬:实现体面劳动与尊严生活的关键——基于马克思劳动力价值理论的阐释》,《南京航空航天大学学报》(社会科学版) 2011 年第 1 期。

曾煜:《让农民工享有社会保障、体面劳动和有尊严的生活》,《福建论坛》(人文社会科学版) 2011 年第 2 期。

张琳、杨毅:《家政女工体面劳动赤字的社会排斥分析——基于武汉市的调查》,《湖北社会科学》2014 年第 12 期。

朱廷珺:《体面劳动、道德贸易与劳工标准》,《广东社会科学》2004 年第 4 期。

朱忠孝、郭华茹:《体面劳动:劳动的精神价值与民生关切的深层内涵》,《云南社会科学》2011 年第 3 期。

朱成全、王智莉:《国际劳工组织体面劳动观的马克思思想学术渊源》,《东北财经大学学报》2014 年第 1 期。

四 外文文献

Bob Hepple, "Equality and empowerment for decent work", *International Labor Review*, 2001, 140 (1): 5 – 18.

Dharam Ghai, "Decent work: Concept and indicators", *International Labor Review*, 2003, 142 (2): 113 – 146.

Dev Raj Adhikari, Dhruba Lal Pandey, "Decent work and work life quality in Nepal: an observation", *Employee Relations*, 2012. 34 (1): 61 – 79.

Florence Bonnet, Jose B. Figueiredo, and Guy Standing, "A family of decent work: indexes", *International Labor Review*, 2003, 142 (2): 213 – 238.

Gillian MacNaughton &Diane F. Frey, "Decent Work for All: A Holistic rights Approach", *Amerian University International Law Review*, Vol. 26, 2011.

ILO, "Decent work in Asia: ILO activities in the region", Report of the Director-General in Thirteenth Asian Regional Meeting, Bangkok, 2001.

ILO, "Globalization and decent work in the Americas", Report of the Director-General in Fifteenth American Regional Meeting, Lima, 2002.

ILO, "Decent work and the informal economy", International Labor Conference, 90th Session, Geneva, 2002.

ILO, "Decent work for domestic workers", Internationnal Labour Conference, 99th Session, 2010.

ILO, "Report of the Director-General: Working out of Poverty", International Labor Confenrence, 91th session, Geneva. 2003.

Juan Somavia, "Reducing the decent work deficit: A global challenge", Report of the Director-General in 89th International Labor Conference, Geneva, 2001.

James Herntz, Jeannette WICKS-LIM, Pollin, "Decent work in America: The State-by-state Work Environment Index", Political Economy Research Institute, University of Massachusetts Amherst, 2005.

Jean-Michel Servais, "Globalization and decent work policy: Reflections upon a new legal approach", *International Labor Review*, 2004, 143 (1/2): 185 – 207.

Manuela Tomei, "Decent Work for Domestic Workers: Reflections on Recent Approaches to Tackle Informality", *Canadian Journal of Women and Law/ Revue Femmes et Droit*, 2011. 23 (1): 185 – 211.

Philippe Egger, and Werner Sengenberger, "Decent work in Denmark: Employment, Social Efficiency and Economic Security", International Labor Office, Geneva, Switz, 2003.

Sangheon lee and Deirdre mccann, "Regulating for decent work: new directions in labour market regulation", Palgrave MacMillan, 2011.

五 其他文献

国际劳工组织：《体面劳动：国际劳动大会第 87 届会议劳工局长的报告》，国际劳工组织北京局 1999 年版。

国家统计局：《中国统计年鉴》（1987），中国统计出版社 1987 年版。

国家统计局：《中国统计年鉴》（1996），中国统计出版社 1996 年版。

国家统计局：《中国统计年鉴》（1997），中国统计出版社 1997 年版。

国家统计局：《中国统计年鉴》（2012），中国统计出版社 2012 年版。

国家统计局：《中国统计年鉴》（2015），中国统计出版社 2015 年版。

国家统计局：《中国统计年鉴》（2016），中国统计出版社 2016 年版。

贺汉魂:《马克思劳动伦理思想研究》,博士学位论文,湖南师范大学,2012年。

鲁寒光:《马克思主义视阈下的体面劳动研究》,硕士学位论文,湖北大学,2014年。

刘佳音:《体面劳动的马克思劳动观渊源研究》,硕士学位论文,东北财经大学,2015年。

马唯杰:《体面劳动:劳动的伦理批判》,硕士学位论文,苏州大学,2006年。

索　引

B

拜物教　47，48，91—93，115

剥削　3，35，36，40，41，47，50，66，67，69，70，73，78—80，82，84，87，89，100，103，108，117，137—139，146，148，161

D

单向度的人　9，24，42，95，101，168

G

共产主义　8，83，89，90，114，143

雇佣劳动　20，42，67，100，116，117，158，171

国际劳工组织　1，11，12，15，16，18，21，22，25，26，32，173，174

过度劳动　27，69—71，73，74，80，117

H

黑格尔　27，29，37，45，57—60，65—67，77，84，85，92，99，126，142，168

K

可支配收入　3，109，111，112，119

L

劳动保护　4，5，14，33

劳动报酬　7，13，17，25，28，30，32，69，117，119，137，145，160，173

劳动产权　29，31，119，128，140—151，164，166，170，171

劳动关系　4，6，10，13—15，18，20，35，40，91，113，117，152，153，156，158，160，165，167，170，172

劳动价值　7，13，20，28，35，155，156，160

劳动价值论　13，18，45，46，
　　48—51，53，133，144，150，
　　165，172，173
劳动精神　29，31，132，138，
　　139，162
劳动认同　15，29，31，151—
　　160，172
劳动条件　7，18，28，30，70，
　　71，81，117，150，159
劳动异化　20，21，35，82，96，
　　143，161，172
劳动者主体地位　6，7，28，39，
　　115，158，160
历史唯物主义　10，25，60，63，
　　102，166
利益　3—7，11，12，18，19，
　　29，47，50，60，76，77，86，
　　88，89，98，101，103，127，
　　137，140，145—148，150，
　　153，158，159，162，166

M

美好生活　12，54，111

N

奴役　26，40，42—44，67，68，
　　76，79，83，89，92，98，103，
　　117，132，162

Q

权益　3—5，7，9，11，13，15—
　　19，22，26—29，31—33，36，
　　71，76—79，81，117，139，
　　140，144，145，147，148，
　　162，165

R

人的本质　8，9，28，34，36，
　　37，46，49，59—61，66，67，
　　74，75，86，96，102，151，
　　161
人的异化　9，68，83，97，100
人的自由全面发展　7，20，88，
　　117

S

剩余价值　10，29，35，48，69，
　　70，72，73，81，95，116，
　　143，144，151
剩余劳动　35，47，70，78，81—
　　83，144

T

体面劳动　1，6—37，44—46，
　　53，57，63，69，71，73，74，
　　76，81，84—86，88—90，106，
　　113，124，128，132，140，
　　148，151，160—163，165—
　　167，170—175，177

W

物化　9，27，28，62，87，90—
　　92，100，133，144，145

X

西方马克思主义　26—28，42，90，92—94，99—105，157，167

习近平　6，7，33，111，113，114，132，134—136，138，139，158，160—162，164

消费异化　41，99，103—105

消费主义　28，29，120，121，123，124，129—131，153—156，165

辛勤劳动　29，44，54，114，115，125，126，132，134，137—139，158

幸福　6，8，9，41，42，58，64，65，68，88，95，101，104，114，121，130，134，139，154，155，158，160，161，171

Y

亚里士多德　8，27，34，45，58

扬弃　8，9，35，48，60，76，82，85，87，100，117，143，149，161，177

异化　8，9，20，21，27，28，31，35，41—44，49，50，54，63，66—69，81，82，84，90—105，117，123，143，161，172

异化劳动　7，8，20，27，35，49，65，67—69，74，83—85，96，113，114，117，143，161

Z

资本逻辑　103，117，166

自我价值　8，74，76，101，115，130，151，152，155，156，161

自我确证　27，45，58，59，74，75

自我认同　28，116，123，124，129—131，151，154—159，168

自我实现　19，26，31，35—37，44，61，62，67，78

自我异化　68，143，158

自由　1，7—9，11，13，17，20，25，27，30，33—35，37，40，41，44，46，47，51，52，54—62，64—66，68，72，74—76，78—80，82，83，87—89，92，94，97，100—104，107，126，129，130，132，140—144，154，157—161，167，172

自由劳动　7，8，20，21，25，27，35，56，65，132，161，171

尊严　1，11，13，16，17，19，22，26，27，31—37，44，46，54，64，65，74—76，78，87，88，109，114，116，121，154—156，158—160，162，171，173

尊重劳动　13，19，27，29，31，33，39，44，74，105，114，126，134—137，159，162

后　　记

　　歌德说："理论是灰色的，生活之树常青。"在我看来，理论和生活从来都是辩证的。人的生活是"为我"，为了人自身。人在自身的生成中，扬弃着"旧我"，塑造着"新我"。

　　人总是在挑战中，不断丰富和发展自己。选择攻读博士学位，选择体面劳动这一论题，或许，都是对自我的一种挑战。记得考博前，英语复习的困苦与难耐；记得投稿后，文章被拒的灰心与失望；记得开题前，大纲拟定的犹豫与迷茫；记得写作中，咬文嚼字的艰辛与痛苦……然而，这一切都"烟消云散"了。正是这些挑战，使我变得更加坚韧、更加丰实。

　　回首四年的学习生活，我收获了太多太多。是恩师的教诲、学仁的帮助、领导的厚爱、家人的支持，一直在督促我前行！首先感谢我的导师蒋锦洪教授。正是老师的信任与鼓励，我才有机会得以深造；正是老师的培养和教诲，我才有信心最后完稿。在论文开题前，导师与我多次交流与探讨，从文献梳理到大纲拟定，都给予了细心指导。在写作过程中，导师经常督促与关心，从理论建构、逻辑安排到语言凝练，都给予了具体指导。论文初稿完成后，老师逐句逐字地审阅全文，并亲自进行文字加工和校改，并提出具体的修改意见。老师的恩情与教诲，我必将永生难忘。老师高尚的师德，严谨的治学态度，必将成为我今后人生旅途中最宝贵的精神财富。还要感谢和蔼可亲的师母，每次去老师家里，师母都要亲自下厨为我改善生活，让我感到了母亲般的温暖。

　　感谢上海社会科学院程伟礼研究员，华东师范大学郑忆石教授、陈承明教授、陈立新教授，复旦大学肖巍教授，上海师范大学何云峰教授，东华大学黄德良教授，在论文开题、预答辩和答辩中给予的宝贵建议和无私帮助；感谢马克思主义学院余玉花教授、宋进教授、王建新教授、曹景文教授、杜玉华教授、龚咏梅副教授、闫方洁副教授等带给我的学术思想启发；感谢学院其他老师提供的各种便利。尤其要感谢华东师范大学，正是母校的学术氛围和优良环境，让我获取了人生的宝贵财富。永远忘不了在母校度过的每一个日日夜夜！

感谢同门师兄师姐师弟师妹在学习生活中给予我的支持和帮助，让我感受到了一个温暖和谐的大家庭。感谢每日图书馆里辛苦"码字"的各位学友，一直激励并鞭策我努力前行。感谢烟台大学的各位领导、同事和朋友，在工作学习中给予我的各种帮助与支持。

特别感谢我的父母、妻子及亲人，没有他们的理解与支持，我将无法顺利完成博士学位论文。深感愧疚的是，在妻子怀孕期间，我却未能一直守候在她身边。是父母和亲人给予了她最贴心的照顾，也给予了我最宽容的支持。我总是在这样不变的支持、关心和关爱中，得以全神贯注，得以轻松前行。这些爱，是多么的高尚与伟大！

人总是在磨难中，变得更加坚韧和刚强。2017年4月25日凌晨3点28分，我的儿子出生了，出生时孕25周，体重900克，属于超低重早产儿。儿子一生下来，还没来得及看上一眼，就被送进了NICU。医生善意提醒，身边的类似案例最后都是"人财两空"，表示孩子"活下来的可能很小"，然后是一堆的签字。妻子与我心如刀绞，但我们选择了"不放弃"。就这样，儿子在保温箱里待了整整106天。这106天里，每一天都是煎熬，都是未知。这106天里，医生让我进入NICU看儿子三次并签字，三次签字意思都是"已没有可能"，但我依然选择了坚持。这106天里，我没有让妻子去医院看一眼，生怕她看到儿子满身的针管坚持不住。我知道，这106天是妻子最最难熬的日子，但她从没在我面前落泪，她很坚强很坚强！当然，"永不放弃"的，还有我们的儿子，他更坚强！他一直在坚持，他想与我们在一起！没有他的坚强和坚持，或许就不会有奇迹出现！毕竟是过去从来没有的奇迹！世事难料，儿子出生没几天，老母亲也不幸重伤，盆骨严重碎裂。艰难坎坷突然接踵而来，我差一点儿就倒下去。正是儿子的坚持、家人的鼓励，让我毅然选择了坚强和挺立！5月19日，我如期返校并顺利通过了博士学位论文答辩；5月22日，老母亲顺利做完了手术。一切顺利！人世美好，磨难造人。感谢这种磨难，让我变得更加坚强和刚韧！

后　记

　　人总是在怀念中，更加懂得感恩与珍惜。2019年2月20日凌晨6点30分，恩师蒋锦洪教授因病仙逝，永远离开了我们。我异常悲痛。老师与我亲如父子，让我在沪学习时有了家的感觉。现在回想，老师的音容仍历历在目。疾病折磨了老师好多年，或许这是一种解脱。老师，一路走好，愿天堂没有病痛！您永远活在我心里！老师的高尚师德，乃我辈之楷模。患病期间，老师还一直惦记着师弟师妹们的论文进展，时不时电话问询、督促和指导。临终之际，老师仍叮嘱师母要关心大家的生活，"学生若有困难定要倾力相助，学生若有喜事定要代他前去祝贺"。呜呼哀哉！老师值得我们一生铭记、一生感恩！

　　本书得以顺利出版，还要感谢学校与学院出版基金的部分经费支持，也要感谢中国社会科学出版社许琳编辑对本书付出的辛勤工作。

　　感谢这所有的一切！

杜德省
2023年4月于学府陋室